本书由国家社会科学基金项目"农业供给侧结构性改革与基层政府职能转变的互动关系研究"（17BZZ050）资助出版

农业供给侧结构性改革与基层政府职能转变

—— 黄建红　著 ——

中国社会科学出版社

图书在版编目（CIP）数据

农业供给侧结构性改革与基层政府职能转变／黄建红著 . —北京：
中国社会科学出版社，2023. 8

ISBN 978 - 7 - 5227 - 2325 - 9

Ⅰ. ①农…　Ⅱ. ①黄…　Ⅲ. ①农业改革—关系—地方政府—
政府职能—职能转变—研究—中国　Ⅳ. ①F320. 2②D625

中国国家版本馆 CIP 数据核字(2023)第 139838 号

出 版 人	赵剑英
责任编辑	孔继萍
责任校对	刘　娟
责任印制	郝美娜

出　　　版	中国社会科学出版社
社　　　址	北京鼓楼西大街甲 158 号
邮　　　编	100720
网　　　址	http://www.csspw.cn
发 行 部	010 - 84083685
门 市 部	010 - 84029450
经　　　销	新华书店及其他书店

印刷装订	北京市十月印刷有限公司
版　　　次	2023 年 8 月第 1 版
印　　　次	2023 年 8 月第 1 次印刷

开　　　本	710×1000　1/16
印　　　张	16. 25
插　　　页	2
字　　　数	258 千字
定　　　价	98. 00 元

序　言

　　随着我国从农业大国向农业强国转型发展，农业供给侧结构性改革成为当前和今后一个时期我国农业农村发展的主要方向。基层政府作为农业农村改革的实践主体，如何通过职能转变来促推改革与发展？黄建红博士的著作《农业供给侧结构性改革与基层政府职能转变》，独辟蹊径地从农业供给侧结构性改革与基层政府职能转变的互动关系视角来探讨农业改革与基层治理相辅相成的辩证关系，较好地回答了基层政府如何通过职能转变来促推农业农村改革与发展的问题，分析有深度，观点有创新，对推进乡村振兴发展有重要的指导意义。

　　政府职能转变一直是黄建红博士关注的领域。她好学善思，在攻读博士学位期间发表了多篇相关论文，所发表的第一篇论文是《行政价值观转型与政府职能重塑》，刊于《行政论坛》杂志，被中国人民大学复印报刊资料《公共行政》全文转载，产生了一定的反响。博士论文选题聚焦"农业现代化进程中的乡镇政府职能转变"问题，论文答辩时获得了专家们的好评。博士毕业后，她一直坚持在该领域潜心钻研，笔耕不辍。在多年研究积累的基础上，她成功申报了国家社科基金项目"农业供给侧结构性改革与基层政府职能转变的互动关系研究"，课题结项为优秀等级。作为国家社科基金课题最终成果的专著《农业供给侧结构性改革与基层政府职能转变》，围绕农业供给侧结构性改革与基层政府职能转变，探索农业供给侧结构性改革与基层政府职能转变的互动关系，强调多维度的立体分析框架与整体性视野，从理论建构和实证分析上进行了扎实深入的思考，为农业农村改革与乡村基层治理研究打开了一扇新的窗户，提出了不少新的见解。

其一，构建了"农业供给侧结构性改革三大体系"与"基层政府职能转变三维结构模型"互动关系的理论分析框架。深化农业供给侧结构性改革，走质量兴农之路，推进农村农民共同富裕，是中国式现代化的本质要求。农业改革与基层治理需要相辅相成，才能共同推动乡村振兴发展。黄建红博士的这一观点对农业供给侧结构性改革以及基层政府职能转变具有积极的指导作用。

其二，提出了"复合治理"的基层政府职能转变实现路径。随着农业供给侧结构性改革的持续推进，农业农村发生了翻天覆地的变化，基层行政环境日益复杂和社会需求逐渐变化多端，传统单一式基层治理难以适应复杂多变的乡村发展现实，急需向多层级、网络化与多中心的复合治理转型，以适应乡村瞬息万变的发展步伐。黄建红博士创新性地提出了复合治理的三个维度。一是复合治理上下维度的多层级："顶层设计" + "基层探索"，政府上下良性互动助推农业供给侧结构性改革。二是复合治理前后维度的网络化：通过"互联网 + 现代农业""基层政府 + 新型农业经营主体""基层党建 + 农民"的"三 +"网络化治理畅通强农血脉。三是复合治理左右维度的多中心："政府有为" + "市场有效" + "社会参与" + "农民共享"，多元主体协同共治。

其三，采用理论探讨与典型案例相结合的方法进行研究。黄建红博士长期深入农村基层进行实地调研，选择了多个农业供给侧结构性改革较为成功的基层政府进行典型案例研究，通过典型调查、个案访谈、多案整合等方式展开，从微观观察入手，分析基层政府在促推农业供给侧结构性改革中的先进工作经验，总结其政府职能转变的实现路径，为基层政府促推农业供给侧结构性改革提供值得借鉴的典型样本，形成适合本土经验的一般性理论解释。

《农业供给侧结构性改革与基层政府职能转变》一书，是黄建红博士深入农村一线，直面丰富且复杂的农村问题，立足国情和乡土脉络，总结乡村振兴发展的鲜活案例的理论成果，体现了她扎实调研、深入思考、勇于创新的追求。该著作采用跨学科的方法与视角，尝试突破传统叙述框架，从农业农村改革实践中发现问题与研究问题，坚持宏观理论梳理与微观经验反思相结合，理论探索与具体实践相结合，力求理论研究回应实践需求，理论与实践对话，形成了独特的研究风格与特色。

　　黄建红博士长期关注农业、农村、农民问题，致力于乡村基层治理研究，经常带领研究团队下乡调研，将论文写在祖国的大地上，将研究扎根于实践的田野中，其严谨的学术态度和喜欢钻研的刻苦精神让我十分欣慰，作为她的博士生导师，看到她在学术上不断成长，我感到高兴，也期待她再接再厉，出更多的成果，为推进乡村基层治理研究作出更大的贡献。

颜佳华

（第四届全国公共管理专业学位研究生教育指导委员会委员、

教育部公共管理本科教学指导委员会委员、

湘潭大学公共管理学院、马克思主义学院教授、博士生导师）

目　　录

导　　论

一　研究背景与意义

（一）研究背景

"中国要强，农业必须强。"习近平总书记在党的二十大报告中强调："加快建设农业强国，扎实推动乡村振兴。"[①] 农业因为其独特的战略地位，属于安天下、稳民心的战略产业，是关系国计民生的大事。马克思认为，正因为有了农业劳动生产率的提高，农业才有了剩余劳动，社会分工分业才有了发展，才有了第二产业和第三产业。[②] 然而随着我国城镇化、工业化和信息化的迅猛发展，农业由于综合效益不高、竞争力较弱，许多地方经济发展出现"重工轻农""重商抑农"的趋势，部分基层政府没有深刻认识到农业农村发展的重要性，出现了农村凋敝、农民离农的现象，相对应的是城市日益繁荣、农村逐渐落后。每到春节之际，不少返乡学者撰写"乡愁体"文章，担忧日渐"空心化"的农村如何担当农业现代化发展重任。重农固本，是安民之基。长久以来农业一直在整个国民经济发展中发挥着坚实基础和核心保障的作用，工业发展、商业发展均建立在农业发展的基础之上，农业才是关系国计民生的核心问题。

古往今来，关于农业、农村、农民的"三农"问题一直广受关注。经过多年的政策倾斜和资源投入，中国农业农村发展不断迈上新台阶，已进入了新的历史阶段。然而，我国农业大而不强，农产品供求结构失

---

① 习近平：《高举中国特色社会主义伟大旗帜　为全面建设社会主义现代化国家而团结奋斗——在中国共产党第二十次全国代表大会上的报告》，人民出版社 2022 年版，第 21 页。

② 《马克思恩格斯文集》第 4 卷，人民出版社 2009 年版，第 182—198 页。

衡、农业产业发展不强、农业生产效率低下、农产品难以品牌化、农业资源环境压力大等问题突出存在，"三农"发展的道路仍然充满艰难险阻，农业农村现代化仍然是全面建设社会主义现代化国家的"短板"所在，也是实现中华民族伟大复兴最艰巨最繁重的任务所在。因此，2017年中央一号文件针对目前农业农村发展困境，特别提出推进农业供给侧结构性改革，从而提高农业供给质量，全力提升农业综合效益。① 在新形势下，从农业的供给端发力，从传统量的需求向质的提升转变，深入推进农业供给侧结构性改革，是乡村振兴发展的重要历史关口。

农业供给侧结构性改革作为我国总体供给侧改革中的重要一环，主要针对农业农村农民发展问题提供对策与思路，是整体经济改革稳步推进的重要基础。现在农业面临的内外部环境更加复杂多变，农业生产总量不足和结构性问题同时并存，但从目前来看，农业发展的主要矛盾还是在供给侧，而其中的突出表现主要在农业结构性矛盾日益凸显。因此如何着力加强农业供给侧结构性改革，全面推进乡村振兴，成为当前"三农"工作的重心。基层政府作为农业农村改革的实践主体，那么，农业供给侧结构性改革将对农业农村发展带来哪些新变化，这些变化和改变将会对基层政府职能产生哪些新期待，基层政府职能如何转变才能更进一步促推农业供给侧结构性改革的进行？也就是说，农业供给侧结构性改革与基层政府职能转变之间如何形成良性互动的关系，共同促推乡村振兴发展，这是我国全面深化农业农村改革实践中一个亟待探讨的重大理论问题。

（二）研究意义

如何解决当前我国农业发展存在的结构性矛盾，如何补齐农业农村现代化发展"短板"，如何突破乡村产业发展困境、逐步解决城乡收入差距等问题，成为当前农业领域亟待解决的重要难题。关键时期，只有进行农业供给侧结构性改革，推进农业转型升级，实现由农业大国向农业强国转变，才能破解当前农业发展困境。目前农业产业效益不高、竞争力不强，农业由大变强任重而道远，相应地基层治理变革责任重大。农

---

① 中共中央国务院：《中共中央国务院关于深入推进农业供给侧结构性改革加快培育农业农村发展新动能的若干意见》，人民日报出版社 2017 年版，第 5 页。

业供给侧结构性改革与基层政府职能转变的互动关系研究为推动基层治理转型，促进乡村振兴发展，加快农业农村现代化，提供了理论和实践基础，不仅具有独到的理论意义，在实际的农业农村改革中，更具有重要的现实意义。

1. 丰富和完善乡村基层治理相关理论研究

农业供给侧结构性改革、基层政府职能转变这两个研究都属于热点问题，许多学者都对此进行了研究，但从农业供给侧结构性改革与基层政府职能转变的互动关系这个角度来进行研究还比较少。中国是农业大国，农业是"四化同步"的短腿，农业面临多重挑战亟待推进供给侧结构性改革，而作为直接面向农村面对农民的基层政府是农业供给侧结构性改革的主体和主要推动力。农业供给侧结构性改革需要协调好各方面的利益，相应地，基层政府职能也面临着许多重大考验。农业供给侧结构性改革与基层政府职能转变的互动关系研究，进一步深化和拓展了供给侧结构性改革与政府职能转变的相关理论视域，有利于从全新角度阐释基层政府职能，如何在行政环境变迁中相应进行政府职能转变，为建设数字型、服务型、生态型基层政府提供有价值的建议与智库支持。

2. 破解农业农村现代化发展中的治理难题

农业供给侧结构性改革的目标是实现农业农村现代化发展，通过转变农业发展方式，从过去的总量不足转变为现在的质量提升，着力推动农业农村高质量发展。然而乡村振兴发展过程道阻且长，在发展实践中面临的困难和需要解决的问题此伏彼起，如农业产业发展瓶颈、城乡收入差距过大、农产品供求结构失衡、乡村环境资源污染压力等问题突出。本书可以直接有效地为基层政府在农业供给侧结构性改革过程中遇到的突出问题提供解决思路和对策，破解农业农村现代化发展中的治理难题，提出聚焦农业农村现代化发展的重点领域，补齐农业农村现代化发展"短板"，强化基层服务重心下沉，开创农业农村现代化建设新局面，为基层政府进一步促推农业供给侧结构性改革提供实践支持。

3. 促推农业转型升级和乡村振兴发展

虽然长期以来中国一直是世界农业大国，农业增加值多年位列第一，粮食、棉花、茶叶、肉类等主要农产品产量、消费量、贸易量等指标长期保持世界领先地位。但中国农业整体上而言，与发达国家相比，相去悬殊，特别是在农业标准化、产出效率、可持续发展、科技创新、信息技术、智慧农业、设施农业等诸多关键领域存在不足，这是现阶段中国的"大国小农"基本国情农情所决定的，必须通过农业供给侧结构性改革来推进农业转型升级，通过基层治理转型来进行农业强国建设，这样才能从根本上改变中国农业"大而不强"的基本现实，全力提升农民收入水平，打造"农业强、农村美、农民富"的乡村振兴发展长效机制，统筹规划、科技强农、绿色改造，逐步推动农业大国向农业强国迈进，促进乡村振兴发展。

二　国内外研究综述

政府职能问题久远而复杂。长久以来，政府职能问题一直是学术界和实践中关注的热点问题。随着社会经济的发展转型，政府职能一般需要根据所处行政环境的变化与发展，对其职能重心、职能方式、职能关系等进行调整与转移，也就是我们常说的政府职能转变。农业供给侧结构性改革的持续推进，给农业农村农民带来了翻天覆地的变化，农业农村现代化发展迈入了新的历史阶段。随着农业转型升级，地方政府特别是基层政府需要提升其回应能力和公共服务能力，根据农村经济发展的需要适时进行相应的基层政府职能转变，以全力促推乡村振兴发展。

（一）国外研究综述

1. 关于政府职能问题的研究

政府职能，具体而言就是政府在管理各项公共事务时所承担的各项职责与功能。① 关于政府职能的内涵，西方学者是仁者见仁，智者见智，大致可以分为三个方向。一是以亚当·斯密为代表的自由主义时期。此阶段认为政府职能主要体现为国防、维持基本社会秩序、提供基本公共服务等相关领域，政府应成为一个好的"守夜人"，不赞成政府干预经济生活。持此观点的学者们认为，市场能够自动调节和引导社会经济的发展。② 二是以凯恩斯为代表的政府干预主义时期。自由主义时期的"守夜型"政府面对经济大危机一筹莫展，显现出了"市场失灵"对经济健康

---

① 张国庆：《公共行政学》（第四版），北京大学出版社 2020 年版，第 59 页。
② ［英］亚当·斯密：《国富论》，唐日松等译，华夏出版社 2005 年版，第 516 页。

发展的危害性。这时凯恩斯提出国家全面干预主义的政府职能论。国家需要对经济社会生活积极全面干预，市场失灵需要干预，市场成功也需要政府保护。① 当时的新政派认为"没有什么看不见的手，我们现在需要的是看得见的指导之手，来执行未完成的任务"②。三是管理主义时期的"政府再造"运动。当"市场失灵"与"政府失灵"接续出现之时，新的历史条件进一步推动了各国的行政改革，出现了一些新的学说和观点。这时新公共管理理论希望通过先进的管理技术工具进行"政府再造"运动，全面增强政府公共管理的有效性。如美国行政学家 B. 盖伊·彼得斯提出了市场式政府、参与式政府、弹性化政府、解制型政府等未来的政府治理类型。③

2. 关于政府职能争论的焦点

与政府职能相关的争论源远流长且错综复杂，但总的来说，争论的焦点在于政府到底应该管什么、不应该管什么、该怎么管这几个方面。

首先，如何正确处理政府与市场的边界是政府职能争论的核心问题。市场机制在一定情况下难以实现资源最优配置，因而不能达到帕累托最优④，从而开启了政府全面干预职能的大门。"市场失灵"不能成为政府干预的强有力的理由，布坎南指出，因为政府也一样会失灵，如果以"失败的政府"去全面干预"失败的市场"，最终的结果只能是"败上加败"。⑤ 因此，如何在公共管理实践中，经过多次摸索与试探，处理好政府与市场之间合适又恰到好处的关系，是长久以来探讨的问题。

其次，政府与社会的关系是政府职能争论的第二个问题。因为政府

---

① ［英］约翰·梅纳德·凯恩斯：《就业、利息和货币通论》，徐毓枬译，译林出版社 2014 年版，前言第 5 页。

② ［美］威廉·爱·洛克腾堡：《罗斯福与新政——1932—1940》，朱鸿恩等译，商务印书馆 1993 年版，第 43 页。

③ ［美］B. 盖伊·彼得斯：《政府未来的治理模式》，吴爱明等译，中国人民出版社 2013 年版，第 16 页。

④ 意大利经济学家维弗雷多·帕累托于 1897 年提出的一个关于资源配置效率的概论：对于某种经济资源配置，如果不存在其他生产上可行的配置，使得这个经济中的所有个人至少和他们在初始时更好，那么，这个资源配置就是最优的。

⑤ ［美］布坎南：《自由、市场和国家》，吴良健等译，北京经济学院出版社 1988 年版，第 281 页。

和市场各自存在相关缺陷，学者们开始思考探索促进善治的第三条道路，把目光焦点放在政府和市场之外的第三方上，即公民个体和社会组织，或者说公民社会的力量。理查德·C. 博克斯认为，随着社会时代的变迁发展，公民治理将逐渐成为新世纪社区发展的主导力量。[①] 因此，政府职能在面对日益复杂的公共治理压力而不断扩张的同时，需要思考如何充分调动社会力量资源，从而使部分政府职能社会化，成为探讨的主要议题。德国思想家哈贝马斯以国家与社会关系的模糊化，提出了"公共领域"的概念和理论[②]，开启了市民社会第三部门等相关理论研究。

最后，公平与效率的关系是政府职能争论的第三个问题。公平与效率的问题争论由来已久，在公共管理理论流派中就有两个完全相反的理论学说，即新公共管理与新公共服务[③]。这两者之间的观点有何不同呢？其一，新公共管理的价值取向是强调效率，其理论观点建立在企业家政府理论上，要求政府能够像企业一样考虑投入产出比，合理利用资源，对政府的相关行为需要进行绩效评估，以充分提高行政效率。[④] 其二，新公共服务的价值取向为公平，效率固然非常重要，但一切以效率为中心，将会对公共利益、责任性等带来损害，给公共行政中如何保持代表性和公平性形成冲击，更进一步挑战了公共行政中的公共性本质。[⑤]

3. 基层政府职能转变研究

在经济全球化背景下，各国地方政府纷纷开展了所谓的"重塑政府"自身行政体制改革运动，重新定位政府职能。专家学者们从政治学、公共管理学、经济学等不同领域，对地方治理的制度体系和发展策

---

① ［德］理查德·C. 博克斯：《公民治理——引领 21 世纪的美国社区》，孙柏瑛等译，中国人民大学出版社 2013 年版，第 102 页。

② ［德］尤根·哈贝马斯：《公共领域的结构转型》，曹卫东等译，学林出版社 1999 年版，第 179 页。

③ 黄建红：《对立与统一：新公共管理与新公共服务之比较》，《中共四川省委党校学报》2014 年第 1 期。

④ ［美］戴维·奥斯本、特德·盖布勒：《改革政府：企业家精神如何改革着公共部门》，周敦仁等译，上海译文出版社 2006 年版，第 24—25 页。

⑤ ［美］珍妮特·V. 登哈特、罗伯特·B. 登哈特：《新公共服务：服务而不是掌舵》，丁煌译，中国人民大学出版社 2004 年版，第 7—10 页。

略等方面进行了深入的探讨与研究，产生了大量地方治理的经验教训与基层治理的典型案例，将地方基层治理发展成为一个重要的研究领域。① 由于基层政府身处与群众最近的基层之中，因此一般由基层政府提供公共产品和公共服务更能满足基层民众的需求。斯蒂芬·贝利认为，地方政府在提供公共产品和公共服务时，能够因地制宜考虑到地方发展的差异性，因而更具有针对性②；美国学者斯密（Smith）研究了美国俄亥俄州农村地方政府（township government）的运行机制及其职能，指出基层政府因为最贴近民众，最了解民众，因此能够为当地民众提供最为适宜的公共服务③。英国、美国等积极推行基层政府职能转变的改革，改变过去政府全能主义的角色，通过政府购买方式将部分职能转让到市场竞争与社会组织中，加强多元主体公共产品供给与公共服务提供等方面的合作。

4. 农业供给侧结构性改革研究

考察西方经济史就会发现，供给侧研究一直是经济学的重要课题。在经济发展疲软之时，供给侧改革希冀能够成为促进经济发展的苦口良药。19 世纪初法国经济学家让·巴蒂斯特·萨伊提出萨伊定律（Say's Law），认为供给能够创造需求，其充分肯定了供给的决定作用，开启了经济学研究中供给和需求相互影响的思考。④ 20 世纪 70 年代，供给经济学派应运而生，突出强调供给侧在经济发展中的重要作用，其代表人物有阿瑟·拉弗（Arthur Betz Laffer）、罗伯特·蒙代尔（Robert A. Mundell）、裘德·万尼斯基（Jude Wanniski）等。而关于在农业领域的供给侧结构性改革，国外许多学者主要从农业改革的角度提出了一系列观点和理论。如西奥多·W. 舒尔茨（Theodore W. Schultz）在《改造传统农业》中提出的农业发展理论，如何通过农业改革让濒危的传统农

---

① 孙柏瑛：《当代地方治理——面向 21 世纪的挑战》，中国人民大学出版社 2004 年版，第 9—12 页。

② ［英］斯蒂芬·贝利：《地方政府经济学：理论与实践》，左昌盛、周雪莲、常志霄译，北京大学出版社 2006 年版，第 7 页。

③ ［美］文森特·奥斯特洛姆：《美国地方政府》，井敏译，北京大学出版社 2004 年版，第 14 页。

④ ［法］让·巴蒂斯特·萨伊：《政治经济学概论》，赵康英译，商务印书馆 1963 年版，第 24—25 页。

业改造成为农业经济增长的源泉。① 以上相关理论为农业供给侧结构性改革提供了重要的理论基础。

（二）国内研究综述

1. 农业供给侧结构性改革研究

虽然经过多年持续发力，但是目前农业农村发展进入了瓶颈期，急需提升农业供给体系质量，促进农业农村现代化发展。农业供给侧结构性改革的推行与实施，开启了"三农"领域的一场深刻变革。具体而言，农业供给侧结构性改革主要体现为三个方面的问题，为什么改？改什么？怎么改？围绕改革的时代背景和现实问题，学者们从不同视角展开了讨论。

其一，为什么需要进行农业供给侧结构性改革。随着中国经济发展从量的积累演变到质的发展，这些发展变化成为中国供给侧改革的逻辑起点。② 农业综合效益低下、农业产业发展单一、农业生产力薄弱、农业经营体系失衡等农业领域面临的发展困境使农业供给侧结构性改革迫在眉睫。③

其二，农业供给侧结构性改革主要改什么。改什么的问题涉及改革的具体领域。农业供给侧结构性改革作为供给侧结构性改革的重要部分，学者们从农业供给侧结构性改革的主要内涵、目标路径、政策建议等方面进行了研究。韩长赋④和张红宇⑤提出农业供给侧结构性改革主要内涵为优化农业三大体系，即农业产业体系、农业生产体系、农业经营体系。由此，部分学者从优化农业产业、生产、经营体系构建了我国农业供给侧结构性改革的目标路径。⑥

其三，农业供给侧结构性改革应该怎么改。刘奇认为农业供给侧结构性改革的发力点为城乡一体、水土治理、三产融合、科技植入、经营

---

① ［美］西奥多·W. 舒尔茨：《改造传统农业》，梁小民译，商务印书馆 2006 年版，第 5 页。

② 龚刚：《论新常态下的供给侧改革》，《南开学报》（哲学社会科学版）2016 年第 2 期。

③ 陈锡文：《农业供给侧结构性改革的几个重大问题》，《中国经济报》2016 年 7 月 15 日。

④ 韩长赋：《构建三大体系 推进农业现代化》，《人民日报》2016 年 5 月 18 日。

⑤ 张红宇：《农业"三大体系"该如何优化?》，《经济日报》2017 年 2 月 14 日。

⑥ 江维国：《我国农业供给侧结构性改革研究》，《现代经济探讨》2016 年第 4 期。

放活、生态保育、新下乡运动等。[①] 吴海峰提出推进农业供给侧结构性改革需要创新农业经营主体、创新农业支持发展政策、创新农业科技支撑体制等方面。[②] 祁春节认为农业供给侧结构性改革不仅是结构性改革，其实也是功能性改革，更是组织性改革，三个维度"齐心协力"在农业生产—供给系统上，现代农业发展才能建立真正的长效动力机制。[③]

综上所述，以中国知网（CNKI）全文数据库为研究数据来源，选择知网网页中的高级检索，设定检索条件为"主题＝农业供给侧结构性改革"，来源类别设定为北大核心期刊和 CSSCI 来源期刊，搜索文献的时间段为 2016 年 2 月 15 日到 2022 年 3 月 15 日，共检索出文献 412 篇，排除新闻报道以及无作者文献共得有效文献 394 篇。应用 Cite Space 对样本文献进行关键词共现得到节点 188 个，连线 244 条，网络密度 0.0127，节点和字号越大代表文献中关键词出现的次数越高，连线越明显表示关键词之间关联程度越高。同时，图谱中聚类模块值（Modularity Q），即 Q 值为 0.7445，一般情况下 Q 值大于 0.3 意味着聚类结构显著，故可以认为该图谱中聚类结构十分显著。为了得到关键词的分布情况，同时考虑关键词的出现频率，将阈值（Threshold）设为 5，获得农业供给侧结构性改革相关样本文献关键词知识图谱（见图 0 - 1），根据知识图谱把握整体趋势及核心内容，以分析此研究领域的热点及研究走向。

由图 0 - 1 可知，在阈值为 5 的情况下，得到农业、做市商、中产阶级、合作社、休闲农业、对策、河南省、农民增收、产业融合、交易成本、农业保险、城乡融合、现代农业、农村金融、乡村振兴、农商银行、保障机制、党建引领、农地流转、供需平衡、农村信贷、供给侧、供给体系、农业发展和信贷资源等 25 个关键词。首先，从关键词分布的研究领域来看，以农业供给侧结构性改革为主题的研究涉及领域十分广泛，涉及乡村振兴、农村金融和供给体系等多个领域。其次，通过设定条件为文章关键词中的聚合点，得出了产业融合、乡村旅游、农业、供给侧、

①　刘奇：《农业供给侧结构性改革力发何处》，《中国发展观察》2016 年第 14 期。
②　吴海峰：《推进农业供给侧结构性改革的思考》，《中州学刊》2016 年第 5 期。
③　祁春节：《农业供给侧结构性改革：理论逻辑和决策思路》，《华中农业大学学报》（社会科学版）2018 年第 4 期。

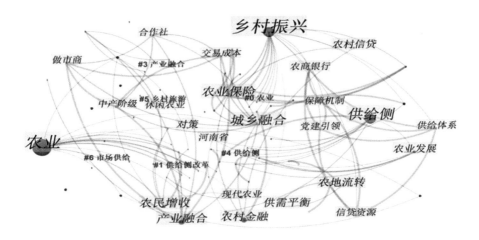

图 0 – 1　农业供给侧结构性改革研究关键词共现知识图谱

市场供给、供给侧改革等 6 个聚合点，一定程度上可以认为目前以农业供给侧结构性改革的文献的研究重点集中于农业供给侧改革、农业市场供给侧改革和农村旅游产业的发展等方面。最后，关键词出现的数量多少和其中心度一定程度反映了该领域研究的重大方向，故笔者将出现数量设定为大于等于 5，进行相关问题的探索，得到表 0 – 1，其中得到的关键词为农业、乡村振兴、供给侧、粮食安全、农业金融、产业融合、农民增收、现代农业、农业保险、深入推进、农业发展和农村改革 12 个关键词，剔除中心度为 0 的关键词，共得到农业、乡村振兴、供给侧、农业金融、产业融合、农民增收、现代农业、农业保险、农村发展和农村改革等 10 个有效关键词。中心度一定程度上反映了研究的方向与导向，且中心度大于 0.1 的关键词可以被视为该研究领域的研究重点。[①] 从表 0 – 1 可以看出中心度大于 0.1 的关键词为农业和乡村振兴，故可以认为农业和乡村振兴为农业供给侧结构性改革的研究重点。

---

① 覃诚、方向明、陈典：《中国农村产业融合发展研究现状与展望——基于 CiteSpace 文献计量分析》，《中国农业大学学报》2021 年第 10 期。

表 0－1   高频关键词和中心度列表

序号	关键词	出现数量	中心度
1	农业	41	0.2
2	乡村振兴	24	0.2
3	供给侧	21	0.09
4	粮食安全	11	0
5	农业金融	8	0.02
6	产业融合	8	0.07
7	农民增收	8	0.04
8	现代农业	7	0.04
9	农业保险	6	0.02
10	深入推进	6	0
11	农业发展	5	0.01
12	农村改革	5	0.01

2. 基层政府职能转变研究

随着行政环境的变化与发展，政府的工作职责和重点也会随之发展变化，以适应社会发展趋势的需要，这是政府职能发展的普遍规律。具体而言，政府职能转变主要围绕三个方面的内容：一是职能重心的转变，即"应该做什么"；二是职能方式的转变，即"应该怎么做"；三是职能关系的转变，即"由谁来做"（夏书章，2008[1]；乔耀章，2003[2]；徐双敏，2007[3]）。基层政府作为我国行政区域的基层组织，直接面向基层民众，其政府职能历来和"三农"问题密不可分，学者们从不同的视角进行了探讨。

首先，从农村发展不同阶段需求的视角研究基层政府职能定位。如自党中央提出美丽乡村建设的重大部署后，基层政府位于乡村建设的最

---

[1]　夏书章：《行政管理学》，高等教育出版社 2008 年版，第 67 页。
[2]　乔耀章：《政府理论》，苏州大学出版社 2003 年版，第 203 页。
[3]　徐双敏：《公共管理学》，武汉大学出版社 2007 年版，第 58 页。

前沿，需要从直接管理经济建设发展向以创造良好的制度环境方面转变，通过提供最基本的公共服务来充分发挥基层政府的职能。① 随着国家提出实施乡村振兴战略发展，要加快农村转型和结构转型的速度，促进高值农业发展和农民增收，促进农业劳动生产率的大幅提升，通过转变政府职能，进行制度创新、政策创新和投资创新，促进乡村振兴战略的顺利实施。②

其次，从城乡融合发展的视角研究基层政府职能转变。城乡之间资源要素需要双向互动、自由顺畅流动，才能进一步推动城乡融合发展。郁建兴提出改革政府角色，以"内源发展"取代"行政推动"，以工促农、以城带乡、城乡一体是解决"三农"问题的关键。③ 随着城市与乡村之间越来越多的互相交流和融合发展，推动着行政体制向合作治理转型发展。④

再次，通过人类学式的深度考察以及田野调查实践来研究基层政府职能转型。如华中乡土派的徐勇教授⑤、吴毅教授⑥、贺雪峰教授⑦等学者，通过实地田野调查，以"田野的灵感、野性的思维、直白的文风"生动展示乡镇基层政权的运作机制、乡村治理的社会基础、村级组织的运转逻辑和农民的生活实态等等。

综上所述，以中国知网（CNKI）全文数据库为研究数据来源，选择知网网页中的高级检索，设定检索条件为"主题＝基层政府职能"，搜索文献的时间段为 1986 年 8 月 29 日到 2022 年 3 月 15 日，共检索出文献349 篇，排除新闻报道以及无作者文献共得有效文献 341 篇。应用 Cite

---

① 李平：《新农村建设中乡镇政府职能转变与农民专业合作组织发展》，《中国行政管理》2008 年第 5 期。

② 黄季焜：《乡村振兴：农村转型、结构转型和政府职能》，《农业经济问题》2020 年第 1 期。

③ 郁建兴：《从行政推动到内源发展：中国农业农村的再出发》，北京师范大学出版社 2013 年版，第 366 页。

④ 刘兆鑫：《城乡统筹发展与乡镇政府职能转变》，《中州学刊》2013 年第 10 期。

⑤ 徐勇：《乡村治理与中国政治》，中国社会科学出版社 2003 年版。

⑥ 吴毅：《小镇喧嚣——一个乡镇政治运作的演绎与阐释》，生活·读书·新知三联书店 2018 年版。

⑦ 贺雪峰：《乡村治理与农业发展》，华中科技大学出版社 2017 年版。

Space 对样本文献进行关键词共现得到节点 450 个，连线 837 条，网络密度 0.0083，节点和字号越大代表文献中关键词出现的次数越高，连线越明显表示关键词之间关联程度越高。为了得到关键词的分布情况，同时考虑关键词的出现频率，将阈值（Threshold）设为 10，获得基层政府职能相关样本文献关键词知识图谱（见图 0-2），根据知识图谱把握整体趋势及核心内容，以分析此研究领域的热点及研究走向。

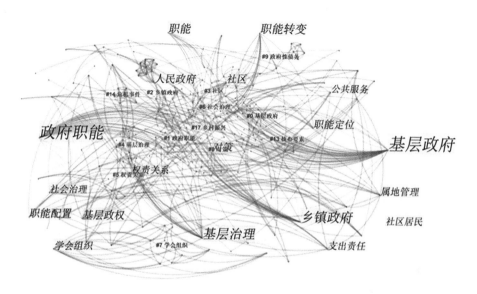

图 0-2　基层政府职能研究关键词共现知识图谱

由图 0-2 可知，在阈值为 10 的情况下，共得到政府职能、社会治理、职能配置、学会组织、基层政权、权责关系、基层治理、人民政府、职能、社区、职能转变、公共服务、职能定位、乡镇政府、支出责任、社区居民、属地管理和基层政府等 18 个关键词。首先，从关键词分布的研究领域来看，以基层政府职能为主题的研究涉及领域十分广泛，涉及政府职能、基层政府、基层治理和职能转变多个领域。其次，通过设定条件为文章关键词中的聚合点，得到基层政府、政府职能、乡镇政府、社区、基层治理、权责关系、社会治理、学会组织、对策、政府性债务、核心要素、危机事件和乡村振兴等 13 个聚合点，一定程度上可以认为目前以基层政府职能相关文献的研究重点集中在政府职能转变、基层社会治理、基层政府关系和基层政府职能问题等方面。

最后,关键词出现的数量多少和其中心度一定程度上反映了该领域研究的重大方向,故笔者将出现数量设定为大于或等于5,进行相关问题的探索,得到表0－2,其关键词为基层政府、政府职能、乡镇政府、职能转变、基层治理、职能、公共服务、对策、基层政权、社会治理、职能定位、社会管理、治理和社区共14个关键词,中心度和关键词出现数量一定程度上可以反映该领域的研究重点。从中心度上看,通常而言,其数值大于或等于0.1则认为其关键词可以反映研究的重点,故基于中心度大于或等于0.1的条件,得到基层政府、政府职能、乡镇政府和基层治理4个关键词,其中心度分别为0.38、0.47、0.19和0.19。因此,从关键词的中心度来看,基层政府和政府职能是目前基层政府职能的研究重点,同时乡镇政府和基层治理也被学界有所重视。

从关键词出现的数量来看,出现数量大于等于设定的阈值数,可以认为有参考意义,根据这一条件,基层政府、政府职能、乡镇政府、职能转变、基层治理、职能和公共服务等7个关键词的出现数量分别是86、63、26、25、20、14和11,所以一定程度上可以认为这7个关键词有一定的参考意义,代表目前该领域中的研究重点;同时根据关键词出现数量的差值数,将这7个词分为3类,第一类别是基层政府和政府职能,第二类别是乡镇政府、职能转变和基层治理,第三类别是职能和公共服务。从类别划分上,可以看出目前基层政府职能的研究重点为基层政府和政府职能等,同时乡镇政府、职能转变和基层治理等领域被更多学者注意,成为次级重点,除此之外,公共服务和职能等领域可能成为未来的次研究重点。总之,综合关键词中心度和出现数量,基层政府和政府职能为基层政府职能的研究重点。

表0－2　　　　　　　高频关键词和中心度列表

序号	关键词	出现数量	中心度
1	基层政府	86	0.38
2	政府职能	63	0.47
3	乡镇政府	26	0.19

序号	关键词	出现数量	中心度
4	职能转变	25	0.03
5	基层治理	20	0.19
6	职能	14	0.04
7	公共服务	11	0.03
8	对策	8	0.04
9	基层政权	7	0.06
10	社会治理	6	0.03
11	职能定位	6	0.08
12	社会管理	5	0.01
13	治理	5	0.02
14	社区	5	0.03

3. 供给侧结构性改革与政府职能转变关系研究

"供给侧结构性改革"概念提出后,习近平总书记强调:"加快转变政府职能,推动供给侧结构性改革。"[①] 农业供给侧结构性改革需要从宏观国家治理目标出发,政府需要主动适应农村行政环境的发展变化,适时进行职能转变,以尽力施展政府、市场、社会和农民等多元力量的效能。[②] 农业供给侧结构性改革为政府职能转型提供了推动力,是政府职能转变的动力来源;政府职能的持续转型为农业供给侧结构性改革提供支撑力,通过政府职能转型的持续推进,为农业供给侧结构性改革的顺利进行提供保障。[③] 其一,学者们提出应采取简政放权、优化服务、培育市场主体等措施来加快政府职能转变,通过转职能、提效能、补短板来更好地服务和推动供给侧结构性改革。其二,学者们认为有为政府是供给侧结构性改革的主要动力,需要正确处理政府与市场的关系,构建有为

[①] 习近平:《加快转变政府职能,推动供给侧结构性改革》,《人民日报》2016年10月26日第9版。

[②] 王敬尧、王承禹:《国家治理、农地制度与农业供给侧结构性改革》,《政治学研究》2020年第3期。

[③] 衡霞:《农业供给侧结构性改革背景下的政府职能转变研究》,《学术交流》2019年第7期。

政府和有效市场的集合。其三，学者们就供给侧结构性改革的核心要义以及政府职能如何相应地进行转变展开了理论分析与实践探索。

（三）研究述评

综合国内外研究可以发现，关于农业供给侧结构性改革与基层政府职能转变的研究，其研究内容不断深化，取得了一系列真知灼见。这些研究成果从不同领域、不同侧面为本书的研究开阔了视野和思路。但就国外研究来说，其供给侧结构性改革是在当时特定的时代背景下为解决当时西方社会存在的相关特定问题的实践而产生。目前我国经济社会发展多重叠加与错综复杂，不能简单用拿来主义的办法，生搬硬套解决我国实践问题。就国内研究来说，关于从城乡融合发展、新农村发展、美丽乡村建设等视角下研究基层政府职能的成果比较多，但目前农业供给侧结构性改革的全力推进给乡村基层治理带来了新变化，更进一步对基层政府职能提出了新的期待与诉求，基层政府职能如何转变，以及时回应乡村行政环境的变化？本书在已有研究成果的基础上，通过对目前正处于农业供给侧结构性改革进程中的基层政府进行实地调研，围绕农业供给侧结构性改革与基层政府职能转变的互动关系，为新形势下我国基层政府职能转型提供对策建议，为推进农业供给侧结构性改革提供实践支持。

三　研究内容与创新之处

（一）研究内容

本书基于前瞻意识和创新思维，在对农业供给侧结构性改革、基层政府职能转变等基本概念与相关理论进行阐释的基础上，围绕农业供给侧结构性改革与基层政府职能转变的互动关系，构建"农业供给侧结构性改革三大体系"与"基层政府职能转变三维结构模型"的理论分析框架，行文架构与主要研究内容如下所述。

第一章，农业供给侧结构性改革与基层政府职能转变的理论阐释。本章主要对农业供给侧结构性改革以及基层政府职能转变的相关背景知识、基础理论、基本概念等进行了阐释，在此基础上分析了农业供给侧结构性改革与基层政府职能转变的内在相关性，农业供给侧结构性改革为基层政府职能转变提供动力，基层政府职能转变为农业供给侧结构性改革提供助力，它们之间是相辅相成的辩证关系，互相创造有利于双方发展的条件，共同促推农村经济社会体制改革，合力推动农业农村现代化向前发展。

第二章，农业供给侧结构性改革与基层政府职能转变的双向互动。农业产业体系、农业生产体系、农业经营体系彼此联结、互为依托，共同影响现代农业的供给结构、质量和效率。优化农业"三大体系"，是农业供给侧结构性改革的重要举措。农业供给侧结构性改革的有效推进需要基层政府职能转变与之有效匹配。基层政府职能转变主要包括职能重心、职能方式、职能关系的转变。从二者双向互动的角度来研究农业供给侧结构性改革与基层政府职能转变，构建理论分析框架。一是优化农业产业体系与基层政府职能重心位移的互动关系。基层政府职能重心从过去的单纯注重农业产业向三产融合延伸，优化农业产业体系。二是优化农业生产体系与基层政府职能方式转型的互动关系。基层政府从传统式管理向网络化治理转型，优化农业生产体系。三是优化农业经营体系与基层政府职能关系重构的互动关系。"政府＋"多元主体协同共治，优化农业经营体系。

第三章，优化农业产业体系与基层政府职能重心位移。首先，现代农业产业体系是农业供给侧结构性改革的重要着力点。现代农业产业体系发展，就是通过横向上拓展产业链、纵向上延伸价值链和空间上打通融合链，全力推动农业转型升级，实现乡村产业兴旺与产业振兴。其次，随着横向上拓展产业链、纵向上延伸价值链与空间上打通融合链，农业产业体系不断优化，与此同时，基层政府职能重心也需要位移，随着农业产业的发展而调整基层治理的重心，通过抓重点、补短板、强基础，聚焦农业产业融合发展，弥补农业农村发展短板，强化基层服务重心下沉等，实现农业产业发展从"量"到"质"的飞跃。最后，通过对长沙县农业产业集群三元驱动发展之路、纳雍滚山鸡农产品品牌锻造之路、"党建＋"协同治理带动产业振兴之路的现代农业产业发展基层案例进行剖析，为其他基层地区改革提供可资借鉴的样本。

第四章，优化农业生产体系与基层政府职能方式转型。首先，如何降低农业生产成本，合理配置农业生产要素，全面提升农业生产力，优化农业生产体系是现阶段农业供给侧结构性改革的重要任务。现代农生产体系是以增强农业生产力为目标，通过推进物质装备机械化、科技支撑数字化、农业生产绿色化，推动现代农业的进步，保证农村更好更快发展。其次，随着传统农业生产方式向现代高科技农业生产方式转型发展，各种技术进步也必然带来基层治理方式的变革，基层政府职能方式也需要向"数字治理""生态型政府""服务型政府"等转型，实现乡村基层治理现代化。最后，现代农业生产体系正在从"靠经验"到"靠数据"，手机成了"新农具"，直播成为"新农活"，数据变成"新农资"，以前的"汗水农业"正朝着"数字农业"加速转变，智慧农业、生态农业、田园综合体等各种优化现代农业生产体系的基层案例为推进农业供给侧结构性改革与基层治理方式转型提供了借鉴与参考。

第五章，优化农业经营体系与基层政府职能关系重构。首先，随着农业农村生产力的飞跃，需要通过优化农业经营体系来完善农业生产关系，构建现代新型农业经营体系成为乡村振兴发展的必然选择。现代农业经营体系通过发展多种形式的农业适度规模经营，大力培育多元新型农业经营主体，创新发展多元农业经营模式，契合了现代农业中的生产经营方式，促进了乡村振兴战略的实施，为实现农业现代化发展提供了机制保障。其次，多元新型农业经营主体的出现带来了基层政府职能关系的变化，在优化农业经营体系中基层政府需要处理好政府与市场、政府与社会组织、政府与农民等之间的关系，进行职能关系重构，以充分汇聚多元力量在基层公共治理中的作用。"政府 +"多元主体协同共治，以基层政府为平台，整合多元力量，深入推进农业供给侧结构性改革，共促乡村振兴发展。最后，从博弈走向共治的浔龙河生态艺术小镇、从包产到户到合股联营的贵州安顺实践、从单一传统到合作共生的湖南安化黑茶订单式农业等现代农业经营体系基层案例为破解农业供给侧结构性改革中的阻碍与桎梏提供了相关思路与可行方案。

第六章，农业供给侧结构性改革背景下的基层政府职能转变。随着农业供给侧结构性改革的持续推进，农业农村发生了翻天覆地的变化，基层行政环境日益复杂，在基层社会公共需求扩大化、公共产品与公共服务需求多元化和供给主体多元化的今天，基层治道需要变革，基层政府需要根据外部环境、条件的变化，因时制宜地采取与行政环境相匹配的最佳治理方式。首先，基层政府职能转变是随着社会经济环境的变化，在各种动力机制的相互作用下不断推进和发展，在乡村现代化发展中，农业供给侧结构性改革带来的一系列新变化推动着基层政府职能转变。其次，伴随着地方治理运动的兴起和发展，基层政府职能转变的理念也发生了深刻的变化和更新，需要从单一治理向复合治理转变。在高度复杂且多变的乡村发展模式下，基层政府职能如何应对农业供给侧结构性改革进程中所带来的多样性、复杂性和不确定性，避免"盲人摸象"出现的困局？传统单一式基层政府治理难以适应复杂多变的乡村发展现实，急需向多层级、网络化与多中心复合治理转型，以适应乡村瞬息万变的发展步伐。最后，随着农业供给侧结构性改革的深入推进，需要在复合治理理论下构建基层政府职能转变的实现路径。一是复合治理上下维度的多层级："顶层设计" + "基层探索"，政府上下良性互动助推农业供给侧结构性改革；二是复合治理前后维度的网络化："三 +"网络化治理畅通强农血脉；三是复合治理左右维度的多中心："政府有为" + "市场有效" + "社会参与" + "农民共享"，多元主体协同共治。多层级、网络化与多中心复合治理，根据具体条件的变迁，因地制宜、因时治理、扬长避短、应对变化，逐步推进乡村基层治理现代化。

（二）研究的创新点

本书基于农业供给侧结构性改革优化"三大体系"来推动基层政府职能转变，精准地构建"基层政府职能转变三维结构模型"，提出多层级、网络化与多中心的基层复合治理体系，破解农业供给侧结构性改革中的阻碍与桎梏，为正处于发展变化的乡村基层治理转型提供对策建议。

一是本书构建了"农业供给侧结构性改革三大体系"与"基层政府职能转变三维结构模型"互动关系的理论分析框架，分别从优化农业产业体系与基层政府职能重心位移、优化农业生产体系与基层政府职能方式转型、优化农业经营体系与基层政府职能关系重构三个方面来分析农业供给侧结构性改革与基层政府职能转变的互动关系，农业改革与基层治理相辅相成，共同促推乡村振兴发展，力求对农业供给侧结构性改革有所促进，对推进基层政府职能转变具有指导作用。

二是本书提出"复合治理"的基层政府职能转变实现路径。随着农业供给侧结构性改革的持续推进，农业农村发生了翻天覆地的变化，基层行政环境日益复杂和社会需求逐渐变化多端，传统单一式基层治理难以适应复杂多变的乡村发展现实，急需向多层级、网络化与多中心的复合治理转型，以适应乡村瞬息万变的发展步伐。首先，复合治理上下维度的多层级："顶层设计"＋"基层探索"，政府上下良性互动助推农业供给侧结构性改革；其次，复合治理前后维度的网络化：通过"互联网＋现代农业""基层政府＋新型农业经营主体""基层党建＋农民"的"三＋"网络化治理畅通强农血脉；最后，复合治理左右维度的多中心："政府有为"＋"市场有效"＋"社会参与"＋"农民共享"，多元主体协同共治。

三是本书研究涉猎政治学、公共管理、农学、农林经济管理等多学科知识，本书尝试在多学科知识"理论丛林"的交叉综合研究中，来探索农业供给侧结构性改革与基层政府职能转变的互动关系问题。本书采用规范分析与实证分析相结合、理论探讨与典型案例相结合的方法进行研究，深入农村基层进行实地调研，选择多个农业供给侧结构性改革较为成功的基层政府进行典型案例研究，通过理论分析与案例剖析紧密结合，力求在理论上有所贡献，在实践上具有实际应用价值。

（三）突出特色与主要建树

本书的突出特色为从农业供给侧结构性改革与基层政府职能转变相互影响、相互作用的内在逻辑关系出发，一是从理论层面建构一个农业供给侧结构性改革与基层政府职能转变互动关系的分析框架，为研究和检验农业供给侧结构性改革与基层政府职能转变提供理论依据；二是从实践层面对我国农业供给侧结构性改革较为成功的基层政府进行实证研究，了解这些地区的基层治理创新模式，进行典型案例分析，为农业农村改革与基层治理创新提供实践借鉴；三是在复合治理理论下构建基层政府职能转变的实现路径，实现基层政府职能的现代转型，给乡村基层治理赋能，以全力发挥"三农"压舱石作用，凝神聚力推进农业供给侧结构性改革，实现乡村振兴发展。

本书的主要建树是构建了"农业供给侧结构性改革三大体系"与"基层政府职能转变三维结构模型"互动关系的理论分析框架，从二者双向互动角度来研究农业供给侧结构性改革与基层政府职能转变。一是优化农业产业体系与基层政府职能重心位移的互动关系。基层政府职能重心从第一产业到"第六产业"，优化农业产业体系。二是优化农业生产体系与基层政府职能方式转型的互动关系。基层政府从传统式管理向网络化治理转型，优化农业生产体系。三是优化农业经营体系与基层政府职能关系重构的互动关系。"政府＋"多元主体协同共治，优化农业经营体系。最后提出，随着农业农村改革不断推进，基层政府职能需要从传统单一治理向多维复合治理转型，以满足复杂多变的基层需求和适应乡村瞬息万变的发展步伐，实现乡村基层治理现代化。

四　研究思路与研究方法

（一）研究思路

本书基于国家治理体系和治理能力现代化，围绕农业供给侧结构性改革与基层政府职能转变，沿着"文献综述→理论分析→实证分析→对策建议"的逻辑思路展开研究。其基本研究思路安排如下：

1. 文献综述：了解学界对农业供给侧结构性改革与基层政府职能转变有关问题研究的基本现状，阐明相关研究的理论基础和现实需求，为后续研究奠定基础。

2. 理论分析：充分发挥市场对资源配置的决定性作用和更好发挥政府职能作用，构建"农业供给侧结构性改革三大体系"与"基层政府职能转变三维结构模型"互动关系的理论分析框架。

3. 实证分析：实地调研获取农业供给侧结构性改革与基层政府职能转变的基本现状；通过典型调查、个案访谈、多案整合对一些农业供给侧结构性改革较为成功的基层政府进行定性分析，提供成功的基层治理经验与启示。

4. 对策建议：在获取大量调研素材和经验材料的基础上，通过理论分析与实证分析相结合，针对农业供给侧结构性改革中基层政府职能存在的典型问题形成适合本土经验的理论解释，系统提出基层政府职能转变的实现路径。

本书共六章，总体而言，本书主要遵循总—分—总的研究思路展开论述，整体来看可以划分为三大部分。第一部分为理论基础和分析框架，主要由第一章和第二章组成。第一章主要是对农业供给侧结构性改革与基层政府职能转变的相关理论进行阐释，讨论农业供给侧结构性改革与基层政府职能转变的内在相关性。第二章为本书的主要分析框架，构建

"农业供给侧结构性改革三大体系"与"基层政府职能转变三维结构模型",阐述农业供给侧结构性改革与基层政府职能转变的双向互动逻辑。第二部分为本书的核心内容,主要由第三章、第四章、第五章组成,从优化农业产业体系与基层政府职能重心位移、优化农业生产体系与基层政府职能方式转型、优化农业经营体系与基层政府职能关系重构三个方面分项讨论,主要基于理论脉络、实践政策和典型案例,采用理论探讨与案例分析相结合的方法,为当前和未来与之相关的各项改革提供可资借鉴的思路和启示。第三部分为总结提炼部分,主要由第六章组成,从行政环境变化推动基层政府职能转变的动力机制出发,针对农业供给侧结构性改革对基层政府的新期待,提出复合治理的基层政府职能转变的实现路径。

（二）研究方法

在整个研究方案设计中,本研究遵循规范分析与实证分析相结合、实地调研与典型案例相结合、理论研究与实务研究相结合的原则,以论证农业供给侧结构性改革与基层政府职能转变的互动关系,为农业供给侧结构性改革提供智力型支持,为推进基层政府职能转变提供可行性借鉴,全力助推乡村振兴发展,促进乡村基层治理现代化。具体方法如下:

1. 文献研究方法。本研究通过 CNKI 数据库、百度学术、Google 学术等多种形式查阅相关文献,运用 Cite Space 软件描绘农业供给侧结构性改革与基层政府职能转变相关研究的知识图谱,多视角比较农业供给侧结构性改革与基层政府职能转变的变迁历程,从历史演变进程与时代发展脉络中借鉴经验教训,逐步形成对农业供给侧结构性改革视角下基层政府职能转变的理论概括和整体思考,夯实研究的理论基础。

2. 实地调研法。本研究深入农村基层进行实地调研与参与式观察,利用寒暑假先后组织了 6 次农村基层调研,调研活动分别到了湖南省、湖北省、广东省、贵州省和江西省等地的农村基层,主要通过发放调查问卷、基层座谈会、现场观察、政府文件归纳整理等方式来搜集相关资料,获得了大量的农业供给侧结构性改革与基层政府职能转变的第一手与第二手资料。特别是课题组开展了"重走毛泽东同志湖南农村考察之路"乡村振兴调研活动,围绕农业供给侧结构性改革、乡村基层治理等十大方面内容,奔赴当年毛泽东同志开展湖南农民运动调查所到之乡村开展走访考察活动，深入 5 个县 20 多个乡镇 100 多个农户进行走访考察，为基层政府农业农村改革发展撰写系列调研报告，为乡村振兴战略全面实施献计献策，相关活动获得湖南卫视、湖南红网等多家媒体报道。

3. 访谈法。主要采用结构式访谈和半结构式访谈法来收集信息资料并加以提炼分析。本项研究的访谈对象包括县政府、乡镇政府、农林局、农委、农办、个别省属相关部门等工作人员以及农业企业主、村级组织、种养大户、职业农民等。加之本研究负责人出生成长在农村，大部分亲友长期生活在乡村，许多同学朋友多年在基层工作，逢年过节回到家乡的所见所闻，亲朋好友相聚的谈论话题，等等，使之能够比较便利地获取农业供给侧结构性改革与基层政府职能转变的相关资料。在对相关资料进行比较和归纳的基础上，通过"点面结合"，本着由个别到一般，再由一般到个别的分析逻辑，寻求农业供给侧结构性改革视角下基层政府职能转变的实现路径。

4. 典型案例分析方法。选择长沙县农业产业集群发展、海曙区智慧农业高质量发展、浔龙河生态艺术小镇建设等多个农业供给侧结构性改革较为成功的基层地区进行典型案例研究，通过典型调查、个案访谈、多案整合等方式展开，从微观观察入手，分析基层政府在促推农业供给侧结构性改革中的先进工作经验，总结其政府职能转变的实现路径，为其他地区基层政府如何转变职能、促推农业供给侧结构性改革提供值得借鉴的典型样本，形成适合本土经验的一般性的理论解释。

第 一 章

农业供给侧结构性改革与基层政府
职能转变的理论阐释

第一节　正确认识农业供给侧结构性改革

目前，高质量发展已成为时代主题，农业发展也急需进行高质量体系供给。推进农业供给侧结构性改革，既是及时破解目前农业农村发展面临难题的需要，更是实现乡村高质量发展的需要。那么农业供给侧结构性改革是什么？如何正确认识农业供给侧结构性改革？就实际而言，农业供给侧结构性改革主要是从农业的供给端开始的结构性改革，就是通过改善农业供给体系的结构，通过提高农业供给体系的效率和质量，培育农业农村发展新动能，推动农业现代化发展转型升级。具体而言可以从"农业供给侧 + 结构性 + 改革"的视角来认识与理解农业供给侧结构性改革。

一　农业供给侧结构性改革的提出

众所周知，供给和需求是经济学中的一对矛盾，是经济活动的两面。一般来说，供给侧是相对于需求侧而言的。经济发展应该由需求和供给共同驱动。需求侧主要包括投资、消费、出口等几个方面，供给侧包括劳动力、国土资源、资本金融、科技创新等。要全面解决目前面临的发展难题，看到病症很重要，找准病根更重要。之前提到经济发展，我们主要关注需求侧，较少从供给侧去动脑筋和想办法。在经济发展的新常态背景下，影响经济增长的主要问题就是供给与需求的平衡问题，由于长期以来我们主要在扩大需求上做文章，目前就经济高质量发展而言，我们更需要关注与改善供给侧这一头。供给侧结构性改革就是从供给这一侧发力，全面深化改革，改善供给体系，调整经济结构。

自2015年提出"供给侧结构性改革"的概念后，学界对此进行了大量的研究，故全面深入认知该领域的研究现状是有必要的，笔者以中国知网（CNKI）全文数据库为研究数据来源，选择知网网页中的高级检索，设定检索条件为"主题＝供给侧结构性改革"，文献来源为"北大核心期刊"和"CSSCI"，搜索文献的时间段为2015年12月6日到2022年4月12日，共检索出文献3070篇，排除新闻报道以及无作者文献共得有效文献2943篇。应用CiteSpace软件对样本文献进行关键词共现得到节点354个，连线857条，网络密度0.0137，节点和字号越大代表文献中关键词出现的次数越高，连线越明显表示关键词之间关联程度越高。为了得到关键词的分布情况，同时考虑关键词的出现频率，将阈值（Threshold）设为15，获得供给侧结构性改革相关样本文献关键词知识图谱（见图1-1），根据知识图谱把握整体趋势及核心内容，以分析此研究领域的热点及研究走向。

首先，由图1-1可知，在阈值为15的情况下，共得到供给侧、农业、需求侧、新常态、创新驱动、经济增长、供给学派、制度创新、产业结构、制度供给、普惠金融、去产能、乡村振兴、科技创新、制造业、新动能、去杠杆、实体经济、杠杆率、双循环和产能过剩等21个关键词。从上述的21个关键词分布情况看，当前以供给侧结构性改革为题目的研究领域十分多元，涉及产业结构、经济增长、创新驱动、乡村振兴和实体经济多个领域，研究涉及面广。

其次，通过聚合文章关键词，得到文章关键词聚类图谱（见图1-2），由图可知供给侧、供给学派、创新驱动、双循环、农业、新常态下、乡村振兴、去杠杆、货币政策和新时代等10个聚合点。从关键词的聚合点分布及聚合情况上看，以供给侧结构性改革为主题的研究可以分为5类。第一类是供给侧结构性改革学理研究，聚合点为供给侧和供给学派两点；第二类是供给侧结构性改革驱动力研究，聚合点为双循环和创新驱动两点；第三类是供给侧结构性改革途径的研究，聚合点为去杠杆和货币政策两点；第四类是供给侧结构性改革研究背景的研究，聚合

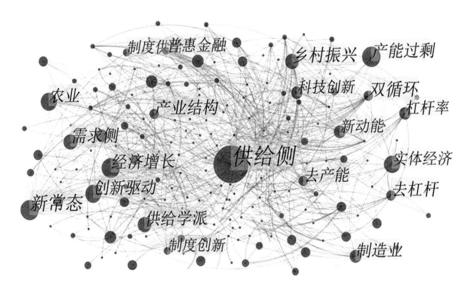

图1-1 供给侧结构性改革关键词共现图谱

点为新常态下和新时代两点；第五类是供给侧结构性改革具体领域的研究，聚合点为农业和乡村振兴两点。

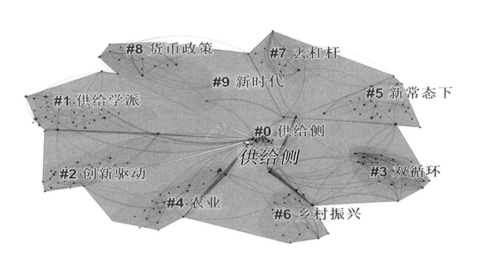

图1-2 供给侧结构性改革关键词聚类图谱

最后，突现词是指在一段时间内，被大量提及的词汇，其一定程度上可以反映研究的重点，并可以用来研究一定研究领域内的未来热点及趋势。运用 CiteSpace 软件进行相关分析并生成供给侧结构性改革领域2015—2022 年的突现词图谱（见图 1 - 3），共生成 21 个突变关键词，清晰描绘了供给侧结构性改革领域研究热点的持续性和演变趋势及逻辑。如图所示，从突变强度上看，共有两个关键词的突变强度达到 10 以上，分别为乡村振兴和双循环两个关键词，双循环是突变强度最强的关键词，其开始时间为 2020 年，距离目前时间较短，但其突变强度达到 16.86，故可以认为其突变强度有一定代表性，说明众多学者基于国内国际双循环的战略，拓展了供给侧结构性改革的研究领域。乡村振兴是突变强度第二强的关键词，乡村振兴开始年份为 2018 年，其突变强度为 11.08，其说明从 2018 年乡村振兴的战略被提出后，学者们从乡村振兴的视域，以乡村为研究主体，开展与农业农村相关的供给侧结构性改革，拓展了供给侧结构性改革的主体范围。

从突变强度时间长度上看，乡村振兴、新时代和普惠金融等三个关键词突变强度维持时间最长，起始于 2018 年，至今仍然在维持。因此，结合三个关键词的特性，同时基于政策环境，可以说明乡村振兴战略全面实施，拓展了供给侧结构性改革的研究范围，将供给侧结构性改革的研究重点聚焦于乡村建设与发展中；同时以供给侧结构性改革为主题的研究，更多地从新时代背景探究其时代意义；除此之外，供给侧结构性改革中资金匮乏成为基础性问题，在政策实践过程中，金融成为重要解决方式并被采用，故普惠金融被众多学者所研究。从关键词突变词起始时间来看，供给侧最早开始突变，时间为 2015 年，并终结于 2016 年，这一突变情况说明，一方面关于供给侧结构性改革最早于 2015 年被大量学者所注意，并开始相关研究；另一方面该词终结于 2016 年，说明关于供给侧结构性改革的内涵、范式和改革路径等宏观主题在一年时间内被广泛研究，研究重点迅速向乡村振兴等中观或微观研究领域演进。因此，以供给侧结构性改革为题的研究热度演进呈现以供给侧为中心，迅速向乡村振兴、双循环等多方面演进，呈现一中心多维度的突变特点。

综上所述，首先，以供给侧结构性改革为主题，分别从关键词中心度、关键词聚合度和关键词突变度三个维度进行分析，发现与当前供给

Keywords	Year	Strength	Begin	End	2015 - 2022
供给侧	2015	2.46	2015	2016	▬▬▬▬_____
乡村振兴	2015	11.08	2018	2022	_____▬▬▬▬▬▬▬▬▬▬
新时代	2015	8.4	2018	2022	_____▬▬▬▬▬▬▬▬▬▬
改革开放	2015	3.05	2018	2019	_____▬▬▬_____
消费结构	2015	3.05	2018	2019	_____▬▬▬_____
普惠金融	2015	2.54	2018	2022	_____▬▬▬▬▬▬▬▬▬▬
资源配置	2015	2.32	2018	2020	_____▬▬▬▬▬▬_____
产业融合	2015	2.3	2018	2019	_____▬▬▬_____
减税降费	2015	4.27	2019	2022	_____▬▬▬▬▬▬▬▬
小微企业	2015	2.88	2019	2022	_____▬▬▬▬▬▬▬▬
金融监管	2015	2.84	2019	2022	_____▬▬▬▬▬▬▬▬
金融风险	2015	2.69	2019	2020	_____▬▬▬_____
金融业	2015	2.37	2019	2022	_____▬▬▬▬▬▬▬▬
产业结构	2015	2.34	2019	2020	_____▬▬▬_____
杠杆率	2015	2.28	2019	2022	_____▬▬▬▬▬▬▬▬
双循环	2015	16.86	2020	2022	_____▬▬▬▬▬▬
扩大内需	2015	5.69	2020	2022	_____▬▬▬▬▬▬
产业链	2015	3.4	2020	2022	_____▬▬▬▬▬▬
五中全会	2015	3.4	2020	2022	_____▬▬▬▬▬▬
防范化解	2015	3.4	2020	2022	_____▬▬▬▬▬▬
发展格局	2015	2.83	2020	2022	_____▬▬▬▬▬▬

图 1 - 3 供给侧结构性改革的突现词及其突现度图谱

侧结构性改革相关的研究以供给侧为研究中心，以此进行其他相关领域
的延伸与演化，出现乡村振兴、农业和经济增长等衍生领域；其次，相
关研究的聚合可以划分为供给侧、供给学派、创新驱动、双循环、农业、
新常态下、乡村振兴、去杠杆、货币政策和新时代等 10 类；最后，供给
侧结构性改革的相关研究发展迅速，接下来其他相关关键词大量出现，
同时从突变关键词的数量和接受年份，可以得知相关研究领域广泛，乡
村振兴、双循环、扩大内需、产业链和产业金融等可以成为未来的研究
重点。由此可见，供给侧结构性改革相关研究呈现以供给侧为研究中心，

并向不同研究领域延伸与衍生，在研究结构上出现一点多面的特点。同时，乡村振兴下供给侧结构性改革、产业结构和方式升级等成为研究重点，表示农业供给侧结构性改革成为供给侧结构性改革的主要方向。

2015 年底首次提出农业供给侧结构性改革，吹响了新时期深化农业农村改革的强烈号角。农业供给侧结构性改革就是从供给的这一侧发力，对农业经济进行结构性调整，全面深化农村改革，重点是解放和发展农业生产力，改善农业供给体系的结构，着力推动农村高质量发展。我国的农业农村改革自改革开放伊始，已经走过了 40 多年的风风雨雨，经过了一系列政策创新与实践，如何为农业农村发展做好顶层设计，不断提高基层人民群众收入水平，切实改善农民的生活现状，实现全面建设小康社会目标，我国一直在不断进行理论探讨与实践探索中。

目前农业农村现代化发展的号角已经吹响，乡村发展迎来了最好的时代。但目前乡村仍然面临着农业产业发展瓶颈、小生产与大市场、农产品供求结构失衡、环境资源污染压力、城乡收入差距过大等问题。推进农业供给侧结构性改革，从传统满足"量"的需求向现代满足"质"的提升转变，提高农业供给体系的质量和效率，下大力气补齐农业农村"短板"，厚植农业农村发展优势，激发农业农村发展内生动力，全面提升农业综合效益，成为当今一个时期我国农业改革的主要目标和重点任务。

二　农业供给侧存在的结构性矛盾

为什么进行农业供给侧结构性改革？主要是因为农业的供给结构出现了问题，阻碍了农业农村经济发展和农民生活水平的提高。虽然目前我国农业农村发展相比以前已经开始进入快车道，但农业的产业体系急需转型升级，农业的生产能力不能适应信息科技时代的发展，农业的经营体系难以抵抗市场的激烈竞争。总之，随着时代的发展，农业的供给体系已经难以满足老百姓对高品质生活的需求，农业供给侧存在的结构性矛盾主要体现如下。

（一）产量与质量的问题

如何在产量提升的同时更进一步增进质量？长久以来，我国除粮食产量位居世界首位之外，其他农产品的产量如油菜籽、花生、茶叶、棉花、肉类等也位居世界前列。虽然我国农产品供给总量不断上升，超过世界平均水平，但是农产品供给的质量急需提升，更缺少农产品知名品牌。

一是优质农产品缺乏。我国农产品品种丰富，连年增产丰收，但目前农产品大路货较多，优质高端农产品缺乏，不能满足高端需求。以水果为例，我们经常在新闻或者微信朋友圈中看到这样的报道，水果虽然丰收了，但是却没有销路，并且出现滞销的情况，为了避免眼睁睁地看着千辛万苦种植出来的果实烂在地里，呼吁大家帮助辛苦了一年的农民，都来购买这种水果。而同时，很多进口水果却供不应求。网络上有个提问特别火爆"有一种财务自由，叫车厘子自由，你实现了吗？"笔者刚开始很疑惑，车厘子自由很难吗？经过走访水果市场后，才后知后觉自己低估了"车厘子自由"的含金量。品质好的车厘子每公斤200元左右，这么说可能没什么概念，换算成单颗，大概每颗3元吧，一斤差不多30颗左右，当然更贵的也有每颗6元的。品质越好价格越高，并且还不愁销路。

二是农产品缺少知名品牌。随着经济的发展，我国人均收入水平不断提升，标志着从过去仅仅为填饱肚子向高消费高品质生活转型。在高质量生活的追求下，消费者对农产品的需求也开始升级换挡，低端消费与大路货源的需求呈下降趋势，而农产品的有机高端与知名品牌需求则快速上升。而我国长久以来，农产品生产更多关注产量多少，较少关注品牌价值，农产品销售鱼龙混杂，缺少知名品牌，不能适应消费者对农产品高品质与多元化的需求。

（二）成本与价格的问题

农业生产成本持续向上攀升，一方面是物质投入成本上涨，我国农产品生产以高投入为代价而进行的生产，农药、化肥大量使用，但利用率低，不但增加了成本，也造成了环境的污染，间接性抬高了生产付出。另一方面是人工费用和土地租金的上升，农业劳动力成本逐年上涨，目前成年男性普通杂工每天平均工资超过300元，人力成本上涨趋势一路高扬，而且土地流转价格随着市场竞争增加近年来也呈逐年上涨趋势。另外，目前我国农业生产较为传统与分散，农业经营方式落后与碎片化，农业高科技化程度不高，这样就引起我国农业生产成本一直居高不下。

农业生产成本持续上升，导致农产品价格高过国际市场，一方面使农产品市场竞争力减弱，"抑制"国内农产品出口；另一方面使农业生产者利润空间缩减，"挤压"农业生产者效益。我国农业生产相对较为分散与碎片化，农业综合生产能力不足，出现了国内外农产品价格倒挂的状况，农产品的高成本使得产品的市场竞争力减弱。我国这种以高投入和高污染为代价而进行的高成本农业生产方式急需转型发展，不仅要采用机械替代劳动辅之农业高科技手段来降低人工成本，而且要通过农业规模化与专业化发展来降低土地成本，只有踏破成本的"地板"，捅破价格的"天花板"，才能解决目前陷入的节本增效之困境。

（三）生产与生态的问题

"绿水青山就是金山银山"。在长期主要关注农业生产效益高低的形势下，推进生态文明建设，任重而道远。尽管我国有几千年的传统农耕文明的传承以及农业再循环利用的可持续发展理念，但是由于我国人多地少的基本国情，如何处理好农业生产与生态的平衡问题，已成为必须面对的发展悖论。过去多年来，农业发展以减少林地、草地、湿地、湖泊面积为代价，农业发展始终面临着资源环境承载的巨大压力。

在农业生产的各个环节普遍存在既影响资源利用又严重污染环境的问题。农业生态环境污染导致的农产品以及餐桌食品安全问题目前更是广受人民关注与担忧。据统计，我国农药和化肥利用率都较低，高污染高残留对自然生态平衡有非常久远的破坏作用。一方面种植业生产过程中化学投入品过多而忽略了畜禽粪便等农业有机肥料补足，农业生态循环难以实现导致耕地质量明显下降；另一方面养殖业生产产生的大量粪便和污水，因为村民缺乏环保意识以及农村缺少污水处理设施，严重影响人居环境和污染生态环境，使得生猪等畜禽业发展遭遇困境。

（四）政府调控与市场调节的问题

改革开放以来，随着乡镇企业异军突起，工业化和城镇化稳步推进，农民收入持续增长，亿万农民的生活得到全面改善。特别是从2006年全面取消农业税以来，我国政府从农业持续发展、农村和谐稳定和农民生产生活等方面颁布了许多促进农业农村农民现代化发展政策，从一定程度上促进了农业增产、农村发展和农民增收。但是近年来我国农业农村经济运行过程中也呈现出许多难题，在某种程度上暴露出了政府对农业发展宏观调控的职能方面还存在错位问题，也显现出市场调节机制尚未完全充分发挥作用，使得农产品供需没有达到平衡状态。

农业供给侧结构性改革任重而道远，其中最重要的就是政府调控与市场调节的关系问题。以粮食保护价收购政策为例，这些政策的初衷是为了国家粮食安全与稳定。政策实施后，在保护农民收益的同时，也稳定了农民种粮预期，但是如果最低收购价长期高于市场价格，这种政策的可持续性将难以维持，也扭曲了粮食市场价格。除此之外，一些农业政策临时措施常态化严重抑制了市场机制对农业生产经营活动的自动调节作用，一些短期举措长期化也引发农业资源要素不当配置等诸多问题。因此，政府调控与市场调节如何协同与合作，这些都要求在政策安排上有新的设计与突破。

三　农业供给侧结构性改革的"三大体系"优化

农业供给侧结构性改革有利于推动农村产业高质量发展，从而为乡村振兴发展提供高质量的物质基础。2017 年中央一号文件明确提出，推进农业供给侧结构性改革，优化农业产业体系、农业生产体系、农业经营体系，促进农业农村发展由主要满足量的需求，向更加注重满足质的提升转变。因此，"现代农业产业体系、农业生产体系、农业经营体系"的"三大体系优化"是全面推进农业供给侧结构性改革的基本举措，也是农业农村现代化发展的三大支撑。

（一）优化农业产业体系

优化农业产业体系，主要是做优做大做强农业产业，发展壮大农业新型产业与新型业态，打造农业全产业链，健全拓展价值链，促进农业三产融合发展。新形势下消费者对农产品高品质多元化需求的变化，迫切要求通过优化农业产业体系来进行农业产业提档升级，既要立足于提高现有农产品的供给质量，更要瞄准新产业新业态来开发新的农产品与培植新的农业产业，打造农业全产业链，健全拓展价值链，充分挖掘农业产业的多功能价值，围绕三产融合、提质增效来优化现代农业产业体系。

一方面，优化农业产业结构，延伸农业产业链。首先，集中力量发展特色产业，优化农业产业结构。由于乡村环境闭塞，交通不便，资源匮乏，加之信息来源渠道较少，大部分本分的农民主要进行传统的种植和养殖等农业生产，不敢贸然尝试其他多元化的农业经营项目，担心既没有技术又没有门路，到头来不仅赚不到钱有可能还要倒贴进去自己少得可怜的本钱。因此，普通农民承担风险的能力都比较小，在多次调研中乡镇干部们都谈到农业产业结构调整口号喊得响，但在实践中农民一直处于冷静观望状态。如果能够集中力量把当地土特产和小品种做大做强，做成优势特色产业，如大力发展本土花卉苗木、珍贵树种、森林食品等具有乡土特色的绿色产业，对农民既提供技术指导，又能够保证销路，那农民的参与积极性将会大为提高。其次，实施现代农业产业化发展，全力延伸产业链。农业产业体系包括产前产中产后完整的环节，过去我们主要关注产中农产品产量的提高，对产前的品种提升以及产后的销售服务等环节缺乏长远规划。全力延伸产业链，不仅需要关注产前的生产投入品种品质的提档升级，更需要注重产后的销售流通，大力推广"生产基地＋线上微店＋社区配送"等模式，深化产业链上的分工合作，促进农业产业融合发展。

另一方面，挖掘农业多功能价值，拓展农业价值链。目前随着乡村旅游的发展以及周末农庄亲子游的火热，大家逐渐发现农业除了能够进行农产品生产满足人们的食物需求外，还能够给予人们心灵疗愈、休闲放松、自然科普、亲子互动等多功能价值。花红草绿、鸟语花香的田园风光，完全区别于城市冷冰冰的钢筋混凝土，吸引了越来越多的城市居民休闲度假与放松身心。因此，加大政策性金融优惠力度，支持一批农业功能拓展充分、农业新型业态发展壮大的乡镇，利用"乡村＋科普＋休闲＋旅游"等模式，推进农业与旅游、科普、休闲、生态的互动发展，打造乡村全域旅游精品线路，建设亲近乡村的自然学校，建设具有乡野气息的民宿与露营帐篷。同时适当鼓励政府、企业、社会组织等多元合作，建设一批农业文化自然旅游"四位一体"、一二三产业深度融合的领军型农业企业和农民专业合作社，大力改善乡村旅游、休闲农业、乡间民宿等方面的公共服务基础设施条件，实现农业产业价值链的全面拓展。

（二）优化农业生产体系

我国是一个农业大国，农业是国民经济的基础产业，主要依赖土地资源来进行农产品的生产,包括农作物种植生产的种植业、林木培育的林业、水域养殖的渔业、畜牧生产的畜牧业以及与农业生产相关的副业,加之近几年出现的休闲农业、旅游农业、景观农业等农业新型业态。农业作为国民经济的基础产业属于第一产业,是弱质产业。所谓农业的"弱质性",是农业生产本身所固有的短时间内难以改变的不利因素,具有一些弱质性的特征。一是生产周期长,季节性强。农产品的生产特性为季节性集中上市,导致供给缺乏弹性,而消费者的需求为全年度均衡消费,供给调整滞后于市场需求变化,需求供给之间矛盾难以解决。二是农业生产深受自然力影响,深受自然界雨水、风向等各种气象变化的影响,俗称"靠天吃饭",还需要面对有可能突然出现的瘟疫以及病虫害等,因此农业投资回报率不稳定,"风调雨顺"与"天时地利人和"成为农业生产者的期盼。

优化农业生产体系,就是改变单纯靠人工劳作的传统状态,用现代高新科技和物质机械装备等先进技术推进智慧农业、数字农业、精准农业、设施农业、生态农业、有机农业的生产,提高农业智能化、机械化、标准化、信息化、设施化、有机化水平,实现农业的高效、安全和可持续发展,改变农业"靠天吃饭"的局面。一是推动农业科技创新。随着数字化技术的飞速发展,科技创新成为优化农业生产体系的"催化剂"。以"互联网+""大数据"等为科技创新驱动,推进农业信息化,完善现代农业产业技术体系,推进现代农业资源开放共享与农业信息化服务平台基地建设。二是进行农业资源环境保护与建设。传统农业生产方式主要为追求产量的粗放式经营,既资源消耗比较大也无法过多关注农业资源环境保护。全面实施藏粮于地、藏粮于技的战略部署,需要加强耕地、草原、水资源等农业资源的保护与建设,真正走上既资源节约、环境友好又高产高效、安全健康的可持续性发展轨道。三是推进农业标准化生产。由于生产条件的限制,传统农业生产方式较为粗放和碎片化,无法全面实行标准化和组织化生产,难以保障农产品生产质量监控。实施农业标准化战略,健全农产品全程可追溯、互联共享的安全监管体系,才能全面提升农产品质量的标准化水平。

(三)优化农业经营体系

从中国的国情来说,粗放、分散以及碎片化的经营方式是导致农业生产成本高、农产品价格居高不下的根本原因，我国现代农业发展面临的最大制约是农业经营规模过小与农业经营方式分散，适当扩大农业的规模经营是实现农业现代化的基础，优化农业经营体系是深入推进农业供给侧结构性改革的重要抓手。

一是发展多种形式适度规模经营。有规模才能产生效益，无论是耕种土地面积，还是农业现代化科技成果应用等，都要以一定的经营规模为前提。正是基于这样的情况，中共中央办公厅和国务院办公厅多次联合发文提出农业要实行多种形式的适度规模经营，提出了"三权分置"的制度创新，把土地所有权、承包权、经营权分开，有利于土地自由流转，提高种植规模；另外农民自己在农业经营实践中也探索了土地托管、土地共营、土地股份合作等各式各样的新型经营模式，为农业规模化经营创造了条件和基础。但中国的农民基数太大，传统小农数量众多，农业规模化经营不能简单地一蹴而就。应当看到，近年来在农业规模化经营的推进中，一些地方不同程度地出现了一味求大造"盆景"和政府扶持"垒大户"的情况。需要警惕农业规模经营走样变形，农业资源要素达到优化配置才是其本质。

二是积极培育多元新型农业经营主体。随着多种形式农业规模化经营的发展，农业龙头企业、农民专业合作社、家庭农场、专业种养大户等多元新型农业经营主体不断发展壮大，大都处于成长的关键期，急需政策的引导与扶持，使其逐步成为发展现代农业的中坚与骨干。中共中央办公厅和国务院办公厅多次联合发文，从加强农业基础设施建设、完善财政税收优惠政策、改善农业金融信贷服务、鼓励拓展农业销售渠道、扩大农业保险支持范围和支持农业领军人才培养等多个方面支持多元新型农业经营主体发展。因此，只有通过多渠道不断培养壮大多元新型农业经营主体，激活与激发多元新型农业经营主体的创新精神，才能培植与壮大农业农村现代化发展的人力资本，进一步优化农业经营体系。

三是健全农业社会化服务体系。中央一号文件多次特别强调要补齐农业农村短板。农业农村短板主要是指农业自身存在的先天不足以及农业基础设施的落后，补齐短板，关键就是加强农业农村公共产品供给，全面提升农村基本公共服务水平。大力发展农业产前产中产后服务业，培育健全各种先进机械化、智能化生产装备，完善数字化技术与金融服务等现代农业生产要素，积极发展农业机械承包作业、植物病虫害统防统治、畜牧养殖业粪污专业化处理以及粮食烘干等农业社会化服务，鼓励发展"专业大户＋社会化服务""家庭农场＋农民专业合作社"的经营模式，提供农业生产体系一站式服务，健全农业社会化服务体系。

第二节 基层政府职能转变的理论分析

基层政府一直以来是农业农村改革的实践主体。基层政府负责组织和领导基层区域内的政治、经济、文化和社会等各项公共事业建设，对基层进行公共管理和提供公共服务。深入推进农业供给侧结构性改革给乡村基层带来了新变化，同时对基层政府职能提出了新的期待与新的诉求。因此，行政环境的变化推动着政府职能的转变，基层政府需要相应地进行职能转变来应对农业供给侧结构性改革带来的新变化与新期待，以便顺应新时代乡村发展，更好地引导与整合农业资源，推进农业农村现代化与基层治理现代化。

一 政府职能的基础理论

（一）政府职能的内涵

根据《现代汉语词典》的定义，"职能"主要指作用与功能。[①] 由此从字面上可将"职能"一词理解为职责与功能。相应地，政府职能主要指政府基于国家治理和社会发展的需要而必须承担对国家公共事务进行管理的基本职责与功能的统一。从近代以来西方公共行政的发展历程来看，政府职能的确定是现代公共行政学得以成立的最重要的理由之一。现代公共行政学的开山鼻祖伍德罗·威尔逊认为，"行政学研究的目标在于政府可以进行什么工作以及如何高效率地完成工作"[②]。正如伍德罗·威尔逊所说，政府在行政管理中要明晰职能范围，只管自己该管的事情；在明确了职能范围之后，就要研究政府用什么样的方式进行管理，通过

---

① 中国社会科学院语言研究所词典编辑室：《现代汉语词典》，商务印书馆 2005 年版，第 1750 页。

② ［美］伍德罗·威尔逊：《行政学之研究》，《政治科学季刊》1887 年第 2 期。

良好的履职方式，进而提高效率，降低成本，用最少的钱办最多的事。

综上所述，一般认为政府职能的内涵主要指政府在进行公共管理中的相关职责和功能，具体而言，一般包括管什么（what）、怎么管（how）和发挥什么作用（why）三个方面，其主要内容为经济社会有序运行提供制度与环境以及为经济社会的稳定发展提供公共服务和公共产品。政府职能是行政组织设置的依据、行政改革的方向、行政决策和执行的基础，体现政府在国家公共事务中的主要功能。[①] 因此，政府职能内涵的界定实质上成为所有公共行政研究范畴的首要问题，是公共行政学研究的逻辑起点。我们需要政府的实质乃是需要政府承担相应的职能，能够解决公共问题，若一个政府不能体现其应有之职责，满足社会及公众之需要，那么它的合法性基础就会被侵蚀而最终被抛弃，政府的职能成为政府存在的重要理由之一。

（二）政府职能的多维视角

政府职能是一个完善的体系，可以从不同的视角进行划分。简单地说，政府职能就是行政体系在国家公共事务和社会稳定发展中所需要发挥的职责与作用，然而在实际生活中，政府所应承担的职能是包罗万象的，仅仅就普通的社会个体所体验的而言，"从摇篮到坟墓"，人的一生无时无刻不感受到政府的作用。为尽可能多地把握丰富多彩的政府职能内容，我们采取多维视角来分析繁杂的政府职能。

一是以政府职能的作用领域为标准，政府职能可以划分为政治、经济、文化、社会等职能。首先，一般认为政治职能是政府的初始职能，是自从国家产生以来政府存在的基本理由，其核心是保卫国家安全、维护国家政权和保护公民利益等。其次，经济职能主要是促进经济发展，提高人民生活水平，具体地说就是通过制定并执行经济政策保持宏观经济的平衡与稳定，为社会经济运行提供良好的环境与制度保障。现阶段我国的经济职能目标是完善市场经济体制，推动经济向前发展。再次，文化职能为公共文化服务管理，担负着维系社会的思想意识形态和确立主流社会价值观的重任。政府通过制定教育、文化事业的发展战略和规划，在全社会鼓励和引导一种反映社会向上发展的正能量，弘扬新风尚。

---

① 夏书章：《行政管理学》，高等教育出版社 2013 年版，第 51 页。

最后，社会职能主要指政府对社会生活领域中公共事务的管理职能。随着社会的多元化发展，社会职能是内容最为广泛同时管理亟待加强的一项基本职能。加强社会职能，全面覆盖社会保障，提供公共产品，扩大公共服务，构建和谐社会。

二是以政府职能的运行过程为标准，政府职能可以划分为计划、组织、指挥、协调和控制等一系列过程。亨利·法约尔在管理学理论上的重要贡献是系统提出了行政管理的职能分工、统一指挥、规则与纪律、等级链控制等管理原则，系统构建了行政管理的"计划、组织、指挥、协调和控制"理论。这五个职能虽然不能囊括职能运行的全貌，但从本质上反映了管理运行过程的不同阶段及各自特征。① 就政府管理而言，同样必须遵循一般的管理原理与过程。首先，任何政府活动都必须有明确的目的，政府的行动必须制定并遵循严格的计划与方案；其次，有效的组织能够使人尽其才、物尽其用，让所有资源达到合理配置；再次，指挥就是使组织的各种资源保持统一的行动，使人、财、物得到最合理的使用，共同实现目标的过程中，为了减少冲突和能量损耗，有效的协调不可或缺，应以相互促进来建立和谐的分工合作关系；最后，任何管理计划和方案不可能是百密而无一疏的，控制职能就是瞄准目标，纠正偏差，确保正确的方向。

三是以政府职能的实现手段为标准，政府职能可以划分为政治性职能、管理性职能和法律性职能。著名的公共行政学家、多元行政观的代言人戴维·H. 罗森布鲁姆开创了系统地、多视角地研究公共行政的多元公共行政观。罗森布鲁姆认为，管理途径追求效率（efficiency）、效能（effectiveness）、经济（economy），政治途径强调责任性、回应性以及代表性，法律途径认为平等、公平、公正才最为重要。② 罗森布鲁姆提出的公共行政学的三种不同研究途径，实际上是公共行政的政治性职能、管理性职能和法律性职能，相应地，在具体的行政管理实践中，公共行政

---

① ［法］亨利·法约尔：《工业管理与一般管理》，迟力耕、张璇译，中国社会科学出版社1982年版，第2页。

② ［美］戴维·H. 罗森布鲁姆、罗伯特·S. 克拉夫丘克：《公共行政学：管理、政治和法律的途径》，张成福译，中国人民大学出版社2002年版，第16页。

可以采取政治的方法、管理的方法和法律的方法三种手段来实现政府职能。

（三）政府职能的历史演进

政府职能是动态的，总是处于变化之中，它会随着经济社会环境的变迁、公众需要的改变而动态演变，政府职能在不同的历史时期经历不同的发展阶段。正如密尔所说："政府的固有职能不是一成不变的，落后社会状态下的职能与先进社会状态下的职能完全不同。"① 认清政府职能的历史动态特征，对于我们研究政府职能如何更好地促进而不是阻碍经济社会发展具有不可忽视的历史借鉴意义。

奴隶社会和封建社会时期的政府职能结构中，由于其主要经济形态为自然经济，政治职能居于主导地位，经济、社会、文化等其他职能相应地处于微弱的地位，正如威尔逊所说："因为生活很简单，所以那时候政府的职能很简单。政府一般靠行政命令行事，从来没有想到过要征询人们的意见。"② 这种单一的社会结构和生活决定政府职能简单且具有综合性，而且这些职能的共同特征就是为实现统治阶级维持统治服务的，统治阶级总是竭力把维护自己的政治统治作为治国理政的头等大事。

随着社会生产力的发展，进入资本主义社会，政府的经济职能与社会职能日益凸显出来。在资本主义发展中，"市场经济的发展需要各类政策为市场机制运行提供基本保障，运用政府力量来充分降低市场交易费用"③。总而言之，政府需要充分运用各种行政手段的方式，为经济社会发展保驾护航。

自由资本主义时期，自由放任的观点取代了古典国家干预论，人们对政府作用的认识发生了变化，政府的作用被压缩到最少。威尔逊用"适当"来概括政府的职能范围，政府只需要负责其他社会组织不能承担的公共事务。政府无须去干扰个人活动或市场的运行，它们会遵循潜在的规律将资源配置在最合理之处。亚当·斯密认为："每个人对自身利益

---

① ［英］J. S. 密尔：《代议制政府》，汪瑄译，商务印书馆1982年版，第14页。
② ［美］伍德罗·威尔逊：《行政学之研究》，《政治科学季刊》1887年第2期。
③ ［美］詹姆斯·A. 道、史迪夫·H. 汉科等：《发展经济学的革命》，黄祖辉等译，上海三联书店2000年版，第110页。

的追求会让他朝向有利于社会的方向。"因此亚当·斯密极力推崇市场机制这只"看不见的手",政府职能主要体现为国防、维持社会秩序、公共产品供给等相关领域,成为一个好的"守夜人"就可以了。①

垄断资本主义时期,经济大危机的全面爆发让人们认识到"守夜型"政府职能理念不利于国家社会经济的健康发展,政府对国家公共事务的积极全面干预是必不可少的。自此,钟摆由市场向政府摆动,凯恩斯主义开始兴起,经济社会的稳定发展迫切需要政府强化其干预职能,增加对市场与社会的控制责任,政府职能规模持续扩张。除传统国防、社会治安、税收和外交职能外,还广泛涉足经济直接管制、社会保险和社会福利、医疗卫生、贸易与金融、文化与教育、生态与环境、产品与消费等几乎从"摇篮到坟墓"的各个领域。

20 世纪 70 年代末,政府全面干预经济职能模式的弊端也逐步暴露出来,出现了凯恩斯也无法预料的"政府失灵"状况。由此,各个国家开始进一步反思政府与市场的边界及相互关系,普遍开始了政府再造的改革运动,出现了一些新的思潮和流派,其中最具影响力的是公共选择理论与新公共管理理论。公共选择理论学派代表人物詹姆斯·布坎南认为:"既然政府内部问题重重,那么就应该建立多元相互竞争关系,从而使公众得到自由选择的机会。"② 公共选择理论主张将原本属于市场的职能交给市场。新公共管理理论主张政府与公众合作,实施"共同治理",奥斯本认为政府职能应该为"掌舵",政府的主要作用是制定宏观公共政策,并采用企业绩效管理方式,引入竞争机制,以全面提高政府的工作效率和效果。③ 公共选择理论与新公共管理理论都主张通过市场导向以及政府再造,合理界定政府与市场边界,这一思路已基本成为现代政府职能定位和职能转变的指导思想。

---

① [英] 亚当·斯密:《国富论》,唐日松等译,华夏出版社 2005 年版,第 516 页。

② [美] 詹姆斯·布坎南:《自由、市场与国家》,吴良健等译,北京经济学院出版社 1988 年版,第 268 页。

③ [美] 戴维·奥斯本、特德·盖布勒:《改革政府:企业家精神如何改革着公共部门》,周敦仁等译,上海译文出版社 2006 年版,第 5 页。

二　政府职能转变的三个主要内容

政府职能需要根据行政环境的变化而转变，以满足社会公众对公共产品与公共服务的需求。随着经济社会的不断发展，因为主客观环境的变化，在不同的历史时期，公众对公共物品的需求强弱程度以及内容均会发生变化，具体而言即政府职能重心、政府职能方式、政府职能关系等也随之改变。因此，政府必须时刻保持敏锐的洞察力，及时调整政府职能重心、职能实现方式与职能关系等，以适应社会环境的新变化，满足社会发展的新需求。

（一）政府职能重心的转变

政府职能重心是政府在履行职能过程中不同公共事务之间孰轻孰重的次序关系。由于生产力发展状况的不同，公共事务之间的差异性，不同的历史时期，公共管理主体会选择政治统治、经济发展、社会管理中的某一职能作为工作的重点。政府职能的重心会随着社会系统内外环境的变化而位移。通过对历史的回顾，我们发现政府职能在不同的历史阶段其重心是不同的，因为它总是与当时的社会需求相适应。一般地，随着国家向前发展，政府职能重心在行政环境发展变化下也会相应转变，政治、经济、社会等各项职能之间的轻重缓急会有所变化。

以西方国家政府职能重心转变为例，第二次世界大战后出现的新科技革命使生产力得到提升，也在很大程度上改变了人们的生活生产方式。一方面，由于西方国家战后开始全力发展经济，政府更加注重经济社会职能，相应地对政治职能关注较少；另一方面，随着科学技术的发展以及人们生活收入水平的不断提高，人们需要政府提供更多有关交通、教育、娱乐、信息、文化等方面的公共产品与公共服务。社会环境变化的新情况需要政府不断扩大经济职能和社会职能，以满足广大民众的需求。

就我国而言，政府职能重心也是根据行政环境变化而处于政治、经济、社会的不断调整与转移中。新中国成立后较长的一段时间，政府职能的重心仍停留在政治方面，随着国民经济的调整基本完成，政府职能重心开始转移到经济发展方面。正是由于政府职能重心的及时调整，生产力迅猛发展，物质生产极大丰富。伴随着经济的迅速发展，各种社会问题也不断涌现，如就业困难、看不起病、上学难、社会保障低等。因此，政府开始把职能重心转移到社会服务上来，大力推进民生工程建设，促进教育事业发展，不断完善公共服务体制与机制。

（二）政府职能方式的转变

政府职能方式是指政府在所辖区域内进行公共管理时，需要通过一定的方式方法作用于管理对象。而政府为了履行其行政职能，推动经济与社会全面发展，随着历史的向前发展和科学技术的进步，其职能形式方式也会不断进行演进，因此政府职能方式的转变一般而言主要表现为履职过程中其管理方式、方法的转换与提高，从单一的依靠行政命令的职能方式，向行政的、经济的、法律的、市场的和社会的多种职能方式转型，从以管理为主到以服务为主的转变，公共产品供给方式从传统的以政府单中心供给为主逐渐向社会化多中心网络式供给为主转变。

不同的政府形态其职能行使方式也不断转型，我国政府职能行使方式就处于"统治型政府""管理型政府""服务型政府"动态变化中。"统治型政府"的职能行使方式主要通过权术或权谋的实施来对社会进行全方位的统治，主要采用行政命令的职能方式，即通过政府下达指令性计划，下属和社会各领域主体根据计划和命令执行的方式。随着国家和社会的分化，国家在根本上受到了社会的制约，造就了管理型政府。"管理型政府"主要是通过管理技术或方法来进行公共管理，其职能行使方式从单一的行政命令方式开始向经济的、市场的、法律的多种职能方式发展。管理为效率之需，一般采取自上而下的等级控制方式，采取科层制的以过程控制为中心的组织体制，非常强调命令的权威性，以形成统一的行动，达成管理的绩效目标。而"服务型政府"则是通过引导多元的公共治理理念，不断地践行和深化公共服务思维，开启"合作治理"的新局面。[①] 服务型政府要求根据服务对象的需要而选择自己的行为，因此其职能行使方式需要从自上而下的科层制向以目的和任务为中心的社会化服务模式转型。

（三）政府职能关系的转变

政府职能关系纷繁复杂，就纵向上来看主要指中央与地方政府之间

[①] ［美］罗伯特·B. 登哈特：《公共组织理论》（第三版），扶松茂等译，中国人民大学出版社 2003 年版，第 186—187 页。

的关系；就横向上来看主要指政府内部各部门之间的关系；就关系之间的主体来说，主要是政府与市场的关系、政府与社会的关系等等。目前我国政府职能关系转变的着力点主要为政府与市场、政府与社会之间的关系。如何理顺这些关系，让市场机制释放活力，使社会力量全面参与社会公共事务管理，是新时期政府职能关系转变的重点。

如何理顺政府与市场的关系是政府职能争论的核心问题，关于"看得见的手"与"看不见的手"，谁的作用更大更是一直争论不休。布坎南指出，"市场失灵"不能成为政府干预的强有力的理由，因为政府也一样会失灵，如果以"失败的政府"去全面干预"失败的市场"，最终的结果只能是"败上加败"[①]。因此，最关键的问题是如何理顺政府与市场的关系。一方面，政府主要进行宏观调控和政策性引导，作用是矫正市场失灵，同时为市场兜底。另一方面，充分发挥市场机制作用，市场机制能解决的，全面放手让市场解决，并为市场的良好运用提供保障。

政府与社会的关系也一直饱受争议，相互之间的边界也一直在摸索与探讨中。长期以来，以政府为中心的单一供给体制，让政府直接面对社会，"从摇篮到坟墓"，大量具体微观细小生活的方方面面都需要政府直接管理。随着社会结构的分化与复杂性程度的增加，基于社会秩序整合的公共服务也随之增加，政府需要应对不断增长的多元化社会公共事务，长此以往造成了政府行政机关的膨胀。由此，需要建立起政府与社会的良好互动关系。在目前飞速发展的时代，单一的政府机构已经无法快速地提供多样化的公共服务与公共产品，政府需要将大量的职能放权于社会，通过建立与非营利组织、服务类社会组织、社区乃至公民的多中心合作治理，以达到多中心、网络化共同管理公共事务的目标。

三　基层政府职能及其转变

（一）基层政府的含义

基于历史和实践的考虑，本书把基层政府主要定位为县乡政府。从新中国成立以来我国行政区划的发展历程来看，政府的层级结构并不是

---

① ［美］詹姆斯·布坎南：《自由、市场与国家》，吴良健等译，北京经济学院出版社 1988年版，第 281 页。

一成不变的，其在历史变迁中不断调整适应当时需要而形成。按现行宪法规定我国地方政府层级为中央—省—县—乡四级制①，很多地方还实行"市管县"体制。市管县就是以经济发达的城市为核心，对周围（区）县实施领导的体制，以利于统筹城乡发展。改革开放之初，在县和乡镇之间还设置过"区公所"，后来撤区并乡建镇，区公所的数量已经很少。因此，我国行政区划层级体制现在主要为中央、省、市、县、乡镇五级制（见图 1-4）。基层政府一般指直接对所辖地域的居民承担治理职责，处于政府层级结构的较低层，直接为基层人民服务的政府层级。《国际社会科学百科全书》中定义："在金字塔式的政府结构中顶端是全国政府，中间政府居中，地方政府处于最低层。"② 据此，基层政府是与全国政府、中间政府等其他政府层级相对而言的最低层政府，基层政府比上一层政府更能接近民意、掌握民情。因此，基层政府一般指政府层级结构中最低层级的政府，关于基层政府的定位，一种观点认为基层政府即是乡镇政府，另一种观点认为基层政府应该包括县乡两级政府。

乡镇政府毫无疑问处于国家政权结构的最基层，它直接面向农业、身处农村、面对农民开展工作，属于最低层级的政府，但考虑到在历史层面，在人民公社时期乡镇虽然处于最低层，但并不是一级政府，县成为最低层级政府。另外在实践层面，也有一些地方推行撤乡并镇、乡财县管等等，乡镇有时候未能成为一级完备的政府，更多是担负着传达和落实国家意志、承办和执行上级政府的各项政策和任务的。另外，设置于乡镇的工商、财政、公安、税务等许多部门一直属于县的派出机构。自古以来，县的设置迄今已有 2600 多年的历史。我国自秦汉至明清时期，作为国家权力的"皇权止于县政"，直接承担公共事务与亲民责任。当今县在行政管理层级中处于越来越重要地位，成为功能愈益完备的基层政府，县处于承上启下的地位，对上承接的是城市，对下连接的是农村，是国家各项政策的主要执行者和贯彻落实者。目前，农业要发展，乡村

① 国务院法制办公室：《新编中华人民共和国常用法律法规全书》，中国法制出版社 2005 年版，第 5 页。

② Rosen G, *International Encyclopedia of Social Science*, London：Macrmillan Reference, Vol. 9 - 10, 1968, p. 451.

要振兴，县域是重点。因此为便于讨论，基于历史和实践的考虑，本书把基层政府定位为县乡政府。

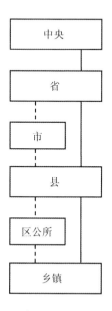

图1-4　中国行政区划层级结构

（二）基层政府职能的特征

基层政府是国家政治的基础，国家的一切行政管理，归根结底要靠基层政府来实施。界定政府职能时，对于中央政府的职能大家都耳熟能详，然而对于基层政府职能却难以给予一个准确而全面的定义，其实基层政府职能就是基层政府对所辖地域的全面发展所承担的职责和功能，以及及时满足当地公民对公共产品和公共服务的需求。当然相对而言，与其他层级政府相比，基层政府的职能也具有自己的鲜明特征。

一是地域的特定性。由于基层政府一般处于政府层级的最低层，其基层政府职能具有明显的地域特定性，其直接面对它所管辖的地区居民进行公共管理。因此，基层政府需要根据其所管辖的地域，根据当地特色，因地制宜地全面管理与当地居民生活息息相关的各类事务，如地域资源丰富与资源缺乏型乡镇，其政府职能就有所区别。

二是角色的双重性。一般来说，基层政府主要负责执行国家的各项政策和命令，属于执行者的角色，但同时又扮演着领导者的角色，领导本区域内的经济社会发展。一方面，基层政府的主要职能为执行各级政府下达的各项政策与通知；另一方面，基层政府又是本辖区内各类公共事务的领导者。总之，基层政府的角色，在公共行政实践中，具有着执行与命令、指导与被指导的双重角色。

三是职能的社会性。一般而言，一些关于国家利益的政治性事务主要由较高层级政府负责，相对而言，基层政府的主要职责在于完成对地方社会事务的公共管理。基层政府由于身处基层，直接与人民群众打交道，深知人民群众的关注点在哪里，对基层治理中存在的难点和痛点更加了如指掌，基层政府的社会职能能够及时解决基层民众所遇到的各种难题，促使基层政府与本地民众的关系更加密切。

（三）基层政府职能转变的必要性

认清政府职能与历史阶段的某种对应关系，对政府而言相当重要，它有助于政府在不同时期能够定位自己的角色，厘清和承担相应的职责和功能。当出现新的时代命题，随着行政环境的变化，一般需要及时调整和转变基层政府职能体系和内容，相反，如果政府职能转变滞后于行政环境的发展，就无法对环境需求变化进行及时的回应，则会阻碍经济社会向前发展。由此，基层政府职能客观上会随着行政环境的变化而相应地进行适当的调整与转变。

弗雷德·里格斯指出环境要素的变化是政府职能转变的起因。[①] 一般地，公共行政中所讲的环境是指外部各种因素对行政系统的影响，它们形态多样、内容无所不包、结构错综复杂，乃至自然环境等都对政府职能产生影响。经济基础决定上层建筑，我们主要从经济环境变化与基层政府职能转变进行探讨。经济环境是指一个地区的生产力与生产关系的构成情况，具体如经济制度安排、经济发展水平、物质资源状况、劳动力结构、产业结构、消费结构等等。基层政府职能作为上层建筑的重要内容必定受到经济环境变化的影响，经济上的任何变动，包括生产技术的改进都会使社会生活发生改变，影响人们的生活行为方式，都有可能

---

① ［美］弗雷德·里格斯：《公共行政比较研究的趋势》，《国际行政科学评论》1962 年第 2 期。

引起政府职能的调整。

农业供给侧结构性改革的持续推进，新一轮农业科学技术革命与农业产业变革正在孕育兴起，各种"互联网＋农业""智慧农业""数字技术农业"等现代农业新型产业新型业态层出不穷，同时城乡居民消费结构升级，全面拓展延伸了农业农村发展空间，给农村经济环境带来了重大变化，这就需要根据农业农村改革的变化重新调整与优化基层政府职能。任何管理系统都受到它所处环境的制约，环境的动态变化刺激不同的需求产生。同理，农业供给侧结构性改革的实施，给乡村基层治理带来了一系列新的需求与新的挑战，如何进一步加强政府对农业农村经济的调节机制，如何摆脱旧体系对农业农村发展的桎梏，如何建立健全农业农村现代化发展新的"游戏规则"，如何进一步激发新型农业经营主体的创新活力等等，基层政府职能必须对这些新环境下的新需求及时回应，在满足新需求与新挑战的过程中调整其职能重心、职能方式、职能关系等等，以更好地解放和发展农村生产力。

第三节　农业供给侧结构性改革与基层政府职能转变的内在相关性

农业供给侧结构性问题，其表面病症是资源要素的错配扭曲，其内在病灶却在于政府与市场的关系没有处理好，其主要病因是政府以行政手段配置资源，无法充分释放市场活力，导致供给体系效率低下，需要进行基层政府职能转变，在"简政放权、放管结合、优化服务"上持续发力。因此，农业供给侧结构性改革给农村经济环境带来了新变化，为基层政府职能转变提供了原动力，同时基层政府职能转变为农业供给侧结构性改革提供助力，两者之间互相作用、相辅相成，才能共同推动改革的顺利进行。

一　农业供给侧结构性改革为基层政府职能转变提供动力

通过梳理我国政府职能转变的实践可以发现，经济体制改革与经济环境的改变是政府职能转变的动力来源，决定着政府职能转变的目标和方向。农业供给侧结构性改革，是为破解农业综合生产能力低下、优质农产品供给不足，以及由于农业成本过高而导致的农业生产者积极性日渐丧失等农业深层次结构性矛盾而从生产端和供给侧展开的综合配套改革。① 农业供给侧结构性改革为基层政府职能转变提供内生动力，给基层治理体系和治理能力现代化指明方向。

农业供给侧结构性改革主要包括优化农业产业结构、促进三产融合、降低生产成本、消化低端产品库存、提升农产品品质、弥补农业短板等，因此，在农业农村发展实践中，农业供给侧结构性改革内涵丰富，在众说纷纭的各种观点中，我们容易陷入"只见树木不见森林"的"盲人摸象"状态。② 但其实总而言之，农业供给侧结构性改革是农业生产力与生产关系的重大变革，可以从优化农业产业体系、生产体系、经营体系三大体系来分析。③

农业产业体系聚焦于农业的产业功能，主要通过优化农业的产业结构，来解决农产品有效供给不足的问题。农产品消费需求提档升级，既给提高农产品质量提供了重要的契机，也为农业产业发展带来了新机遇。不管是农业产业结构调整还是产业结构改革，关键在于政府"怎么干"。基层政府如何跳出过去在产业调整中简单地增加什么产业与减少什么产业的单线思维框架，通过充分发挥市场这只手的作用，将提质增效的思维与农业供给侧结构性改革的思路贯穿于优化农业产业体系的全过程。

农业生产体系聚焦于农业生产能力，主要通过提升农业的科学技术，提高农业生产效率，来解决长久以来农业综合生产能力低下等问题。科学技术是第一生产力，优化农业生产体系必须要给农业插上高科技的翅膀。政府需要强化科技创新驱动，才能引领现代农业生产体系的发展。如何深化科研体制改革，优化科学技术资源配置，政策与制度是基本保障，保障有力才能运行通畅。基层政府需要完善农业科技创新激励机制，建立现代农业生产科技创新中心，推进农业高科技资源开放共享，从过去研发和推广单纯追求产量的目标转变到着重关注农产品的优良品质，

① 徐朝卫、董江爱：《新时代农业供给侧结构性改革的延续与路径转换》，《甘肃社会科学》2018 年第 6 期。

② 祁春节：《农业供给侧结构性改革：理论逻辑和决策思路》，《华中农业大学学报》2018 年第 4 期。

③ 张红宇：《牢牢把握农业供给侧结构性改革的方向》，《学习时报》2016 年 12 月 29 日。

鼓励培育优质专用于营养健康的新品种，打造现代农业生产体系创新的新高地。

农业经营体系聚焦于农业生产主体，主要通过发展和培育新型农业经营主体，来解决农业的生产组织等问题。培育和壮大多元新型农业经营主体，通过土地流转发展农业规模化经营，是优化农业经营体系的关键落脚点。农村是各类新型农业经营主体"登台表演"的宽广舞台，基层政府需要思考与探索如何营造各种类型的新型农业经营主体成长的良好氛围，让其在乡村振兴的大好形势下开疆拓土；如何围绕引入和创新农业农村发展的新产品与新业态，激励各种优秀人才下乡创业，发展土地集中型、服务带动型和产业集聚型等多种形式的农业规模经营；如何开发与培育壮大农村人力资源，通过建立政府主导、产业带动、社会组织协作、农民参与的培训机制，奠定农业农村改革发展的人才资源库。

农业供给错配结构性矛盾的解决之道，就是如何处理好政府与市场的关系，政府需要根据经济环境的变化对其职能进行调整与转变，以努力让政府与市场之间在新的环境中如何尽力达到平衡。[①] 随着农业供给侧结构性改革的推进，传统农业逐渐向现代农业转变。现代农业与传统农业相比，是用当今时代先进的尖端科技、信息资源、经营理念等现代化要素武装起来的农业，是富有生机活力与市场竞争力的农业。相应地，基层政府同时也需要进行适配的政府职能转变，切实转变农业发展理念，改变过去对农业经济领域的不当干预或过度干预，充分发挥市场配置农业资源要素的功能和作用，以市场为导向来延伸或拉长农业产业链和价值链，按市场需求来生产和培育优质农产品，理顺政府与市场的关系，以此改善农业产业结构，提高农业供给的效率和质量。

二 基层政府职能转变为农业供给侧结构性改革提供助力

农业供给侧结构性失衡与基层政府职能转变滞后有关，因此，基层政府以"放管服"改革为突破口，加大行政改革力度，转职能，提效能，

---

① 胡家勇、李繁荣：《政府职能转变与供给侧结构性改革》，《学习与探索》2017 年第 7 期。

通过基层政府职能转变，为农业供给侧结构性改革提供助力。[①] 政府职能转变涉及政府机构、政府组织、政府权力、政府运行过程等诸多问题，纷繁而复杂。一般而言，基层政府职能运行是在一定的社会组织系统中进行的，是一个上下、左右、前后的关系系统。[②] 因此，基层政府职能转变，具体来讲主要为厘清三层维度关系，通过上下、左右、前后三层维度进行职能转变，根据农业经济发展状况不断提供制度创新与政策安排，持续为农业农村改革提供有力保障。

一是上下维度的纵向关系，基层政府职能重心位移。职能重心，顾名思义，就是基层政府在哪些工作方面进行重点投入。一般而言，在不同时期，随着行政环境的变化发展，基层政府所关注的重点是不同的，即基层政府职能重心位移。随着农业供给侧结构性改革的进行，中央一号文件多次提出必须全面重视"三农"问题，始终发挥"三农"压舱石作用。因此，推进基层政府职能重心位移就必须简政放权，更多赋予基层政府职能权限，改善农业基础设施建设，弥补现代农业发展薄弱环节，提高农业物质技术装备水平，巩固农业农村现代化发展向好的趋势。

二是左右维度的横向关系，基层政府职能方式转型。职能方式，就是政府通过什么样的方法和手段来履行其职责与功能。从人类历史进程看，人类社会的发展经历了多个不同的阶段。目前人类社会从1.0版本的迁徙社群逐渐演变为2.0版本的农业社会、3.0版本的工业社会和4.0版本的信息社会，乃至5.0版本的数字社会。[③] 不同的历史时期需要采用不同的职能方式，随着农村经济社会的发展，基层政府需要从传统的管制型政府模式向现代的数字化政府模式转型，以服务为理念，以市场为导向，放管结合，通过各种信息化技术与云计算方式努力提高管理水平，为基层的农村和农民提供优质的服务，推进"互联网＋"现代农业行动，支持农产品直播带货，提升农业发展的落后手段，用现代智能技术、物联网、区块链与大数据分析等先进的方法和工具来促推现代智慧农业的

---

① 黄季焜：《农业供给侧结构性改革的关键问题：政府职能和市场作用》，《中国农村经济》2018年第2期。

② 张凤阳：《政府职能转变的三重梗阻及其疏通》，《上海行政学院学报》2015年第3期。

③ 张成福、党秀云：《公共管理学》，中国人民大学出版社2020年版，第298页。

转型升级。

三是前后维度的服务关系，基层政府职能关系重构。职能关系，就是政府系统的内部关系和外部关系，本书主要是指政府与市场、企业、社会、公民等之间的关系。在高度集权的计划经济时期，政府对社会公共事务进行全方位管理，属于全能型政府，政府管了许多管不了也管不好的事情，而一些该管的事情又没有管或者管不到位，造成职责不清，推诿扯皮，办事效率低下，公共服务非常薄弱等。基层政府职能关系重构，就是理顺政府与市场、企业、社会、公民等之间的关系，由"一元主体"过渡到"多元主体"，让市场、社会以及公民都成为农村经济发展中不可或缺的重要力量，而基层政府主要通过优化服务来满足人民群众的"点菜"需要，前台类似于餐厅，后台类似于厨房，前后维度合作互补，使现代农业提质增效迈向新阶段。①

总之，通过合理定位基层政府职能，全力助推农业供给侧结构性改革。一是只有政府能够做好的事情，这就是基层政府的职能重心，政府需要全力以赴做好，满足人民群众的基本需求；二是政府需要通过改进工作方法，对症下药，以便努力做好，这就是政府职能方式转型；三是政府职能关系重塑，基层政府不直接干扰和参与经济活动，把市场职能交还给市场，把社会职能交还给社会，多吸纳非政府组织和公民共同参与，政府主要扮演经济健康发展的护航者角色就行了。② 因此，在农业供给侧结构性改革发展中，只有基层政府职能的合理定位与及时转变，才能够满足农业农村现代化发展的需要，为改革的进一步进行提供助力。

三 农业供给侧结构性改革与基层政府职能转变的辩证关系

联系和发展是唯物辩证法的总特征。事物之间相互影响、相互作用，相互利用其提供的有利条件，不断进行自我变革和更新，推动着事物双方向前发展。③ 农业供给侧结构性改革主要是以提高农业供给质量为主攻

---

① 侯志阳：《强化中的弱势："放管服"改革背景下乡镇政府公共服务履职的个案考察》，《中国行政管理》2019 年第 5 期。

② 陈瑞莲、张紧跟：《地方政府管理》，中国人民大学出版社 2016 年版，第 77 页。

③ 本书编写组：《马克思主义基本原理概论》，高等教育出版社 2015 年版，第 34 页。

方向，主要着力点为优化农业"三大体系"，提高农业国际竞争力，破解农业农村发展难题，这对基层政府职能提出了新要求和新期待。基层政府直接面向农业管理，是推动农业供给侧结构性改革落实到"最后一公里"的"关键点"，面对农业农村发展的新形势、新任务和新要求，是积极应对还是消极应付，将出现冰火两重天的发展模式。因此，农业供给侧结构性改革与基层政府职能转变是相互影响与相互作用的辩证关系，两者之间相互联系一起推动事物的运动、变化和发展。

一方面，农业供给侧结构性改革是基层政府职能转变的内生动力。在农业农村经济发展过程中，面对农业产业发展转型升级、农产品质量安全提升、加强农业综合生产能力建设、降低农业生产成本、激活农村各类生产要素潜能、农业生态环境污染治理，以及促进农民收入持续较快增长等一系列艰巨任务时，农业供给侧结构性改革提出了相应的政策和安排。总之，随着农业供给侧结构性改革的全面实施，农业产业体系、农业生产体系、农业经营体系都发生了翻天覆地的变化，对基层政府职能提出了新的期待与需求。

一是农业产业体系从传统的主要以水稻种植和活猪养殖为主，到现代的农业新型产业与新型业态层出不穷。生态农业、有机农业、观光农业、都市农业等不仅实现了农业产业的经济功能，还充分拓展了农业产业的生态、社会、休闲等多功能价值。"生产基地＋线上微商＋社区配送"等产销新模式促进了"三产融合"发展，全方位打通农业产业链条。各地充分发挥资源禀赋、特色产业、历史文化等优势，围绕乡村旅游、农村文化创意、农村物流产业、农村社区服务、农村新能源产业、农产品产地加工业等，与现代农业、精准扶贫、美丽乡村建设等结合起来，大力培育现代农业新型产业与新型业态，促进产业互动、融合发展，全力提升农业产业竞争力。

二是农业生产体系慢慢开始从传统的农业生产方式向"互联网＋"等智慧农业生产模式转型。长久以来，传统落后的农业生产方式导致我国农产品成本过高，价格全面高过国际价格，竞争力低下。智慧农业是以互联网为核心的信息技术来实现农业的智能化，就是将物联网、区块链、移动通信等高科技手段与农业产业相互融合。智慧农业通过将高新技术运用到农业生产中，能够减少对农业生态环境的破坏，能够高效率地利用各种农业资源，实现农产品全程管理。物联网、大数据以及传感器等技术的发展给智慧农业提供了科技支撑，智慧农业为农业现代化发展探索了一条新的发展道路。

三是农业经营体系从传统的小农模式向家庭农场、专业大户、农业龙头企业等新型农业经营主体转变。家庭联产承包虽然提高了农民积极性，但分散、粗放的家庭经营模式规模过小，难以形成规模经济，导致农业生产成本高，农产品价格偏高，难以应对激烈的市场竞争。通过农业供给侧结构性改革，中央明确提出，农业开始探索实施适度规模经营，尝试多种方式进行土地流转，实施农业规模化经营体系。在这个探索进程中层见叠出多种多样的农业经营主体，目前家庭农场主、种养大户、农业企业家、农业创业优秀青年等"新乡贤""新农人""职业农民"为农业供给侧结构性改革提供了人力资本，是农业现代化发展的主力军。

另一方面，基层政府职能转变为农业供给侧结构性改革提供助力。长期以来，中国农业生产面临生产成本"地板"抬升与农产品价格"天花板"压顶的双重压力，结构性矛盾突出。自从党中央国务院深入推进农业供给侧结构性改革，各地基层政府开始了通过相应措施来推动结构性调整，转变农业发展方式，进一步促推经营规模小、市场竞争力弱的传统农业向适度规模经营、产业化和市场化程度较高的现代农业发展。在由传统农业向现代农业转型的农业供给侧结构性改革推进中，基层政府相应地通过职能重心位移、职能方式转型、职能关系重构等政府职能转变来对农村经济环境需求变化进行及时回应，为改革的稳步推进提供支持与保障。

一是基层政府职能重心位移，弥补现代农业发展短板。基层政府职能重心并不是一成不变的，需要根据基层行政环境的发展变化将现有职能进行具体分析和多方面权衡，根据农村经济发展重点和轻重缓急区别对待。目前农业供给侧结构性改革让农村基层发生了翻天覆地的变化，相应地基层政府职能重心需要位移。那些与农业供给侧结构性改革相适应的，继续保留；能够积极促进农业农村现代化发展的，充实和加强；不适合继续由政府履行的，需要转移出去。通过"保留""加强""转移"的过程，实现基层政府职能重心位移。农业供给侧结构性改革第一位就是弥补农业发展短板，农业短板主要指目前农业基础设施的落后以及农业本身受自然条件影响而天然存在的弱质性。基层政府的职能重心就是要花大力气弥补现代农业发展短板，通过重点打造优势特色产业，着力发展农村新产业新业态，让农业成为最有奔头的产业。

二是基层政府职能方式转型，实现"互联网＋"数字化政务服务。随着信息化技术的大幅度提升以及创新科技的全面进步，数字技术在各个领域开始遍地开花。智能机器人、大数据、物联网、生物科技、材料科学等为"互联网＋"现代农业行动提供了数字技术支撑。数字化技术促使政府的职能方式转型，通过数字技术推进数字治理，改变了政府的工作流程以及结构体系等，全面创新了政府的履职方式。目前数字化技术应用到"互联网＋现代农业"中的典型代表就是智慧农业，即应用移动互联、生物技术、云计算、大数据等现代高新科技，提高农业科学技术装备和信息化水平，推进农业生产链改造升级。随着数字化技术在农业领域的广泛运用，基层政府职能方式也需要随之转型，从封闭的管理运作过程转到开放透明的数字化行动流程，从传统的管理模式向线上线下全方位公共服务提供，实现"互联网＋"下的数字乡村治理转型。

三是基层政府职能关系重构，培育新型农业经营主体。随着农业农村改革的推行，农民自己开始探索和创造了各色各样的适度规模经营。家庭农场、专业大户、农业产业化经营组织等多种新型农业经营主体如雨后春笋般不断涌现，成为农业供给侧结构性改革的先行者。新型农业经营主体一般拥有现代化的物质装备和经营模式，有农业企业家，也有社会组织，还包括"新乡贤"与"新农人"等等。面对多元新型农业经营主体，基层政府需要进行职能关系重构，对不断成长壮大的多元主体进行扶持与培育，为其茁壮发展提供良好的制度支持，根据农业经营体系的发展重构政府与市场、社会以及农民之间的关系。

总之，农业供给侧结构性改革与基层政府职能转变相辅相成，共同促推农村经济社会体制改革，推动着农业农村现代化向前发展。农业供给侧结构性改革与基层政府职能转变的内在互动辩证关系揭示了事物之间的联系和发展，互相创造有利于双方发展的有利条件，能够推动事物共同向前发展。习近平总书记强调，改革是乡村振兴的重要法宝。新时代推进农业农村现代化发展，需要通过农业供给侧结构性改革，进一步激活农村资源要素，激发农村发展的强劲内生动力。① 随着全面深化农村改革的进一步推进，如何因势利导从改革实践中促进农业供给侧结构性改革与基层政府职能转变的良性互动，探索乡村全面振兴发展新道路，需要继续进行深化和研究。

---

① 本书编写组：《党的十九届五中全会〈建议〉学习辅导百问》，党建读物出版社、学习出版社 2020 年版，第 85 页。

第 二 章

农业供给侧结构性改革与基层政府
职能转变的双向互动[①]

随着农业转型发展，推进农业供给侧结构性改革，是当前和今后一个时期我国农业农村发展的主要方向。基层政府作为直接面向基层民众提供公共服务的政府层级，一直以来是农业农村改革的实践主体，那么，农业供给侧结构性改革对基层政府提出了什么样的新期待与新诉求，基层政府又如何通过职能转变来应对这些新期待与新诉求？也就是说，农业供给侧结构性改革与基层政府职能转变之间如何形成双向互动的关系，这无疑是我国坚持农业农村优先发展以及全面深化农业农村改革实践中提出的一个亟待探讨的重大理论问题，需要从理论与实践的结合上对农业供给侧结构性改革与基层政府职能转变的互动关系问题进行系统的研究。

第一节　农业供给侧结构性改革：优化农业
"三大体系"

改革开放以来，随着经济从量的累积演变到质的发展，如何全面提升供给体系的效率和质量，需要全力推进供给侧结构性改革。中国作为一个农业大国，农业供给侧结构性改革是供给侧结构性改革的重要部分。当前我国农业农村发展已进入新的历史阶段，农业的主要矛盾由总量不

---

① 黄建红:《农业供给侧结构性改革与基层政府职能转变》,《农村经济》2020 年第 10 期。

足转变为结构性矛盾，深入推进农业供给侧结构性改革，提高农业供给体系质量和效率，是实施乡村振兴战略的重要途径。党的十九大报告提出，农业农村农民问题是关系国计民生的根本性问题，要坚持农业农村优先发展，需要构建现代农业产业体系、生产体系、经营体系。① 现代农业产业体系、现代农业生产体系、现代农业经营体系彼此联结、有机融合、协同发展，产业体系是支撑骨架，生产体系属于生产力范畴，经营体系属于生产关系范畴，三者共同构成现代农业发展的支撑体系，是农业供给侧结构性改革的重要着力点。② 因此，优化农业"三大体系"，是农业供给侧结构性改革的重要举措，也是农业现代化发展的三大支撑，为我国农业农村优先发展指明了前进方向（见图2－1）。

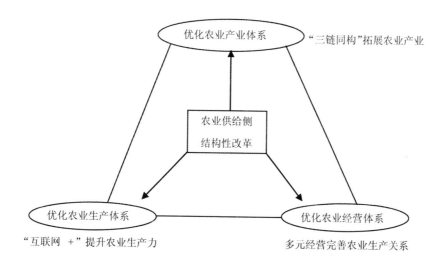

图2－1 农业供给侧结构性改革：优化农业"三大体系"

一 优化农业产业体系："三链同构"拓展农业产业

现代农业竞争，已经由传统的产品之间的竞争转变为优势农业产业

---

① 习近平：《决胜全面建成小康社会 夺取新时代中国特色社会主义伟大胜利——在中国共产党第十九次全国代表大会上的报告》，人民出版社2017年版，第32页。
② 韩长赋：《构建三大体系推进农业现代化》，《人民日报》2016年5月18日。

之间的竞争。产业兴，则百业兴；产业强，则经济强。优化农业产业体系，需要改变过去农村仅依靠农业的单一经济增长结构，打好农业结构调整"组合拳"，横向上拓展产业链，纵向上延伸价值链，空间上打通融合链，"三链同构"推动传统农业产业向现代化农业产业发展，逐步实现产业融合发展的乘数效应，提升现代农业产业的整体竞争力。

一是优化农业产业体系，需要横向上拓展产业链。农业供给侧结构性改革的第一步就是农业发展不能再局限于传统的种植业、养殖业等等，而是围绕农业形成庞大的产业集群，由种植业等基本产业拓展到农业信息服务等农业产前领域和农产品加工、销售、市场信息服务等农业产后领域，再进一步扩展到农业生态休闲、农业电子商务等农业服务业的第三产业。通过立足资源禀赋，充分发挥现有资源优势，全力做大做强优势产业，树立全产业链思维，围绕农业产前、产中、产后的各个组织部门壮大延伸产业链条，增强全链条集群化发展势头，将农业生产逐步向加工、销售和售后服务等产业链后端拓展，将农业产业与传统文化、旅游休闲、自然科普、生态康养等进一步延展融合，形成休闲农业、观光农业、生态农业等新兴农业产业链。

二是优化农业产业体系，需要纵向上延伸价值链。目前的农业产业，除了我们重点关注的食物来源、原料供应等功能外，实际还存在着生态康养、乡村旅游与农耕文化等功能。这些生态、旅游、文化等功能价值以前往往被人们忽略，而现在正在全面挖掘和崛起中。因此，农业不仅具有经济价值功能，还具有生态、社会、文明等多种非经济价值功能。农业供给侧结构性改革要求农业产业发展从"量"到"质"的转变，不仅要增加农业的经济附加值，还需要延伸其社会、生态、文明等非经济价值，以满足人民日益增长的美好生活需要。通过不断拓展视野去更深远更广大的空间延伸价值，农业生产环境可以成为养生养老的理想基地，农业生产过程能够成为休闲旅游的绝佳地点，农业生产方式可以成为科普体验的活动基地，纵向上延伸了农业产业价值链，促进了农业产业体系的提质增效。

三是优化农业产业体系，需要空间上打通融合链。众所周知，进入新世纪以来，我国农业产业态势发展良好，农业现代化发展显著加快，但也隐藏着一些不容忽视的问题，就是农村第一、第二、第三产业之间存在一定的割裂，农业可持续性发展压力巨大，产业竞争力逐年下降，农民增收略显疲态。在这个时间节点上，急需促进三产融合发展，实现一产强、二产优、三产活。农村产业兴旺，互动融合是核心。优化农业产业体系的关键为空间上打通融合链，即各类农业产业组织打破长期以来农业产业各个环节相互割裂的状态，以市场需求为导向，以农业供给侧结构性改革为核心，以商业模式创新为动力，把互联网、大数据等各种高新科技以及近年来火爆发展的农业新模式和新业态引入农业产业，用科学技术改造农业，用创新理念发展农业，形成各主体和谐共生、各环节融会贯通、多维度空间融合的良好产业生态，形成农业和第二、第三产业交叉融合的现代农业产业体系。

二 优化农业生产体系："互联网＋"提升农业生产力

目前我国农业生产手段较为落后，一些地方还在使用传统的生产方式进行农业劳作，资源环境约束日益加剧，突破性的新品种、新技术仍然偏少，特别是基层农业技术推广队伍青黄不接、后继乏人，信息技术、网络技术尚未为基层广大农技人员所掌握，优化农业生产体系，全力提升农业生产力，面临着诸多挑战。"互联网＋"给现代农业发展迎来重大战略机遇，"互联网＋"等高新科学技术的快速发展，促进了农业生产方式向高科技、标准化和智慧农业的方向转变。

一是推进"互联网＋现代农业科技"。互联网技术的普及与发展，为现代农业生产体系带来了新的契机。"云物移大智"（即云计算、物联网、移动互联网、大数据、智慧农业）等现代高科技为现代农业发展提供了技术支撑，建立农业大数据平台，共享农业大数据信息中心，让高科技信息技术与农业更好地融合，推进信息网络进村入户，确保互联网覆盖到每一个村庄，通过互联网信息技术对传统农业进行改造升级，建设农业科技服务互联网云平台，特别要解决好农业技术推广"最后一公里"问题，使农业科技创新和推广成为推动农业发展的持续动力。互联网日益成为引领创新、驱动转型的先导力量，特别是物联网、云计算、人工智能等高新科技突飞猛进，驱动着从人人互联的时代向万物皆可联的时代迈进，使得农业生产智能化、数字化、电脑化等现代农业科技创新的步伐不断加快。

二是实施"互联网＋农业标准化生产"。优化农业生产体系，需要加快实施"互联网＋"农业标准化生产战略。传统农业生产过程存在很多随意性，农产品质量无法全程监管，也无法形成具有影响力的农业品牌。大力实施"互联网＋农业标准化生产"，利用互联网技术健全农产品从农田到餐桌的全过程标准化生产流程，保障农产品质量安全水平，以适应不断变化的乡村环境，进而满足人民群众日益增长的对食物安全及品质的多元化需求。要为人类提供标准农产品，无疑必须发展标准农业，培养标准的农业生产行为方式，通过先进的科学技术与互联网发展来进行农业标准的制定、农业标准生产的管理和农业质量标准的检测等。因此，实施"互联网＋农业标准化生产"，必须树立农业标准化的理念，以标准文化为向导，形成标准的思维方式，追求标准的农业事业，利用互联网技术，开展对假冒伪劣农产品的打击与制裁，以维护优质安全农产品的正常生产和市场营销，满足人们对标准农产品的健康与安全需求。

三是促进"互联网＋智慧农业生产"。智慧农业是现代高科技与现代农业相结合，利用互联网提升农业生产水平，培育一批智能化、数字化、电脑化的现代农业新模式，让农业也能够拥有"智慧"。"互联网＋智慧农业生产"是基于物联网和遥感技术进行实时监测，利用云计算进行深度分析，主要依靠电脑而不是人工来完成农业生产、管理。一方面，"互联网＋智慧农业生产"通过数据分析，可以实现农业生产高度智能化与智慧化，让农业不再"靠天吃饭"，解决了传统农业生产过程中无法应对自然环境风险的"弱质性"，一跃成为具有高效率的现代农业。另一方面，"互联网＋智慧农业生产"让整个农业生产过程处于大数据的智能化监控之中，通过互联网技术所有生产流程可以全程追溯，以保证农产品生产过程的安全化和绿色化，解决人民群众长久以来对绿色农产品与食品安全问题的担忧。

三　优化农业经营体系：多元经营完善农业生产关系

随着农业科技创新的不断推进，农业农村的生产力发展突飞猛进。农业生产力的跃升决定着农业生产关系也需要相应调整，它们之间相互影响，内在之间的联系不可分割。传统家庭承包农业经营体系对农业市场开拓能力、农业产业整合能力、农业创新能力等造成了阻碍，需要通过优化农业经营体系来完善农业生产关系。通过推进多种形式适度规模经营、发展多元新型农业经营主体、拓展多元农业经营模式等，提高农业经营的规模化和专业化水平。

一是推进多种形式适度规模经营。在新型城镇化发展进程中，越来越多的村民进城务工，正常情况下，这部分进入城市的农民必然将选择把土地经营权拿出来流转和集中。然而当前我国农村土地制度供给已经明显滞后于土地制度需求，急需完善土地流转政策，优化土地资源配置，最大限度地发挥土地资源要素作用。首先是稳定土地流转关系。以市场为导向，让土地流转全程市场化，使经营权在更大范围内流转，引航土地经营权及时、稳定流转，提高土地规模化、组织化程度。其次是健全土地流转服务体系。许多村民由于长期待在农村，无法及时获取土地流转的相关供求信息，另外一些文化水平较低的村民，对于土地流转合同、流转价格是否合理等土地流转中存在的各种问题难以寻求到帮助。最后是创新土地经营权市场交易的体制机制。尝试各种农业共建共营、合作收益、土地联营等新型农业经营方式，让土地流转方和需求方能够达到利益双赢，促推农业经营规模化发展。

二是发展多元新型农业经营主体。多种形式适度规模经营需要多元农业经营主体来支持与实施，农业经营主体逐渐从最初的传统小农户向合作化、组织化、市场化等多元新型农业经营主体发展。通过各种惠农政策引导"新农人"和"新乡贤"等新型农业经营主体的进入，将种养大户、家庭农场主、专业合作社带头人、农业企业管理人员、返乡创业优秀青年作为重点培育对象，促进新型经营主体和普通农户共享现代农业发展成果。多元新型农业经营主体的出现与发展，破解了农业规模经营主体难题。新型农业经营主体多元互动、多元互补，构建了立体式复合型现代农业经营主体体系，将分散经营的农户向组织化的经营主体转变，使新型农业经营主体逐渐成为现代农业发展的主力军与"领头雁"，对于全面提升农民收入水平具有十分重要的意义。

三是拓展多元农业经营模式。随着农业从传统模式开始向现代模式转型，从单一畜力耕种到高科技智能化生产，从分散化、碎片化经营到规模化、集约化发展，从传统小农户到新型农业经营主体，农业产业不断向集约化、现代化发展迈进。多元新型农业经营主体的出现使农民逐渐摆脱了以往单打独斗的生产方式，渐渐走向了组织化和社会化。因此，拓展多元农业经营模式，通过"公司＋基地＋农户"或者"专业合作社＋家庭农场＋农户"等方式把分散的传统小农户组织起来，形成合力，有助于参与市场竞争，破解"三农"发展难题，探索出农业产业化、集约化发展的新道路。如许多基层政府采取"公司＋集体经济＋家庭农场＋农户"等方式，进行多元农业经营模式发展；推进"党支部＋合作社＋线上推广＋商场"等销售模式，建立完善产销对接机制。通过拓展多元农业经营模式与利益联结机制惠泽千家万户，实现了农村基层户户有增收项目、人人有增收门路。

第二节 基层政府职能转变：构建
"三维结构"模型

农业供给侧结构性改革的有效推进需要基层政府职能转变与之有效匹配。政府职能主要指作为国家行政机关的政府所应履行的基本职责和功能作用，主要涉及政府管什么、怎么管、发挥什么作用等问题，因此一般认为政府职能转变主要为三个方面：一是政府职能重心位移，即指政府在未来一段时间内职责的重心，随着治理环境的变化而侧重于发展某些领域；二是政府职能方式转型，即面对新的挑战，以何种新的履职方式管理公共事务；三是政府职能关系重构，即政府与市场、政府与社会、政府与公民等等之间的关系如何理顺。[1] 因此，本书通过构建"基层政府职能转变三维结构模型"（见图2-2），从基层政府职能重心位移、职能方式转型、职能关系重构三个维度来阐释基层政府职能转变，以促推农业供给侧结构性改革，加快农业农村优先发展。

一 基层政府职能重心位移：从第一产业到"第六产业"
所谓政府职能重心，是指政府在未来一段时间内职责的重心。纵观

---

① 乔耀章：《政府理论》，苏州大学出版社2003年版，第203页。

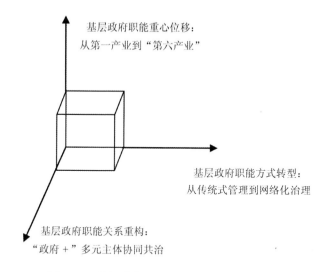

图 2 - 2　基层政府职能转变"三维结构"模型

历史，基层政府在不同的乡村发展时期，其职能重心是相应变化的。一是中华人民共和国成立初期的"全能型管理"职能模式，集工、农、商、学、兵为一体的人民公社体现着"无所不包，无所不管"的职能特点；二是改革开放时期的"偏重乡村发展"职能模式，基层政府的"七站八所"发挥着领导农业发展、整合农村资源，为农民服务的职能作用；三是市场经济时期的"乡村与城镇并重"职能模式，这一时期的基层政府以乡镇企业为基本生产组织，增加了城镇管理职能；四是城乡一体化时期的"偏重城镇发展"职能模式，基层政府增强了社会管理和公共服务功能，走上了新型城镇化发展的道路。① 纵观基层政府职能重心演变历程，我们可以发现，随着行政环境的变化而调整基层治理的重心，是现代国家建构的题中应有之义。因此，随着农业供给侧结构性改革的进行，基层政府职能重心同样需要位移，从过去偏向城镇发展模式向坚持农业农村优先发展转变，从过去主要关注农业生产布局"小而全""大而全"状况，到逐步改变积极延伸农业产业链价值链融合链，让农业"接二连

---

① 黄建红、颜佳华：《乡镇行政区划调整与政府职能转变的互动逻辑》，《中南大学学报》（社会科学版）2017 年第 23 期。

三"，三产融合发展，从第一产业飞跃到"第六产业"①，不断提高农业整体素质和竞争力。

如何充分发挥"三农"压舱石作用，需要基层政府全面对标农业供给侧结构性改革的发展要求，围绕"三产融合"达成六次产业化，实现农业产业发展从"量"到"质"的飞跃。"第六产业"意味着农业不仅指第一产业即满足人民基本生存需求的农畜产品生产，而且还包括农畜产品加工制造的第二产业、与农业相关服务的第三产业。农业的六次产业化表示为，不管是农村各产业之和，即"1+2+3"；还是农村各产业之乘，即"1×2×3"；其结果都是6。这意味着只有以农业为基础的各产业之间的整合、联合与融合，才能全面提高农村地区的经济效益。从第一产业到六次产业化，将农业第一产业资源、加工制造为主的第二产业、乡村旅游服务的第三产业互相融合，更进一步拓展以农业教育为主的第四产业，以寿养、康养、医养等生命产业为主的第五产业，以本地化知识生产与历史传承为主的第六产业，进行产业链延伸，能够创造出新的就业岗位和增添新的功能价值，极大地促进农业资源活用、重新焕发农村活力与全力提升农村地区的经济发展水平。②

如何从第一产业到"第六产业"，国家层面多次出台各项具体政策措施，构建农村产业融合发展体系。特别是《2019年乡村产业工作要点》提出，围绕三产融合发展，聚焦重点产业，强化创新引领，构建创业活跃、联农紧密、效益鲜明的现代乡村产业体系。③ 与此同时基层政府职能重心同样需要聚焦农业产业融合发展，根据当地的资源禀赋，统筹乡村内部产业协调发展，搭建农业产业融合平台，特别支持行政区域范围内辐射带动力强的优势产业通过"一产往后延、二产两头连、三产形成串"的方式发展优势互补与利益共享的农业产业化集群，推进农业与加工、

---

① 日本东京大学农业专家今村奈良臣首先提出了"第六产业"的概念，即不仅种植农作物（第一产业），而且从事农产品加工（第二产业）与销售农产品及其加工产品（第三产业），因为按行业分类，农林水产业属于第一产业，加工制造业则是第二产业，销售、服务等为第三产业。"1+2+3"等于6，"1×2×3"也等于6，这就是"第六产业"的内涵。

② 马源、梁恒：《国外农村产业融合发展政策解读及启示——以韩国六次产业为例》，《江苏农业科学》2021年第1期。

③ 农业农村部乡村产业发展司：《2019年乡村产业工作要点》，http://www.moa.gov.cn/ztzl/scw/scdtnc/201903/t20190304_6173156.htm，2019年3月4日。

制造、文化、教育、旅游、康养、自然、科学、历史传承等产业互相渗透，通过"农业六产化"，发展多功能农业、科普农业、体验农业、创意农业、会员农业、数字农业、旅游农业、景观农业、观光农业、休闲农业等"农业＋"多业态发展态势，通过多业态集成创新，实现三产融合与抱团发展，推动乡村产业振兴。

二　基层政府职能方式转型：从传统式管理到网络化治理

政府职能方式是指政府要有效地管理所辖区域内的公共事务，就要以一定的方式方法作用于管理对象。农业供给侧结构性改革中，"互联网＋"现代农业是一种新的农业生产方式的创新，农业现代化与信息技术发展的相互融合，推进"三农"搭上了信息化快车，使"三农"领域发生了深刻变化，既降低了农业生产成本，又优化了农业生产要素配置，更是大大提高了农业生产率。信息化与农业现代化的深入融合发展也推动着基层政府职能方式的转型，互联网和大数据等信息技术不断精进发展需要基层政府从传统式管理向网络化治理转变，以助力农业供给侧结构性改革，全面实现乡村振兴。

在农业供给侧结构性改革中，各项农业政策的顶层设计需要基层政府落地开花。一方面传统式管理存在弊端。在传统的科层官僚体制下，中央和上级政府的政策目标主要采取行政手段发布的命令、指示、决定等，然后由大到小直线层级传递进行管理。这种行政主导型方式在其高效率的同时，也会带来一些负面效应，如公共行政过程较为封闭，公共服务供给日益碎片化等。当上级政府做出的决定命令与当地实际情况不切合时，基层不想执行但又迫于强制性权威，不得不敷衍了事，有可能很多文件规定都是"墙上挂挂"，俗称"文件上墙"，当然更多地是写进汇报材料中，俗称"纸上画画"，导致基层形式主义泛滥成灾。另一方面网络化治理开始兴起。互联网时代的飞速发展，让信息技术进村入户，为闭塞的乡村打开了全方位沟通的渠道，促使基层政府的职能履行方式也必须跟随互联网时代的发展进行技术革新，从传统的层级化管理向现代的网络化治理转型，以适应基层多变的环境，及时协调乡村发展的多元化利益需求。如湖南省益阳市阳罗洲镇推出"互联网＋美丽乡村"的"益村"平台，把"惠农资金发放、证照办理"等基层公共事务事项，全部搬到村民的智能手机上，让基层各项公共服务"触手可及"。

以互联网和大数据为技术支撑的网络化治理，促进了基层政府体制机制创新，倒逼各基层部门简政放权、放管结合、优化服务，使基层政府办事效率明显提升，社会发展环境进一步改善，民众对改革的获得感明显增强，提升了经济社会发展活力。过去，传统的政府部门分工和职能细化甚至割裂，加上在基层由于"信息孤岛"和"信息鸿沟"等信息流通不畅，导致基层民众办事困难，跑不完的职能部门与盖不完的公章让老百姓叫苦不迭。现在，网络化治理下的"互联网＋政务服务"，依托各地的政务服务移动端、网上电子政府、政务信息发布平台、村务微信群等，实行"一网通办"，面向民众网上办事，推进民众跑、办事人员跑向"数据跑"转变。随着乡村 5G 创新应用，农民网络化素养的显著提升，网络化治理将进一步提高基层政府与民众的沟通效率，乡村基层治理效率和基层民众幸福感将明显提升。

三　基层政府职能关系重构："政府＋"多元主体协同共治

政府职能关系主要指政府与市场、政府与社会、政府与公民等等之间的关系，如何理顺这些关系，充分发挥各种力量在管理公共事务中的作用，是政府职能关系转变的重点。在传统农业发展中，基层政府主要通过"国家单方供给"来进行农业农村发展。随着农业供给侧结构性改革的进行，我国农业经济发生了重大变革，农业经营主体随着时代的发展也发生了适应生产力水平的变迁。传统小农通过知识的学习和生产作业方式的改变，逐步扩大了自己的生产规模，从而形成了专业大户，专业大户通过登记注册进一步演变成家庭农场，农户、专业大户、家庭农场通过生产合作与资源共享形成农民合作社。随着农业产业化的发展与推进，为了搭建农户走向市场的桥梁，农业企业成为农业产业化过程中的重要主体。专业大户、家庭农场主、专业合作社带头人、农业企业主等新型农业经营主体成为农业供给侧结构性改革的支撑主体。多元新型农业经营主体的出现，带来了基层政府职能关系的变化。在优化农业经营体系中基层政府如何处理好政府与市场、政府与社会组织、政府与农民等等之间的关系，进行职能关系重构，从政府单中心供给模式向多元主体合作供给格局转变，就成了亟待解决的问题。

理想中的治理认为通过多个供给主体的参与和竞争，建立合作、竞争机制，能够使得各主体相互制约，提高服务供给的质量和效率。我们同样期待通过政府与市场、社会、公民之间的合作，调动各种力量和资源，以达到公共利益最大化的公共事务管理。然而博弈论却强调，在现实的治理实践中，每一个主体都是理性的，在具体策略选择时，他们的目的是使自身的利益最大化。同样在农业供给侧结构性改革实践中也是如此，新型农业经营主体是多元主体组成的，政府与市场、社会、农民等多元主体各自关注着自身的利益，正是在多元利益主体的博弈中推动着改革的进行。政府是农业现代化进程中的发起者，基层政府更是因为政绩追求，积极推动引领现代农业发展，关注更多的是现代农业项目能否给当地带来实际的经济效益，能否促进当地农村经济发展，以及是否对基层干部的政治升迁有所帮助。农业企业参与现代农业改革发展的驱动力来源于政府政策的引导和对利润的追求，其希望在整个发展现代农业的大市场中，在优惠政策的激励下，最大限度地利用国家惠农政策的倾斜来获取经济利益。农民合作社表达着强烈希望参与地方经济发展、社区社会管理、社会公益服务的意愿，但也有一些专业合作社实质上只是为了获取国家政策补贴而在土地流转基础上形成的土地联合组织，没有远景规划。农民作为农业现代化建设的直接参与者和受益者，主要寄希望于从农业转型中得到货币收入的最大化，农业现代化的国家战略与宏伟蓝图他们不关心，他们最关注的是自身经济利益的满足。

政府职能关系的争论由来已久，争论的焦点与中心问题，主要集中在政府与市场、政府与社会、公平与效率等关系的问题上。政府职能关系重构实质上就是在社会经济环境发生变化时，如何进行政府职能优化选择的问题，以防止政府职能"老化"束缚社会经济向前发展。优化政府职能关系既是社会经济发展的必然要求，也是理顺政府与市场、社会、公民等关系，明确定位政府角色，充分实现国家职能的必然要求。农业供给侧结构性改革中，每一类新型农业经营主体都有自己的利益诉求，不同利益主体之间也存在着利益冲突，日渐复杂的主体关系和千差万别的利益博弈有可能使公共治理陷入"钟摆运动"中无所适从。善治理论的兴起提供了一种政府与市场、社会、公民融洽合作的理想状态，形成了公共事务多主体、多层次、多方位的治理格局。农业供给侧结构性改革中所带来的诸多难题，市场、社会、农民本身不可能自行解决；各种利益主体博弈中所产生的各种问题，需要强有力的治理来解决。"政府＋"多元主体协同共治就是加强政府作为公共治理核心和主导的"元治理"作用，充分发挥市场、社会、农民等多元主体的力量，以基层政府为平台，整合多方力量，深入推进农业供给侧结构性改革，促推乡村振兴发展。①

第三节　农业供给侧结构性改革与基层政府职能转变的互动逻辑

农业供给侧结构性改革是国家宏观政策"顶层设计"，需要基层政府积极进行"基层探索"。基层政府成为推动农业供给侧结构性改革的先导力量和实践主体。农业供给侧结构性改革对基层政府职能转变提出了新的要求，是基层政府职能转变的内生动力；相应地基层政府职能转变促进推动了农业供给侧结构性改革，为农业供给侧结构性改革提供助力。那么，农业供给侧结构性改革与基层政府职能转变的互动逻辑如何，两者是如何相互影响、相互作用的？本书通过构建"农业供给侧结构性改革三大体系"与"基层政府职能转变三维结构模型"互动关系的理论分析框架（见图2－3），尝试从三层关系中来分析农业供给侧结构性改革与基层政府职能转变的内在互动机理，为乡村全面振兴发展提供思路与方向。

一　优化农业产业体系与基层政府职能重心位移

政府职能是政府根据社会发展的需要，在管理国家和社会公共事务过程中所承担的职责和功能。政府的活动内容和任务都必须根据已经确定的职能来开展和进行，需要明确的是，政府在某一特定的时期所承担的具体职能是有差异的。尽管长久以来大家认为政府职能可以包罗万象，但在破除"无限政府"的神话后，我们发现"有限政府"才是我们现实

①　黄建红：《从博弈走向共治：农业供给侧结构性改革中的多元协同治理》，《吉首大学学报》（社会科学版）2019年第1期。

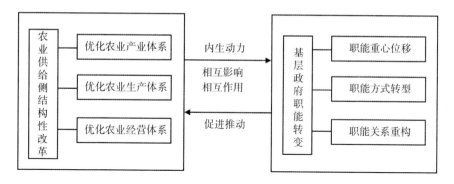

图 2 - 3　农业供给侧结构性改革与基层政府职能转变的互动关系

生活的存在。在一般情况下，政府不可能解决所有的问题，政府职能的选择离不开其所处的行政环境，而行政环境的动态变化会不断刺激不同需求的产生，因为"环境是管理系统生存和发展的必要条件，决定着管理系统的根本任务和基本方向"①。政府只有在满足这些需求的过程中才能确认自身的角色和作用，以及通过对环境需求的回应能力来体现政府职能的履行能力，因此政府职能的重心需要随着社会系统内外社会环境的变迁而不断发展演变。

　　一方面，优化农业产业体系需要基层政府职能重心位移。在农业供给侧结构性改革的进程中，在各种支农惠农政策的推动下，农业发展方式开始从过去的小农体制向规模农业过渡，开始从过去的传统种植业向旅游、休闲、创意等多功能农业发展，开始从主要追求产量和依赖资源消耗的粗放经营转到数量质量效益并重、注重提高竞争力、注重农业科技创新、注重可持续的集约发展上来。在这个优化农业产业体系的过程中，目前农业农村经济发展环境发生了许多重大变化，迫切需要基层政府职能重心位移来回应行政环境变化所提出的新挑战与新需求，以改变过去单纯注重传统农业第一产业的发展模式，满足农业产业第一、第二、第三产业融合发展的需要。因此，基层政府需要把职能重心聚焦到农业

———————

　　①　张康之、李传军：《一般管理学原理》（第二版），中国人民大学出版社 2005 年版，第89 页。

产业融合发展，弥补农业农村发展短板，强化基层服务重心下沉等方面，来为全面优化农业产业体系提供资源和保障。

另一方面，基层职能重心位移优化现代农业产业体系。在农业供给侧结构性改革的过程中，基层政府职能重心开始位移，从过去的单纯注重农业产业发展向三产融合延伸，做到一产强、二产优、三产活，从以前的主要关注第一产业向三产融合延伸，拓展到"第六产业"。基层政府职能位移使现代农业产业体系横向拓展了产业链，纵向延伸了价值链，空间上打造了融合链，优化了农业产业体系，农业产业发展实现了从"量"到"质"的突破。如湖南省长沙县过去的农业主要以水稻种植和生猪养殖等传统农业为主，是全国知名的粮食生产大县和生猪调出大县。然而传统的猪粮型农业结构只能依靠规模的不断扩大，不但面临生态瓶颈，而且也无法实现农民对增收的期盼。长沙县基层政府开始了职能重心位移，把职能重心转向天然具备三产融合性质的城郊型现代农业产业发展。经过近年来的大力开发与不断完善，长沙县打造了百里花卉苗木走廊、百里茶叶走廊、万亩蔬菜产业示范片、十万亩现代粮食产业标准化示范基地，金井茶叶之乡、白沙小水果之乡、高桥食用菌之乡、黄兴跳马苗木之乡等特色农业基地，初步形成了集食、住、行、游、购、娱为一体的休闲旅游接待服务体系，优化了现代农业产业体系。

二 优化农业生产体系与基层政府职能方式转型

优化农业生产体系主要是通过高科技支撑来提升农业生产力。随着互联网科技的进步与发展，互联网与农业现代化的相互融合，使农业生产体系发生了一系列深刻的变革，"互联网＋现代农业科技""互联网＋农业标准化生产""互联网＋智慧农业生产"等各种现代农业生产体系的创新模式不断涌现，成为现代农业发展的新趋势。随着传统农业生产方式向现代高科技农业生产方式转型发展，各种技术进步也必然带来基层治理方式变革。互联网技术的发展推动着基层治理由传统式管理向网络化治理转型，日益走向基层治理方式和治理能力现代化。政府治理方式与能力的现代化程度决定了政府职能转变的实现程度。一个政府只有明白能够通过什么方式去完成目标，即具有某方面履行职能的能力时，才能表明一个政府实际上能够做什么，也就表明了一个政府职能转变的实现程度。因此政府治理方式与能力的现代化是政府职能转变得以实现的保障。在农业供给侧结构性改革的进程中，农业生产体系的优化与基层治理方式的现代化，在互联网技术的共同作用下相辅相成，共促乡村振兴发展。

一方面，优化农业生产体系需要基层政府职能方式转型。优化农业生产体系，主要通过"互联网＋农业"来提升农业生产力。"互联网＋农业"可以将以计算机和现代通信技术为主的信息技术广泛应用在农业生产的各个环节，用现代智能技术改造和装备农业各部门，建立健全农业信息数据网络体系，能为农业生产、销售、服务等过程提供高效丰富的信息资源，提高农业资源利用效率，提高市场流通效率，促进农业管理科学化、农业效益最优化等等。"互联网＋农业"的农业生产体系，迫切需要基层政府职能方式转型。过去基层政府由于管理的对象主要为农民，乡镇建制所在地也多为农村地区，网络化与信息化普及不够全面，主要依靠运用文件、命令、指示、规定以及通知等措施，按照行政组织的系统和层级直线传递、层层下达、自上而下进行公共事务的管理。在"互联网＋农业"时代，传统型管理方式迫切需要转型，通过以网络化治理来进一步促推农业转型升级。

另一方面，基层职能方式转型优化现代农业生产体系。计算机信息技术的发展为政府创新管理方式、优化组织结构、实现政府流程再造提供了物质基础和技术支持。基层政府职能方式从传统式管理向网络化治理转型，从过去主要依赖从上至下直线传递文件与命令来进行管理的方式，向四通八达、具有互动性和回应性的网络化治理转型。网络化治理改变了时间和空间的概念，让基层政府的职能方式更加多样化和灵活化，这样使得不同政府部门间、基层政府与农业企业间、基层组织与老百姓之间的交流更加方便与快捷，让基层政府的管理方式更具有互动性和回应性，使基层联系渠道畅通，可以把实体生活中的联结与虚拟生活中的联结构建起来，通过利用大数据、云计算、物联网等互联网技术整合行业、社会资源，从而实现农业生产的自动化与智能化，进一步推动"互联网＋农业"相关项目，实现农业与其他行业的深度融合，提升我国农业整体生产效益和竞争力，真正畅通强农血脉，优化现代农业生产体系。①

三　优化农业经营体系与基层政府职能关系重构

优化农业经营体系主要通过培育多元新型农业经营主体、发展多种形式规模经营、拓展多元农业经营模式来大力提高农业的规模化、专业化、集约化、组织化和社会化程度，创新农业经营方式，完善农业生产关系。在农业供给侧结构性改革的进程中，现代农业发展逐渐规模化与专业化，多元新型农业经营主体快速崛起，说明随着农村经济领域的发展，政府传统垄断供给的单中心模式已经发生变化，一种多元主体合作竞争的多中心供给格局逐渐形成。多元新型农业经营主体的出现带来了基层政府职能关系的变化，随着市场力量的壮大、社会组织的兴起以及农民意见的充分表达，基层政府如何正确处理政府与市场、社会、农民的关系，满足于公民多样化的需求，以充分汇聚多元力量在基层公共治理中的作用，共促乡村振兴发展，成为必须思考和解决的问题。

一方面，优化农业经营体系需要基层政府职能关系重构。优化农业经营体系需要强有力的新型农业经营主体和新型职业农民作为引领力量。通过积极培育专业大户、家庭农场、农民合作社、农业产业化龙头企业等，各种新型农业经营主体和新型农业服务主体逐渐成为农业供给侧结构性改革的核心骨干。随着新型农业经营主体的发展，农民逐渐摆脱了传统的农业经营方式，向专业大户和家庭农场转型，并且根据市场需求实行了规模化和专业化生产。优化农业经营体系带来了社会结构分化和社会主体多元化发展，需要基层政府职能关系重构。过去基层政府服务的主要对象为传统小农，而现在基层政府面对的是多元化新型农业经营主体，基层政府如何正确处理政府与市场、社会、农民的职能关系，建立健全多元主体的沟通渠道和参与平台？

另一方面，基层职能关系重构优化现代农业经营体系。职能关系重构是指不同的职能行使主体之间权限的划分及其调整。"政府＋"多元主

---

① 李道亮：《互联网＋农业：农业供给侧改革必由之路》，电子工业出版社2017年版，第115页。

体协同共治模式，能够正确处理政府与市场、社会、农民之间的关系，共同培育和发展多元新型农业经营主体。一是政府为新型农业经营主体培育的主导者。政府主要从新型农业经营体系的主体规划、目标愿景以及主体培育的政策环境方面起到基础作用。二是市场为新型农业经营主体的存在和发展提供基本环境。农业市场在新型农业经营主体培育中起着为农业经营主体的发展提供优良市场机制与运营环境、调配资源、优胜劣汰的作用。三是社会组织成为新型农业经营主体培育的催化剂和重要保障。农业社会组织为新型农业经营主体提供技术服务支持和后勤保障，促进新型农业经营主体的培育和壮大。四是农民作为新型农业经营主体培育的支持者和受益者。"政府＋"多元主体协同共治模式，在政府作为"元治理"的基础上，积极培育鼓励市场、社会、农民等多元力量健康发展与成长，形成良性互动，以全面优化农业经营体系。

第三章

优化农业产业体系与基层政府
职能重心位移

第一节 现代农业产业体系发展

构建现代农业产业体系是农业供给侧结构性改革的关键要点。新形势下乡村何以振兴，现代农业产业发展是实现乡村振兴、解决"三农"问题的主要途径。产业发展与产业振兴是乡村全面振兴发展的牛鼻子所在，产业兴旺是解决农村一切问题的前提，是乡村振兴的根本出路。现代农业产业体系发展，就是根据农业农村发展的实际情况，通过横向上拓展产业链、纵向上延伸价值链和空间上打通融合链，促推农业产业转型升级，促进三产融合发展，让农业产业成为乡村经济持续发展的活水源头，为乡村振兴打下坚实基础。

一 现代农业产业体系的基本内涵

关于现代农业产业体系的基本内涵，众说纷纭，特别是随着传统农业向农业现代化发展，农业的多功能价值得到了全方位开发，雨后春笋般不断涌现的农业新型业态进一步拓展了农业产业的广度和深度。因此，农业产业的不断转型升级，让现代农业产业体系的内涵和外延不断发展，从传统的第一产业开始向第二产业、第三产业融合，一二三产业效能相加或相乘，实现了第六产业化发展。随着互联网以及文化创意发展的日益炽盛，更有学者提出了农业还可以与信息产业（第四产业）、文化创意产业（第五产业）深度融合,① 让农业产业的发展从一二三产相加、相乘到现在的四五产业融合下呈指数级上升发展。

长期以来，我们主要关注了农业产业在政治、经济方面的功能，如粮食安全、食物生产等在基本生存与经济收入方面的功能体现，而对文化、社会、生态等方面的功能进行产业潜力开发不足，忽略了农耕文化、乡土社会、自然生态对人类发展的需求性，让农业一直陷入"弱质产业"的刻板印象中无法提升。在"民以食为天"的农村，从祖辈到父辈，虽然人人都会种田，但由于传统农业产业的市场价格一直偏低，大家普遍认为单靠种田难以发家致富，这种状况导致越来越多的年轻人脱离农村、逃离农业，构建现代农业产业体系的道路行之惟艰。

现代信息技术发展突飞猛进，让现代农业产业转型升级革旧图新。目前农业已经超越了传统单一产业之视域，逐渐形成了多产业融合的综合系统。② 特别是大力推进"互联网＋"现代农业，应用物联网、5G 通信技术、大数据、移动互联等，全面开发了农业产业新型业态，促进"农业＋旅游观光""农业＋科普教育""农业＋养生养老""农业＋文化传承""农业＋自然生态"等农业产业多功能发展，推动农业产业改造升级。总之，大力推进农业现代化，就需要着力构建现代农业产业体系，让农业成为乡村经济发展的中坚产业和富裕农民的新兴支柱产业。

近年来的中央一号文件更是对农业产业体系构建进行了顶层设计和政策安排。2017 年中央一号文件《关于深入推进农业供给侧结构性改革加快培育农业农村发展新动能的若干意见》中对现代农业产业体系构建做了进一步的详细指导与安排，促进农业产业发展由主要满足量的需求，向更加注重满足质的需求转变。2018 年中央一号文件《关于实施乡村振兴战略的意见》中提出，实现乡村振兴发展，农业产业发展是重要着力点，产业兴旺是乡村振兴的重点。构建现代农业产业体系需要大力开发农业产业多种功能，拓展产业链、延伸价值链、打通融合链，景观农业、康养基地、特色小镇、创意农业、自然科普、乡村传统农耕文化等成为了现代农业产业体系发展的热点。2021 年中央一号文件《关于全面推进

---

① 张来武：《以六次产业理论引领创新创业》，《中国软科学》2016 年第 1 期。
② 周立：《乡村振兴的核心机制与产业融合研究》，《行政管理改革》2018 年第 8 期。

乡村振兴加快农业农村现代化的意见》把全面推进乡村产业振兴放在了首要位置，更是提出推进三产融合，建立农业产业集群，全面优化现代农业产业体系。

综上所述，我们可以发现关于现代农业产业体系，随着时间的推移和农业农村改革的不断推进，其内涵是不断丰富和发展的。要理解现代农业产业体系，我们先来了解何为"体系"。在现实的生活中，体系一般指由多个相互关联相互制约的部分按照一定的顺序分工协作，从而产生的整体效益大于个体效益。因此，现代农业产业体系实际上就是与农业产业活动相关联的各个环节的主体联结起来，构成能够促进农业发展的有机整体。具体而言，可以从三个方面进行内涵理解。一是粮食、畜牧、水果等农产品产业体系，二是旅游休闲、自然科普、生态康养等农业多功能产业体系，三是社会化服务、市场开拓、销售流通等现代农业支撑产业体系。因此现代农业产业体系是集食物保障、收入来源、原料供给、资源开发、科技发展、自然环境、文化传承、旅游休闲等产业于一体的综合系统，纵向上围绕产前、产中、产后等拓展产业链，横向上围绕农业的多功能开发延伸价值链，空间上围绕农业支撑服务产业等进行三产融合打造融合链，从而使农业产业实现纵向拓展、横向延伸以及空间发展，是多层次、复合型的产业体系。

二 现代农业产业体系的基本特征

传统农业发展基础上的传统农业产业体系较为封闭和单一，经济增长结构简单，不能满足农业现代化的发展。现代农业产业体系是一个盘根错节的三维立体系统工程，纵向上包括生产、加工、流通等农业全产业链延长，横向上包括农产品、生态、休闲、文化、旅游等农业多功能效用扩展，空间上"互联网＋"一二三产业融合发展，实现合理分工和优化资源配置，是一个纵向产业链拓展、横向多功能价值链延伸和空间上产业融合发展为支撑架构的有机整体。

（一）产业链条完整

现代农业产业体系的重要特征之一是将农业生产过程的各个环节紧密结合，不仅关注产前的生产投入品环节、产中的农产品质量安全问题以及产后的储运流通加工环节等，同时更加注重通过高新技术、土地资源、农业专业人才、社会资本、文化创意、生态康养等现代化要素的投入，将农业与非农业部门的资源与利益进行重新配置，以盘活农村沉睡的各种闲置或半闲置资源，实现各类资源要素的合理配置，吸引更多的社会资本投入农村，结合产业特性和产品特点，深化产业链上的分工合作，相关产业间相互联系、相互促进，是一个全局的、专业化分工合作的、网络化的整体。

（二）产业功能多元化

现代农业产业体系是富有生机与活力的自然绿色可持续性发展的产业体系，集生产、生活、生态于一体，农业现代化发展需要突破"农业生产"这个单一传统农业观念，现代农业是用当今时代先进的经营理念和管理方法武装起来的农业，是承载多功能的农业，不仅能够满足人们的粮食保障与食物安全需求，还能够实现人们的娱乐休闲、自然教育以及文化传承等方面的需求，不仅具有政治稳定、经济发展方面的功能，还具有文化教育、社会调节、生态康养等方面的作用。随着现代农业的不断发展，需要将传统农业的单一视角向现代农业多维视角转型，进一步促进农业多种功能的有效开发，其农业产业功能也将越来越多元化。

（三）产业融合发展

现代农业产业体系的一个重要特征就是实现一二三产业融合发展，三产融合发展是产业兴旺的关键。农业为第一产业，主要为种植业、林业、养殖业等；与农业相关的加工与制造业为第二产业；作为农业支撑体系的生产性服务业、生活服务业等为第三产业；一二三产业效能相加或相乘，实现了六次产业化发展。另外还有以信息科技与大数据为主导的第四产业、文化创意与知识资源为支撑的第五产业，让农业产业的发展从一二三产相加、相乘到现在的在四五产业融合下呈指数级上升发展。现代农业产业体系随着对农村一二三四五六产业之间的优化重组、整合集成、交叉互渗，不断生成新业态、新产业集群、新空间布局、新产业升级、新商业模式等，从而实现现代农业产业融合发展。

（四）市场导向明显

长期以来，由于农业产业的多功能价值没有被充分挖掘，传统农业产业的市场价格一直偏低，在大家传统印象中，种田可以解决温饱问题，但没有见过多少靠种田发财了的农民，于是农业产业一直陷入"弱质产业"的固定思维中无法提升。现代农业产业体系的一大特征就是市场导向明显，对市场消费者多元化需求反应及时迅速，农业生产经营活动都是以市场导向为引领的，能够在市场变化时及时作出经营调整，根据市场的变化需求来安排农业产业的生产经营活动，通过市场机制来激活与激发各类生产要素，以实现农业产业发展的利润最大化。

（五）产业布局合理

农业产业与其他产业最大的不同在于需要结合当地自然资源禀赋，打造地方区域农业品牌，立足县域布局特色农业生产基地、农产品加工制造基地、农业休闲旅游胜地等，建设农业产业强镇，开发农业产业特色镇，发展优势特色产业集群，打造农业现代化示范区，以培育和形成现代农业产业发展的"示范园"和"领跑区"。因此，现代农业产业体系的一个重要发展方略为农业产业区域合理化布局，积极调动当地各种资源配置，引入先进的各类创意理念改造升级传统地方名优农业品牌，开发地理标志农产品和全力保护农产品原产基地，提升农业产业竞争力，推动农产品从数量的提高到质量的飞跃。

三 优化农业产业体系：三链同构

农业要发展，产业须兴旺，产业兴，则百业旺。产业是现代农业发展的物质基础和动力源泉，农业供给侧结构性改革的顺利推进离不开农业产业体系的全力支撑，产业强，则经济强。因此，产业兴旺是解决长久以来"三农"问题的前提。如何实现产业兴旺，进一步优化农业产业体系，需要横向上拓展产业链、纵向上延伸价值链和空间上打通融合链，通过"三链同构"赋能现代农业产业体系，跑出现代农业产业发展的"超速度"，实现现代农业产业高质量跨越式发展。

（一）横向上拓展产业链

农业产业链是产业链在农业领域中的具体应用和发展，它包括农业生产环节的各个部门和组织机构以及相关的经营主体，涉及农产品生产、储藏、流通、消费、服务等诸多环节，是一个多链条相互缔结的有机整体。我国传统农业产业单一，产业基础设施落后，产业布局随心所欲，传统农业产业如何破茧成蝶，构建现代农业产业体系？通过横向上全面拓展农业产业链，发展适应现代农业需要的乡村产业体系，让农民可以就近工作，获得可持续性收入来源，留守儿童和空巢老人等农村社会问题与矛盾也能迎刃而解。

一是以农产品为核心，努力扩充农业产业链的厚度。在传统农业发展中，由于农业产业链条较短，在农产品大量丰收上市的季节，如果"产量猛增而销售不旺"的话，由于保鲜技术缺乏以及农产品加工业太少，销售的速度还没有摘果装箱的速度快，导致许多农产品流通与销售困难，让农民的劳动成果白白烂在地里。如何破解"丰产不丰收"的困境，不再让农民流汗又流泪，就要从拓展产业链上做文章。一方面健全产业链，首先进行冷藏设备投入，在丰收季节采取冷库储存来保障农产品品质，进一步延长农产品鲜果的销售期。其次提高农产品加工比重。在调研中，一名葡萄种植大户表示："今年的葡萄销售行情不好，大丰收时期只能卖掉两千多公斤，剩下的我准备全部做成葡萄酒，葡萄酒的风味独特，也利于保存，销售时间更长。"面对农产品销售难题，通过农产品加工技术学习推动农民主动进入产业链。种植大户告诉笔者："县里组织农业科技特派员对我们进行了技术培训，掌握了葡萄酒的制作方法，销售困难的时候，我就索性将摘下来的葡萄酿制成葡萄酒，只留下少部分用于鲜果零售。"另一方面拓宽产业链。从农业生产的单一视角到多维视角扩而广之，使农产品的生产性、观光性、参与性、娱乐性等方面得以充分扩充。如很多农产品基地拓展了农事体验、亲子采摘互动、农产品观光摄影、农产品艺术品鉴等项目，根据市场变化，不断开发出各种新兴的产业业态。

二是以农民为主体，发展多种形式的农业产业链组织。农业的上下游各个环节所涉及的各产业群组成的战略联盟构成的组织就是农业产业链组织，是一个贯穿供给市场和需求市场，是农、林、牧、副、渔各业产业链的集合体，是一个为农业产业各个环节提供服务的网络结构。但由于长期以来我国农村的封闭性，如何让传统小农户全方位参与社会化大生产，进行风险共担和利润共享，实现多种多样的组织关系和市场关系，还有一段很长的路需要探索。目前我国农业产业链组织的理论和实践还处于起步阶段，各地区农业产业链组织也参差不齐，因此需要以农民为主体，以农民利益为中心，全力推动农民进入产业链，共享农业产业链各个环节的利润，在此基础上发展多种形式的农业产业链组织。根据各地区的资源禀赋按参与者的不同，可以采用企业模式、共营模式、合作社模式等，具体包括"党支部＋合作社＋公司＋农户""龙头企业＋集体经济＋专业合作社＋基地＋农户"等多种最适合当地发展的农业产业链组织形式，鼓励和支持农民参与到现代农业产业链发展中，使农民不仅可以自主经营自己生产的初级农产品，而且可以全面参与农产品大流通与深加工的各个环节，实现从单一传统农业生产向多元化产业转变之路。

三是以市场为导向，促进农业产业链协调顺畅。面对产前、产中、产后各产业链主体多元价值与利益博弈，如何整合多元利益主体，促进农业产业链协调顺畅发展，需要以市场为中心来整合和调整农业产业链发展。农业产业链发展是引导分散的农户小生产向社会化大生产转型，涉及信息技术、专业人才、销售流通等各方面的联通与衔接，形成千丝万缕与错综复杂的内部体系。我国农业产业链发展还正处于成长期，全面拓展农业产业链，必然会面临产业链是否能够协调发展与运行顺畅的问题。目前我国的农业产业链面临农业产业链条断层、农业产业链发展资金不足、农业产业链信息沟通不畅、农业产业链风险控制低等缺陷，需要全面发挥市场在资源配置中的决定性作用，采用现代企业经营管理制度，根据市场需求来链接各类组织与单元，协调各产业链中的多元利益，降低交易成本，提升农业产业链的经营绩效，促进农业产业链稳健运行，以获得整链效益。

（二）纵向上延伸价值链

如果说通过产业链拓展、产业范围拓宽等能够产生农业产业发展的加法效应，那么以农业产业功能转型升级为表征的价值链延伸能够产生农业产业发展的乘法效应。在传统农业向现代农业转型中，我们需要认识到农业不仅具有能够满足人们食物保障与食物安全需求的功能，还具有自然教育、生态康养以及文化传承等多方面的功能。通过技术升级、品牌升级和产品升级来进行农业产业科技赋能、品牌赋能和生态赋能，拓展农业多功能价值高端供给，促进乡村各项资源整合集成和优化重组，让农业产业成为高价值的新兴产业。

一是科技赋能农业产业价值。长期以来我国农业大而不强、农产品多而不优，农民实现收入增长困难重重。深入推进农业供给侧结构性改革就是促进农业提质增效，全面提高农民收入水平。通过充分发挥科技创新在农业产业发展中的支撑作用，让农业走上"内涵式"发展的道路，全面提升农业产业价值链。许多基层政府以高质量发展、高科技赋能为目标，深入推进农业供给侧结构性改革，农业科技员深入田间地头，加大科技在农业领域的广泛应用，让科技改变农业产业发展，托起了农民们的致富梦。如位于广东省增城区陈桥头村的乡丰水果产业示范园，通过引进成熟的高科技水培种植技术，用工厂式规模培植优良品种，成为一线城市"菜篮子"生产基地、特色水果高科技培植示范园与省级现代农业产业园。[①] 有了高新科技的加持，农业产业不但降低了人力劳动成本，更全方位提高了农产品价值，让农业成为最有奔头的产业。

二是品牌赋能农业产业价值。随着我国经济发展进入上升阶段，居民消费开始提档升级，越来越多的消费者不再像以前一样关心"有没有"，而是更关心农产品"好不好"。在实地调研中，我们发现随着居民收入水平的逐年提升，一方面是消费者需求提升，而另一方面是"卖难""买难"并存，大路货卖不掉，好东西买不到。这就要求农业由数量规模增长向质量提升转变，实现农业供给侧结构性改革，全力提升农产品的品质，让知名品牌赋能农业产业价值。农业强不强，关键看品牌。众所周知，随着人们的消费升级，农业品牌化能够赋能农业产业更高的价值。同样的农产品，为什么有的能够获得高额利润，关键在于是否进行了农产品品牌化。普通橙子只能卖几元一斤，而褚橙能卖十多元一斤，这就是农产品品牌的价值。

三是生态赋能农业产业价值。农业的可持续性发展需要人们树立保护自然生态资源的价值理念。绿水青山不仅是人类生存与发展的基础，而且能够带来多方面的附加价值。农业产业发展如何走绿色生态发展道路，努力把绿水青山这个"金饭碗"真正地转化为经济价值，全国各地基层政府进行了探索。如浙江丽水市开展了"丽水山耕"生态价值开发模式，通过生态赋能大幅提升了农产品的市场价值，为生态资源丰富但农业经济落后的乡村提供了乡村振兴发展的样本。生态赋能农业产业价

---

① 高铺舒、穗农宣：《看广州怎样以高科技赋能都市现代农业》，新快网，https：//www.163.com/dy/article/FU0R673D0534AAOK.html，2020年12月17日。

值，就是通过把乡村的山水田林湖草花等自然资源进行生态农业产业化、生态资源资本化等形式，促使农业生产与生态良性循环，通过各种发展方式将绿水青山转化为生产力，实现乡村经济可持续性发展，着力打造乡村振兴新模式。

（三）空间上打通融合链

农村三产融合发展根植于我国农村产业发展实际，主要着眼于破解当前农业供给侧结构性改革中的突出问题，对发展现代农业和提高农民收入具有重要的作用。空间上打通融合链，就是对农产品生产的第一产业、农产品加工与制造的第二产以及与农业相关服务的第三产业进行整合集成与优化重组，在多元主体融合、多维方式融合、线上线下融合的新态势下，打造农业产业发展的新空间布局，从而实现农业产业发展方式的创新，不断形成农业产业新型业态与新型农业商业模式等。

一是多元主体融合。长久以来，农业发展的主体为农民。但普通农民无法应对瞬息万变的市场变化。在农业产业发展过程中需要支持新型农业经营主体成为骨干，加快农业现代化建设步伐。随着农业产业规模化市场化的发展，目前农业企业、乡村创客、新农人、职业农民、专业大户等各种新型农业经营者百花齐放，既有土生土长的乡村各类经营主体，充分认识到未来新型农民是前景光明有奔头的职业，带领村民在家乡创业；也有城市各类工商资本下乡，出现了一批有想法、会创意、能运营、懂规划的复合型现代农业人才，将农业产业经营成果不断壮大。特别是近年来，乡村优美的环境和得天独厚的自然条件吸引了一批有文化创意艺术思想的乡村创客，乡村创客联盟也越来越多，一起资源共享，合作共赢。因此，这些新型农业经营主体多元融合，各具专长与各有特色，城乡空间格局优势互补，各有定位、各显功能，有效地激发了广大农民振兴乡村的热情和幸福感。

二是多维方式融合。乡村产业振兴，互动融合是关键。通过多维方式融合，使农村一二三产业生发出丰富的业态形式，实现乡村资源的合理配置。首先，充分腾活乡村各类闲置和半闲置资源，推进"农业生产＋亲子体验＋乡村旅游""农业＋生态＋康养""文化创意＋自然科普＋农耕体验"等产业深度融合，打造具有特色主题的乡村旅游小镇，发展富有自然气息的生态康养基地。其次，完善农产品产地初加工补助政策，摆脱传统的农产品主要表现为生产导向而不是消费导向的困境，大力推广"生产基地＋线上微店＋社区配送"等产销模式，积极推进优势特色农产品规模化生产。再次，支持建设一批宜居宜业的农村产业融合发展示范村，以农业为基础，借机发展农产品加工业，乘势带动服务业，建设一批农业生产加工业服务业"三位一体"特色村庄。围绕特色产业，建设田园综合体，通过农业生产、加工开发、农村服务业等实现多维度产业融合，到农家品美食，到田间去休闲，到鱼塘看走秀，到菜地听戏曲，各类资源与各类要素通过跨界与迭代互相融合，各尽其力，各得其所，促进农业产业大循环。

三是线上线下融合。推进"互联网＋"现代农业行动，推动线上线下双向发展，实体经济与虚拟经济互相融合。由于农村交通设施限制，长久以来，许多优质农产品无法顺利走向市场，产业发展面临销售瓶颈。农村电商、直播平台等线上活动的逐步推进为农业带来了春天，特别是阿里、网易、腾讯、百度等许多网络巨头开始把眼光投向农村，乡村也开始有了自己的淘宝平台与服务站点。线上线下互相渗透、互动融合，促进了农业产业的信息交换和能量流动，各方跨界合作，各种线上线下资源重组与聚合，产生了复杂的化学效应，构建了新的农业产业发展增长极。如株洲炎陵黄桃，虽然品质优良，但每到黄桃集中上市之际，种桃的农民为销售愁破了脑袋。过去主要靠人工挑到马路边贩卖，或者去人流量多的地方叫卖，劳心费力还效益不高。现在通过农业电商平台线上直播销售以及与微商平台合作销售，开拓与吸引了许多新的长期消费者，目前线上销售额逐年攀升，这是在传统销售渠道时期没想到的。因此，深入实施电子商务进农村综合示范，线上线下融合，让乡村不断积聚新动能，推进农业产业新业态竞相发展。

第二节　优化农业产业体系中的基层政府职能重心位移

农业产业发展是乡村振兴的物质基础和动力源泉，乡村高质量发展离不开高质量农业产业的支撑。近几年通过横向上拓展产业链、纵向上延伸价值链与空间上打通融合链，现代农业产业发展取得重大进展。农业发展方式逐渐从过去的小农体制向规模化农业过渡，开始从过去的传统种植业向休闲、旅游、科普等多功能农业发展，开始从主要追求产量转到注重数量质量效益并重上来。与此同时，基层政府职能重心也需要位移，随着农业产业的发展而调整基层治理的重心，从传统的主要关注农业第一产业的发展到积极引导农业产业"三链同构"，让农业"接二连三"，完成从第一产业到"第六产业"的飞跃。基层政府职能重心位移就是基层政府把哪些职能作为工作的重点，即在优化农业产业体系中哪些方面政府需要投入更多关注与支持，需要基层政府对标农业供给侧结构性改革的发展需求，通过抓重点、补短板、强基础，聚焦农业产业融合发展，弥补农业农村发展短板，强化基层服务重心下沉等，实现农业产业发展从"量"到"质"的飞跃。

一　聚焦农业产业融合发展

农业产业融合发展已经成为农业供给侧结构性改革的核心领域。相应地如何聚焦农业产业融合发展，成为基层政府的职能重心。为了对农业产业融合发展有一个全面的认识，笔者以中国知网（CNKI）全文数据库为研究数据来源，选择知网网页中的高级检索，设定检索条件为"主题＝农业产业融合"，文献来源为"北大核心期刊"和"CSSCI"，搜索文献的时间段为2005年1月30日到2022年4月16日，共检索出文献311篇，排除新闻报道以及无作者文献共得有效文献308篇。应用Cite Space软件对样本文献进行分析，获得农业产业融合相关样本文献关键词共现知识图谱（见图3－1），根据知识图谱把握整体趋势及核心内容，以分析农业产业融合相关领域的研究热点及研究走向。

由图可知，在阈值为10的情况下，共得到产业融合、乡村振兴、农业、农村、三产融合、农业产业、现代农业、产业振兴、融合发展、产业链等10个关键词。首先从关键词分布的研究领域来看，以农业产业融合为主题的研究涉及领域十分广泛，涉及产业融合、三产融合、现代农业和产业振兴等多个领域。其次，通过关键词聚合，得到产业融合、农业、农村、乡村振兴、现代农业、理论逻辑、农户、产业振兴、小农户、江苏和农村信用体系等11个聚合点，一定程度上可以认为目前农业产业融合相关文献的研究重点集中在实现农村一二三产业融合的理论逻辑、现代农业的发展路径和乡村产业融合振兴等方面。

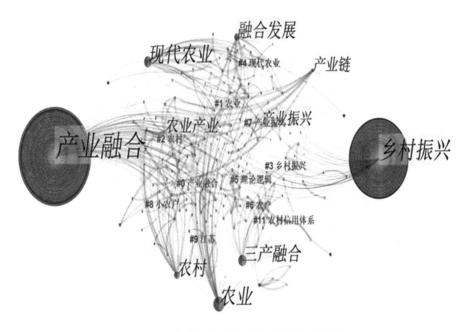

图 3-1　农业产业融合关键词共现知识图谱

以上从关键词等视角探究了农业产业融合领域的横向研究重点，回答了一种以结果为导向的研究重点分布，但是对于农业产业融合这一新兴的研究领域，进行一定的时间趋势分析，可以厘清过去、现在和未来的关系。通过明晰过去和现在的演进逻辑，进而推测对未来研究重点的研判是否准确。故通过 CiteSpace 软件的时间轴关键词聚合（Timeline）使用，绘制以农业产业融合为主题的时间轴关键词演变知识图谱（见图 3-2），时间跨度为 2005—2022 年。通过判定图中线段的完整性，可以认为产业融合、乡村振兴和理论逻辑三个领域在 2005—2022 年之间被广泛研究，以农业、农村、现代农业、产业振兴、小农户、江苏和农村信用体系等为主题或对象的农业产业融合研究，并未贯通这一时间阶段，分别在不同的时间段出现缺失。

综上所述，结合结果导向的聚类分析和时间过程的演变分析，从横向和纵向两个维度进行农业产业融合研究重点探讨，我们可以认为，在以现实问题为导向的研究领域方面，产业融合和乡村振兴等仍然是未来

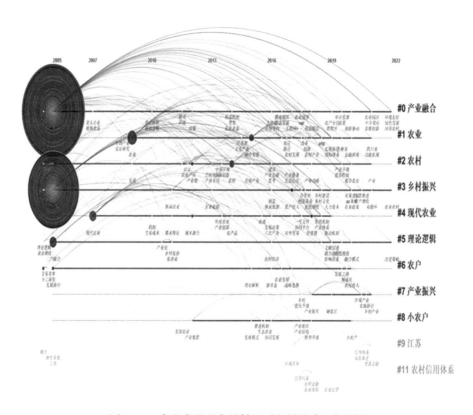

图 3－2　农业产业融合关键词时间轴演变知识图谱

实证研究的重要领域；在以理论问题为导向的研究领域方面，理论逻辑
仍然是未来理论研究的重点，以探究现实领域中的理论建构与理论发展；
除此之外，江苏作为一个行政区划的名词，其关键词程度高，故有一定
的探究意义，结合其时间轴的相关名词，分别为产业集群、协调发展和
发展模式等，根据以往的政策文件，可以发现江苏省的相关农业产业融
合程度较高并且案例丰富，例如苏南模式等，故江苏成为许多学者讨论
农业产业融合案例选择的重要参考点。基于此路径，目前国家提出乡村
共同富裕的目标，农业产业融合有利于实现这一目标，而浙江省是我国
共同富裕示范区，故未来下一阶段，浙江省有可能成为农业产业融合研
究的重点省份之一。

　　因此，农业产业融合发展是乡村振兴的关键与核心，更是基层政府

的职能重心。近年来农业产业发展取得了积极成效，农业新产业新业态新模式层出不穷，使农业领域的创新创业环境不断得到改善，但也存在农业新业态要素活力不足、农业产业链条延伸不够、农业产业融合层级较浅与融合模式缺乏创新等问题。早在 2014 年 12 月召开的中央农村工作会议中强调拓展产业链、延伸价值链，进而重点打通融合链，以大力推进农业产业化。与此同时基层政府需要顺势而为，将政府职能重心聚焦于农业产业融合发展，通过搭建农业产业融合平台、推进农业新型业态深度融合、完善农业产业融合利益联结机制等，为全面优化农业产业体系提供政策资源与兜底保障。

（一）搭建农业产业融合平台

乡村要振兴，产业必先行。目前乡村振兴实现了良好开局。全面推进乡村振兴，需要加紧构建现代农业产业体系，以全面推进乡村产业转型升级。特别是 2021 年中央一号文件进一步明确提出要立足于县域，以地域特色鲜明产业为先锋，以当地农民为主体，丰富农业产业新型业态，全力推进三产融合发展，通过"政府营造平台、平台合拢资源、资源服务产业"的方式，支持建设现代农业产业园与培育农业产业融合发展先导区，打造优势特色农业产业集群区。

一是支持建设现代农业产业园。现代农业产业园是推进乡村振兴发展的动力引擎。基层政府需要聚集本地特色资源，聚焦本地重点产业，支持建设一批三产融合发展的现代农业产业园，以推进乡村产业高质量与可持续发展。一方面农产品加工销售向园区集中。如长沙黄兴海吉星国际农产品物流园目前为一站式农产品示范园，依托市场丰富的农产品、先进的管理设施和全国同步的高科技服务，成长为全国最大蔬菜流通枢纽中心，解决了农产品保鲜物流技术难题以及农产品加工关键环节的瓶颈制约，确保了农产品的高品质，提升了农产品加工技术创新。另一方面产业园引领带动本地区农业更新换代。现代农业产业园具有辐射带动以及示范引领作用，通过行业典型和样板来带动农业发展更新换代与转型升级。河南省的实践证明，各基层政府通过支持建设现代农业产业园，产业优势突出，三产深度融合，以灵宝苹果、延津小麦、正阳花生为代表的品牌蓬勃发展，示范引领全省农业转型升级。

二是培育农业产业融合发展先导区。农业产业融合发展先导区能够有效地促进城乡融合发展。先导区连接着城市与农村，既是城市现代化资源流向农村的重要载体，也是乡村能人创新创业走向市场的重要平台。目前信息技术发展呈燎原之势，科学技术驱动力不断增强，科技集成促进产业格局由分散向集中、由粗放向集约转变，人工智能、互联网技术与农业产业发展交互联动，以信息技术带动业态融合，引导地方建设一批高新技术农业园区，培育农业产业融合发展先导区，开拓农业产业发展的科学技术"增长极"，全力引导农业产业转型升级。目前农业产业发展面临难得的机遇，在坚持农业农村优先发展各项政策加持下，越来越多的资源和人才开始向农村集聚，城乡融合进程加快，乡村产业发展环境开始优化。加之城乡居民消费需求向乡村旅游度假转型，乡村产业市场消费空间不断增长。基层政府需要积极抓住这波政策红利与市场机会，搭乘"新基建"农村信息网络改造的东风，建设农业产业融合发展先导区，强化政策扶持，引导"乡创客""新农人""土专家""田秀才"等高科技人员与复合型人才创新创业，围绕一二三产业融合发展应用新技术、开拓新市场、发展新业态，引领乡村新兴产业模式不断推进。

三是打造优势特色农业产业集群区。集群发展是现代农业产业体系的主要特征，推动产业集群发展和多元要素集聚，要立足县域打造农业产业集群区，加强政策集成、要素聚合和资源整合，形成农村经济发展排头兵和增长极。基层政府需要根据本行政区域范围内的农业资源禀赋进行规划设计，统筹乡村内部产业协调发展，积聚资源，集中力量，建设富有生机活力的特色农业产业集群区，推进农业产业聚集发展，形成"一村一品""一镇一特""一县一业"农业产业集群，构建农业产业集群发展"圆圈环"与"经济带"的发展格局，以带动当地农业产业强势发展。农业产业集群是以农业现代化发展为核心，集聚大量具有共性的组织和资源互补性的农业相关企业相互依赖相互支撑，既发展农业又发展工业，既发展第一、二产业又发展第三产业，是增强农业产业竞争优势与提升农业综合效益的重要路径。各基层政府可以通过农业产业集群发展突出地方特色和比较优势，依托本地资源禀赋，突出串珠成线、连块成带、集群成链的产业融合模式，有效推进本区域经济发展，推动本地区优势农产品区域合理布局，实现农业资源的集约化利用，增加农民收入来源，有效促进农村经济发展。

（二）推进农业新型业态深度融合

民族要复兴，乡村必振兴。产业兴旺是乡村振兴的主要着力点。在新产业新业态新模式不断涌现的形势下，目前农业产业兴旺的"引爆点"为坚持融合发展与创新驱动，打破农业产业各个环节互相割裂的状态，创新农业产业发展机制和业态模式，推进农业新型业态深度融合。因此基层政府需要强化创新引领，通过统筹农业内部产业融合发展、协调农业外部相关产业协同发展、整合各方力量聚合发展，形成"农业＋"新型业态发展态势，全面提升农业产业发展活力，全面拓宽农民持续增收渠道。

一是统筹农业内部产业融合发展。重农固本，是安民之基。农业是整个国民经济发展的基础和保障，工业发展、商业发展均建立在农业发展的基础之上，农业是关系国计民生的核心问题。因此，基层政府首要的是统筹农业内部产业融合发展，坚持以农为本、立农为农，以农业农村资源为依托，进行农业和林业结合、农业和渔业结合、种植业和养殖业结合等等，通过深耕种养业，探索林下种养；提升养殖业，林牧渔融合；推进种养一体化，发展稻虾共生；推进粮经饲草统筹发展，农牧渔生态循环。如泸县玄滩镇通过"稻虾综合种养"在一块田里实现两份收获，走出生态致富路。因为养了龙虾，水稻从来不施农药，生产出来的稻虾米是真正的绿色生态产品，在市场上特别受消费者青睐。稻虾综合种养模式，已逐渐成为泸县玄滩镇农业产业提质增效、农村经济发展的助推器。[①] 襄阳市襄州区双沟镇赵寨村进行"水稻＋"立体生态循环种养，建立稻蛙共养基地，实现一地两用、一季双收，全面提高了农业产业的综合效益。[②]

二是协调农业外部相关产业协同发展。目前我国农村一二三产业发展迅速。三次产业的快速发展为产业融合提供了强有力的产业基础支撑，但同时乡村产业发展也面临一些挑战。由于乡村基础设施较差，信息、

---

① 《"稻虾综合种养"走出生态致富路》，川南网，https：//www.sohu.com/a/401975080_454124，2020 年 6 月 15 日。

② 《"水稻＋青蛙"稻蛙共养模式一亩产值达 6 万元》，371 种养致富网，http：//m.371zy.com/view.php？aid＝21869，2019 年 6 月 27 日。

资源、人才缺乏，导致目前农业产业发展方式仍然较为粗放，农业产业发展小而弱。因此，基层政府需要转换观念，深刻认识到一产是基础，二产是核心，三产是重点，做强农业，做优做大二三产业，推动乡村产业在农业内外、生产两端、城乡统筹相互交融、协同发展，全力推进产加销一体和一二三产融合发展。一方面以乡土特色构建全产业链。以农业为圆心，以二三产业为圆环，延伸产业链条。引导培育一批"乡字号""土字号"品牌，这些带着泥土气息的农产品成为乡村特色产业中的一抹亮色，更为乡村产业融合发展提供了驱动器。如四川郫县豆瓣酱、湖南安化黑茶、重庆涪陵榨菜等产业已成为当地具有独特价值的优势主导产业。另一方面以业态丰富提升价值链。以乡土资源为核心发展订单农业、会员制农业、亲子体验、田野课堂、自然学校、数字农业等，开发绿色生态与养生保健等新功能，把城乡两端联结起来，提升农业多功能价值。如共享花田亲子农庄是一座以"自然成长、食物森林"为主题的亲子乐园，是典型的会员制农业，通过提高用户黏性和顾客忠诚度，培养了一大批忠实会员。目前休闲农业客户难留，去过了一次之后不会再想去第二次，而会员制农业稳定了客源，实现了持续消费和价值最大化。

三是整合各方力量聚合发展。农业现代化与新型城镇化联动推进、与脱贫攻坚有效衔接，培育发展新功能，整合各方力量来实施三产融合发展。一方面农业与自然资源、发展改革、乡村振兴、生态环保、村庄规划等机构共同推进，另一方面农业与科研院所、各类企业多向对接，形成多方助力、内外互动、共同合作的工作格局。农业与高科技业结合，推进品种改良和技术创新，以高品质赢得消费者的青睐，提升品质价值。农业与文化产业结合，强化地方区域品牌，提升农业人文价值。如"青田稻鱼共生系统"这个古老而又现代的农耕文化不仅是我国第一个、也是世界第一批全球重要农业文化遗产。中华文化的根，就是农耕文化。对此，基层政府应充分发挥政府职能，科学开发地域资源，全面优化资源配置，挖掘和凸显地域特色，探索"农业＋文化＋科技＋创意＋生态旅游"的多方力量聚合发展的新业态模式，打造一个"望得见青山、看得见绿水、体验到现代发展、玩得了高科技"的美丽乡村，全面提升乡村产业的发展空间。

（三）完善农业产业融合利益联结机制

在国家"三农"政策支持与发展理念转型下，构建了现代农业产业体系，农业产业融合发展日臻完善。三产融合通过以当地农户和当地资源为基础，依托农业龙头企业的辐射带动作用，发展第一产业并向第二、第三产业延伸，实现了小农户和大市场对接。然而在发展的实践中，政府、公司和农户等各方参与者都可能存在机会主义行为。地方政府在面临农业转型的硬性任务时有可能重点关注"政绩考核"；资本下乡中某些投机者可能过于追求短期收益，而根本无意"扎根"乡土发展农业产业；而一部分农民由于缺乏契约精神，在追求货币价值最大化的过程中随时可能出现不履行合约的状况等。① 乡村产业发展分利秩序失衡由此引发了种种矛盾。因此在聚焦乡村产业融合发展的同时，基层政府需要完善农业产业融合利益联结机制，建立休戚与共的命运共同体，共同分享农业产业融合与农业农村现代化发展的成果。

一是政府统筹优化资源配置。基层政府通过建立农业农村部门牵头抓总、企业市场积极带动、社会组织参与协调、农民群众支持配合机制，统筹优化资源配置，各方利益均衡分配，形成政府支持、市场导向、企业带动、社会关注和农民参与的乡村产业发展格局。首先，基层政府需要加快完善土地、科技、人才、资金等各要素支撑的政策措施，对本区域农业产业融合发展进行总体规划与政策引导，对各项政策的实施与落地进行跟踪监测，以及通过"以奖代补、先建后补"等各种激励机制方式对农业产业融合发展提供各项公共服务。其次，全力激活农业产业发展各类市场要素。随着乡村休闲旅游、亲子体验、生态康养、自然科普等日益火爆，乡村消费市场扩张驱动力不断提升。基层政府可以通过政策规划鼓励龙头农业企业下沉重心，布局到县乡村，不断增加乡村产业发展机遇，让农业企业能够获得适当的经营利润和较大的发展空间，同时对相关企业发展进行市场监管与提供各类公共服务。最后，引导农户积极参与乡村产业发展。总结推广一批典型农业产业发展模式，激发农民的工匠精神与创新精神，营造良好的乡村发展氛围，吸引广大农户积

---

① 赵晓峰、任雨薇、杨轩宇：《资本下乡与农地流转秩序的再造》，《北京工业大学学报》（社会科学版）2021 年第 5 期。

极参与乡村产业发展，共同为乡村发展提供智力支持与首创精神。因此，实现政府、市场与农户的有机联结，构建政府、市场与农户的常态化利益联结机制，有利于突破乡村产业融合发展中利益分配失衡的困境，促进乡村产业可持续性发展。[①]

二是培育农业产业化联合体。新形势下要迎来农业产业发展的春天，需要培育农业产业化联合体，全力打造乡村产业发展的"新雁阵"。基层政府需要完善治理机制，利用各种政策优势积极引导龙头企业共同建设运营农业产业集群发展，提升农业企业的牵头带动作用，农民合作社股份合作、专业大户跟进，小农户和返乡下乡人员参与，共同打造知名地域农业品牌，通过多元融合与抱团发展，实现明确权利责任、收益共同分享，发挥多元主体融合优势，增强农业产业竞争力。如辽宁省海城市通过政策引导、资金扶持，坚持市场导向，多措并举，坚持"龙头企业 + 合作社 + 基地 + 农民"，从而形成一个既能抵御市场风险又能利益共享的农业产业综合体。海城市接文镇三家堡村的菇农们在自家的棚内采摘香菇后，统一送到村里的九龙川食用菌种植专业合作社内销售。农民专业合作社对外开拓市场销售，对内统一服务农民，有效促进了农民增产增收。龙头企业、农民合作社和农户等构成农业产业化联合体，激发了农业发展新活力，进一步带动了农户发展能力，推动形成了多元主体融合发展利益格局。

三是完善联农带农机制。在农业产业融合发展的各个环节中，农产品生产端处于最基础最重要的位置，然而由于农民不能及时获取市场信息，无法平等分享农业产业发展利益，产前、产中与产后环节的收益严重不相称。简而言之，处于弱势地位的农民感觉自己没有充分共享农业产业融合发展的成果。在农业农村优先发展的大好形势下，政府需要公平公正分配好蛋糕，让农民分享价值增值，共享农业产业发展成果。因此，基层政府需要完善联农带农机制，建立健全产业融合模式。引导龙头农业企业等新型农业经营主体与小农户建立股权性等多种类型的合作方式，通过完善联农机制，提高农民参与度，让农民拥有保底收益，也

---

① 陈天祥、魏国华：《实现政府、市场与农户的有机连接：产业扶贫和乡村振兴的新机制》，《学术研究》2021 年第 3 期。

可以按股分红，巩固脱贫攻坚成果。农业是国民经济的基础产业，乡村三产融合就是要以农民为主体，以农业为基础，发展农村第二产业、第三产业。① 这样发展的结果就能够实现"$1 \times 2 \times 3 = 6$"，从第一产业飞跃到"第六产业"，把农业变成六次产业。而如果不以农民为主体，不以农业为基础，而仅仅是把城市的第二产业、第三产业搬到农村，其结果就是"$0 \times 2 \times 3 = 0$"，对农村来讲还是零。那么乡村依然凋敝，乡村振兴的目标也就很难实现。

二　弥补农业农村发展短板

乡村基层治理是国家治理的基石。基层政府如何措置有方，变农业农村发展短板为乡村振兴发展"潜力板"是目前的工作重心。对此，应推动乡村公共基础设施提档升级、积极培育地方农业产业区域品牌、多渠道加大农业农村投资力度等多方合力推动农业农村农民现代化发展，让农业成为具有市场竞争力的朝阳产业，让农村成为干事创业和安居乐业的家园，让农民能够享受幸福的乡村生活。

（一）推动乡村公共基础设施提档升级

夯实农业农村发展基础，补齐农业农村发展短板，首要的任务就是推动乡村公共基础设施提档升级。我国现阶段城乡的发展差距主要表现为乡村的基础设施落后，农业设施老化失修，基础设备不适应数字化时代发展要求，等等。基层政府需要重点抓好农田改造、农田水利等高标准农田建设工程；开展现代农业园区建设工程；逐步建立普惠共享、城乡一体的数字资源平台，实施数字乡村建设发展工程等。

一是持续加强高标准农田建设工程。目前虽然粮食连年增产，我们仍然要居安思危。特别是近几年来由于农业基础设施脆弱、农业综合效益不高、农业抗灾能力弱等，农村耕地抛荒现象已成逐年蔓延之势。特别是南方山区农村，水利设施年久失修，农田改造很少进行，田间排灌成为摆设，田地耕种难度加大，全年度大面积抛荒的农田逐年增加，"双季稻"产区只种一季中稻的"隐形抛荒"渐成常态。为了守住粮食产量

① 宋洪远：《以农民为主体 通过一二三产业融合发展促进乡村振兴》，新华网，http：//m.xinhuanet.com/sn/2018－11/12/c_1123701098.htm，2018年11月12日。

逐年提高、耕地拥有量逐年增加两条底线，基层政府需要持续加强高标准农田建设工程。通过耕地核查、肥力测算、改良土壤、加强农业科技服务等农田改造项目，建成"高产高效、生态友好"的高标准农田，确保农产品有效供给，满足人民多元化食品需求，实现我国农业可持续发展。

二是实施现代农业园区建设工程。现代农业园区是运用现代化经营管理理念，集生产、加工、科研、销售、服务于一体的现代农业生产经营区，既是现代农业的展示窗口，也是农业信息化、科技开发的博览园，成为发展现代农业的强力引擎，是实现农业农村高质量发展的重大举措。因此基层政府需要深刻领会和把握实施现代农业园区建设工程的重大意义，以现代农业园区建设为切入点，以农民增收为目标，改造传统农业，发展现代农业，切忌"新瓶装旧酒"，增强工作的积极性和主动性，顺应农业农村发展的新趋势，以园区建设为抓手，对农业自然资源进行优化配置，促进农业产业更新换代和转型升级。

三是实施数字乡村建设发展工程。建设数字乡村是推动农业农村现代化跨越式发展的重大举措，国家顶层设计为实施数字乡村建设发展工程提供了施工蓝图。随着农业农村信息化进程不断加快，农业生产和农村生活目前正处于向数字化农业演进的过程。但由于资源统筹不足、顶层设计缺失等问题的存在，城乡"数字鸿沟"、部门"信息孤岛"等现象比较突出，基层政府需要以发展农业农村数字服务为主攻方向，通过乡村数字基建提档跨越、乡村数据资源平台共建共享、信息技术惠农便民等行动，加快数字乡村建设。首先，实施乡村数字基建提档跨越行动。推动城乡网络一体化建设，完善乡村通信基础设施，建立农业农村大数据体系与农业产业深度融合。其次，建立乡村数据资源平台。按照互联互通、共建共享的要求，整体规划农业农村大数据云平台，防止出现新的"信息孤岛"，绘制"农业农村数字资源管理一张图"。最后，完善信息技术惠农便民服务。实施高素质农民培育工程，推动农村信息化知识普及。开发适应"三农特点"、简单易懂易学的农业科技信息终端 App，让数字系统辅助农民进行农业生产生活。

（二）积极培育地方农业产业区域品牌

实施品牌强农战略，积极培育地方农业产业区域品牌，以质量品牌为关键，走品牌兴农之路。在此情境下，基层政府进行地方农业产业品牌化建设是推动农业供给侧结构性改革、支撑本区域农业做大做强的重要路径。品牌意味着稳定标准化的品质，然而目前我国大部分地方的农业还是产品多、品牌少，基层政府需要在完善地方农业品牌培育机制、加大地方农业品牌宣传推介、实施地方农业产业品牌发展战略等方面下功夫。

一是完善地方农业品牌培育机制。民以食为天，长久以来为解决温饱问题我们对农业的关注点主要集中在产量上，我国许多农产品都是有产量没品牌，我们有很多特色农产品，结果"抱着金饭碗没饭吃"。基层政府需要破除过去"重生产，轻品牌"的思维，完成从"吃饭农业"到"品牌农业"的思维转型，完善地方农业品牌培育机制，通过优化农业品牌化培育环境、加强地方农业品牌保护等推进农产业品牌建设。

二是加大地方农业品牌宣传推介。农业品牌建设的关键在于品牌宣传推介与营销运营，在各类物资琳琅满目与各种信息日新月异的时代，提升农业品牌知名度迫在眉睫。基层政府以整体思维进行地方农业品牌宣传推介，不仅能树立地方政府的良好形象，提升地方农业行业整体形象，而且更能推动一个地区的发展。

首先，搭建农业品牌宣传推广平台。基层政府积极引导成立优质农业品牌开发服务协会，完善农业品牌信息库并建立权威信息发布机制，打造地方农产品统一的公共品牌"logo"，积极利用特色农产品街区进行集中展示与交易，策划举办系列线下农产品展销活动，推动品牌参与媒体宣传和各类展销，并设置相应准入制度，严厉打击违规、虚假宣传，维护地方农业品牌影响力。

其次，加大地方农业品牌推介力度。重视推介，需要在品牌营销上下功夫。可选择适合农业品牌发展的多种媒介进行全方位农产品品牌传播。特别是在现在互联网与自媒体快速发展的时代，做好农业品牌传播可以结合互联网直播、微信公众号、新浪微博等互联网平台进行，打造知名度，让更多的消费者了解优质农产品。

最后，提升地方农业品牌塑造能力。推进农业品牌建设，需要提升地方农业品牌塑造能力。在一般人眼中，非常普通的水果、粮食、蔬菜、畜禽等农产品，通过品牌定位、品牌形象设计以及产品核心价值宣传等方法，在产品销售创意上实现创新，可以打造独具特色的品牌文化。全力提升地方农业品牌塑造能力，需要以现代化的建设思路超越传统的生产与销售模式，以"产品创新＋文化创意"实现品牌迭代。

三是实施地方农业产业品牌发展战略。地方农业产业品牌是一个地区品牌农业建设的窗口，是一个地区农产品的"金名片"，是推进农业提质增效的有效手段。因此基层政府需要实施地方农业产业品牌发展战略，构建地方农业产业区域品牌发展有机体系，做到农业品牌的品质体系、符号体系、价值体系三位一体，提升地方农业产业品牌的竞争力、影响力和美誉度。

首先，质量升级，夯实农业品牌品质体系。品质是整个农业品牌的根基。如果产品品质出了问题，不能满足消费者的需求，就是砸钱做再多的品牌宣传，消费者也不会买单。因此，没有过硬的品质，很难树立过硬的农业产业品牌。目前我国提出高质量发展，同理在地方农业产业品牌发展战略规划中，摆在第一位的就是质量升级，提升农产品的品质，没有足够好的品质，就没办法做强做大品牌。

其次，精心设计，打造农业品牌符号体系。品牌做到家喻户晓，要让消费者能够快速识别，最终需要具体落实到一些符号化的东西。通过对品牌进行有特殊意义和独特故事的符号化设计，来让农业品牌更有影响力。以茶为例，为什么千家茶企不敌一家"立顿"茶叶品牌，症结就在于品牌符号体系。因此，结合文化创意，为农产品设计独特的品牌符号体系，能让顾客铭记在心，树立产品品质度。

最后，重视推介，宣扬农业品牌价值体系。品牌恒长久，价值源长流。一个品牌能否成为"百年老店的金字招牌"，和这个品牌所传导出来的价值理念息息相关。讲一个好的品牌故事或者通过视觉展示等去呈现农业品牌的价值体系，挖掘农业品牌的价值内核，更能够从内心深处来打动消费者，并能吸引一批价值理念相同的客户成为忠诚的顾客。一种共同的价值理念，可以让农业品牌更具感染力。这样才能做到价值化品牌战略，才能让农业品牌走得更加长远。

（三）多渠道加大农业农村投资力度

由于历史原因，长期以来，农业充当"输血者"，支持工业和城市发展，导致农业基础非常薄弱，农村发展比较缓慢。党的十六大后，坚持

"工业支持农业，城市反哺农村"，给农业农村经济发展带来了全新面貌。但农业属于典型的高投入、高风险、周期还特别长的产业，需要大量资金投入。基层政府需要通过全力保障财政支农资金投入、加大金融服务"三农"力度、引导社会资本投资农业农村，通过多渠道加大农业农村投资力度，为乡村全面振兴提供坚实支撑。

一是全力保障财政支农资金投入。由于农业生产天然面临着自然风险，政府基于公共利益的考虑而介入农业生产经营，现代国家一般都会对农业生产经营给予相应的财政支持。财政支农资金属于公共资金，以确保粮食安全、保持农村生态平衡、促进农业产业发展等公共目标为导向，一般采取以项目的形式拨付资金。目前随着国家对"三农"问题越来越重视，财政资金近年来迅速增长，特别是地方财政支农资金不仅基础量大而且增长持续。

首先，调整优化支农支出结构。财政支农具体条目品类众多，从财政资金的直接受益者来看，包括农户、农业合作社、种植大户、土地流转经营者、农业企业主等农业经营者，还有农资供应者、农业社会化服务者以及村、村民小组等基层组织；从资金使用来看包括农业综合开发、乡村道路、乡村生态环境等多个方面。财政支农一般采用对口定向拨付的方式，专款专用保障其安全性的同时也存在比较严重的平均分配与撒胡椒面现象。推进涉农资金优化配置与统筹整合，形成合力，让财政资金作为杠杆来撬动乡村现代化发展的黄金支点。

其次，落实各项支农惠农政策。在农业农村优先发展的大好形势下，以粮食直接补贴政策为先导的各项支农惠农强农富农政策成为农业发展的新起点。目前我国实施的支农惠农补贴涉及面不断扩展，从农业生产环节到农业经营环节，包括良种补贴、水利灌渠、道路硬化、现代农业产业项目补贴、农业保险、农民就业培训等等。补贴品种繁多，补贴申请程序各异，各项支农惠农政策的落实，任务仍很艰巨。因此，如何把惠及农业农村的各项政策执行到位，满足农业农村发展的多样化资金需求，成为目前基层政府工作的重要重心。

最后，提高财政资金使用效率。虽然中央一号文件中对农村投入逐年增加，但资金渠道"散"，条块分割现象严重，导致财政支农资金使用效率"低"。加之一些基层政府仍存在重城市轻农村的现象，落实重中之重的要求还有折扣，于是"三农"投入出现"虚胖"之现状。现代农业是利润导向型农业，资金的投入必须要有相应的产出。基层政府需要既立足于"三农"发展全局进行财政资金投入的"顶层设计"，又需要关注区域差异性与个体异质性，将有限的财政资金最大限度地发挥其效用。

二是加大金融服务"三农"力度。财政支农在改善农业生产基础条件、重点支持农业农村发展重大项目、现代农业设施建设等特定问题上担任起顶梁柱，但在不同的地区和不同的供需关系下，财政资金无法及时应对农业农村多元化的融资要求，需要加大金融服务"三农"力度，通过金融渠道来解决农业农村发展过程中的资金短缺问题。基层政府需要积极顺应农业适度规模经营的新趋势，通过丰富农村金融服务主体与创新农村金融服务方式来促推农业农村现代化发展。

一方面，丰富农村金融服务主体。在市场经济条件下，以商业银行为主要代表的商业性金融机构是满足农业农村资金需求的最为重要的主体。如农村商业银行紧贴基层拓展农村金融业务；中国农业银行、邮政储蓄银行等都设立了专业机构服务"三农"。但是商业银行主要以贷款利息为盈利来源，大量贷款需要相应的抵押或担保。而在农村，农民本身收入来源少，自身拥有的固定资产不多，抵押贷款面临诸多不便，不少资金需求被排斥在金融市场之外。基层政府虽然不能直接参与金融机构改革微观事务，但可以利用其熟悉农业农村优势，为金融机构微观经营决策提供有益信息，丰富农村金融服务主体，推动形成以商业银行为主体、资金互助合作社为辅助的多类型、多层次农村金融主体，促进供给侧结构性改革，满足乡村多种形式的资金需求。

另一方面，创新农村金融服务方式。由于不同农村地区经济发展水平不均衡，针对当前广大农村地区金融需求差异大等特点，基层政府需要根据农村经济发展新趋势积极探索可操作性强的农村金融产品、创新农村金融服务方式，以政策扶持为支撑、以市场化为导向，大力发展农户小额贷款和农村微型金融，加快在农村地区推广应用微贷技术，改善农村金融生态环境。如江苏连云港探索"五方联动"金融支农助农新模式，通过基层政府整合资源，搭建金融支农通道，"基层政府、银行、担保公司、农业专业合作社、农户"五方形成相互制约又互惠共赢的共同体。通过基层政府牵头协调各方关系，打造担保平台，信贷风险得到有效控制；这样农村金融生态环境得到改善，也解决了农民专业合作社和农民融资难的问题。

三是引导社会资本投资农业农村。推进农业供给侧结构性改革，全面实现农业农村现代化，需要汇聚更多的力量来共同推进。社会资本是加快农业农村现代化的重要推手，基层政府需要充分发挥财政政策、产业政策引导撬动作用，坚持创新驱动发展，引导好、保护好、施展好社会资本投资农业农村现代化发展的积极作用。

一方面，畅通社会资本进入渠道。实现农业农村现代化，优化现代农业产业体系等，需要各方资金鼎力相助。但是由于农村很多基础设施建设项目主要依靠政府财政支出。要解决有效资金不足问题，基层政府不仅需要各级财政加大投入，更需要畅通社会资本进入渠道。近几年既有将市场机制引入基础设施建设的 PPP 模式，也有大量城镇工商资本通过发展订单农业、直接租赁土地开展农业生产等方式参与到农业经营中来。但在实施过程中也存在一些问题。其一投资项目利润偏低。资本下乡的本质是追逐或分享农业经营利润，但农业生产市场风险与自然风险的双重叠加，有人形容投资农业是开宝马车进来，骑自行车出去；西装革履进去，剩条短裤出来。其二投资项目可持续性有待于提高。资本本身有很强的流动性，工商资本追逐农业利润具有一定的短期化倾向，但农业不同于其他行业，其投入产出需要的周期性较长，一些项目引入时非常高调，但在运行过程中，由于投入回报低等诸多问题，项目半途而废时有发生。因此基层政府在引入社会资本过程中，需要"两手发力"，既不能管得太多，又不能放任自流，政府该管的要管住，该放给市场的要充分发挥市场的作用，两者边界相对清楚，把资本逐利行为尽力约束在有利于农业农村发展的范围内。

另一方面，创新社会资本投入方式。社会资本投资农业农村不仅大大增加了农业经营的资本供给，而且把现代管理思维、现代经营理念等新技术与新要素带到了农村，促进了农业生产经营的技术创新和组织创新。但工商资本下乡需要防止出现"精英俘获"[①] 现象。在农业项目实施

---

① 温铁军、杨帅：《中国农村社会结构变化背景下的乡村治理与农村发展》，《理论探讨》2012 年第 6 期。

过程中，一些地方精英由于具有政治或经济优势而形成利益联盟，有可能对乡村资源形成垄断，损害了普通农民的相关利益。因此，基层政府需要引导社会资本与农民建立紧密利益联结机制，因地制宜创新社会资本投入方式，采取特许经营、民办公助等方式，鼓励农民以土地、劳动等多种形式入股，有效激励联农带农，可以尝试"专业合作社＋农民入股＋按股分红＋社会保障"等方式，与农民建立稳定合作关系。

三 强化基层服务重心下沉

农业产业是乡村发展的根基，是农民脱贫致富的依托，农业产业是引领和推动乡村经济增长的重要驱动力。党中央已经明确了产业振兴的顶层设计，各基层政府需要因地制宜，精准施策，以农业产业现代化发展为基础和原动力，强化基层服务重心下沉，通过健全基层服务体系建设，增强基层为民服务能力，优化基层公共服务供给格局，为优化农业产业体系创造良好条件与提供兜底保障。

（一）健全基层服务体系建设

健全基层服务体系建设，需要把促进乡村经济发展、保障农村和谐稳定、全力改善农村民生作为根本目的，通过建立党建引领、政府负责、社会协同、公众参与的基层组织体系，构建以基层党组织为领导、基层政务服务为核心、村民自治组织为基础的基层服务体系，为乡村产业发展与基层经济腾飞提供全方位服务保障。

一是基层党建体系全面加强。基层党组织是党开展工作的基石，是农业产业发展的重要力量和根本保障。近年来，基层党组织建设体系不断加强，通过"一肩挑"（即党的书记兼任村委会主任）；"二人转"（即一个村庄两个书记，驻村第一书记长效机制）；"三合一"（即村党组织、自治组织、经济组织主要负责人由同一人担任）等制度设计，[1] 加强以党组织为领导的基层组织建设。

首先，基层党组织建设全面覆盖。基层党建工作的开展过程也是提升党在农业农村现代化与农业产业发展过程中影响力的过程，为基层治

---

① 赵树凯：《乡村治理的百年探索：理念与体系》，《山东大学学报》（哲学社会科学版）2021 年第 4 期。

理固本之策。目前乡村党组织在不断健全的基础上，党的基层组织体系建设不断延伸拓展，做到全面覆盖。通过党组织班子优化工程和骨干集聚工程，充分发挥基层党组织的引领示范作用，带领农民积极参与农业科技培训以及地方特色产业创建发展，心往一处想、劲往一处使，汇聚成农业产业发展的强大合力。

其次，持续驻村第一书记帮扶机制。第一书记驻村帮扶机制，既提升了基层党组织的治理能力，也实现了国家治理任务与基层各项制度安排的有效衔接。[①] 第一书记制度并不是短期设计，而是为实现乡村振兴实施的长期制度设计，是国家为了加强农村基层治理作出的制度安排。第一书记帮扶机制让政治优势转变成为乡村发展的动力优势，有利于引入各类社会资源，对村庄内的各种农业资源进行资源再造。通过帮扶，使其由外部"输血式"扶持，成长为自我"造血式"发展。[②]

最后，党建引领农业产业发展。优化农业产业体系，推动农业农村现代化发展，需要基层党建的引领。基层政府需要因地制宜、大胆创新，开展党建与农业产业发展的联动机制，形成"党建＋农业产业""党建＋乡村旅游""党建＋产业扶贫""党建＋乡村治理""党建＋合作社"等多种模式，将党组织建立在农业产业链上，探索农业产业发展新道路，结合当地的区位特点和文化特色，将农村党员作为"党建＋农业产业发展"的"红色火种"，造就一批农业产业发展的引航者和脱贫致富的带头人，从而改善农村落后的面貌。[③]

二是政务服务下沉到乡镇和村。长期以来基层公共服务痛点多，基层群众办事找"专窗"和"门"多、"窗"多、"跑腿"多的现象困扰已久。如何彻底解决农村基层公共服务"最后一公里"难题，需要从"少跑路的家门口服务"开始。近几年市、县级政府将乡镇和村等基层组织可以处理的各类事项通过依法下放，全面下沉到基层，充分发挥乡镇和

① 唐兴霖、李文军：《嵌入性制度供给：第一书记帮扶农村基层党组织建设的行动逻辑》，《行政论坛》2021 年第 4 期。

② 曲延春：《这支队伍为何不能撤：第一书记制度的逻辑理路与优化对策》，《行政论坛》2021 年第 4 期。

③ 王西琴、陈秋红：《红色火种——湖南省永州市"党建＋产业技术扶贫"实践》，人民出版社 2020 年版，第 17 页。

村庄服务农业农村和农民的作用，打造"多部门事项一窗综合受理、集成服务"的集约型政务大厅，以"马上办、网上办、一次办"为抓手，回应基层高效需求，形成极简服务模式，基层政务服务迈上一个新的发展台阶。

首先，加强乡镇和村公共服务职能。政务服务下沉到基层，需要加强乡镇和村公共服务职能，"放管服"改革进一步向基层延伸，整合基层服务平台，发挥好乡镇服务乡村的作用。如浙江采取"网格化管理、组团式服务"，重点围绕与农业生产发展、群众生活密切相关的高频事项，加强县、乡镇、村三级联动，逐步打通审批层级，通过直接办、代理办、指导办等服务分类，最大限度地向乡镇和村庄放权，推动资源向村（社区）配置。让群众办事不出村，基层服务更贴心，进一步拉近了干群关系；持续推动公共服务机制下延，架起了基层公共服务的"连心桥"，探索出新时代基层公共服务职能优化的有效路径。①

其次，优化乡镇政府公共服务流程。我国为典型的科层制结构，基层政府需要对接上级各项政府下达的文件、命令以及通知等，从产业经济发展到民生保障，从各类公共产品到公共服务，事项庞杂且繁多，有时候难以应付，基层群众反映的基层公共服务等待久、多窗跑、跑多次的"症结"难以破解。目前很多基层政府通过"一窗式受理""一台式导办""一站式服务""全程帮代办"等方式，优化了公共服务流程，改善了投资环境，促进了农业产业扩展和农村经济发展。如许多基层政府开展"一门式、一网式"服务，通过公共服务重心下移，把基层公共服务的"大门"开在了老百姓的"家门口"。

最后，加大乡镇基本公共服务投入。大力促推乡镇政务服务中心建设，引导公共服务下沉到基层。如长沙县的政务服务重心不断"下沉"到镇街。早在 2005 年，开慧镇、黄兴镇率先建立了乡镇政务服务中心。2006 年，乡镇政务服务中心建设进入全面展开阶段，县政府将乡镇政务服务中心建设纳入年度目标考核中。2007 年全县 20 个镇街建成了乡镇政务服务中心，促进了乡镇政府职能转变，提升了村务公开工作水平。目

---

① 郁建兴等：《"最多跑一次"改革：浙江经验　中国方案》，中国人民大学出版社 2019年版，第 109 页。

前，在数字治理时代到来之际，乡镇需要构建大数据服务平台，打破行政界限、信息孤岛，将农村涉及的各项事务电子化、掌上化，让基层政务服务从条块化、碎片化服务向跨部门、综合化服务转变，打通基层乡镇治理落地的"最后一公里"。

三是充分发挥村民自治的作用。基层政府在贯彻各项政府政策和提供各项公共服务时，需要充分调动村民自治的积极作用，创造性地提出让村民共同参与讨论，探索形成"新乡贤参与乡村治理""村务监督委员会""积分制管理"等多种形态村民自治模式，实现基层自我服务、自我监督、自我管理，体现基层的治理智慧。

首先，新乡贤参与乡村治理。乡贤文化蕴含中华儒家文化与农耕文化的时代价值，属于中华优秀传统文化。要创造条件，充分发挥企业家、返乡精英、老党员等新型乡贤在农村基层治理中的作用。新乡贤对自己的家乡有一种天然的情结，愿意为自己家乡的发展贡献力量。在镇、村两级党组织的指导和监督下，可以采取"党建带动、乡贤互动"的方式，积极组织乡贤献计献策，促力乡村产业发展。鼓励与支持新乡贤开展多种多样的志愿服务活动，与村"两委"形成有益补充。

其次，成立村务监督委员会。村级监督是完善国家监督体系的"最大一块短板"，村级治理是国家治理的"最后一公里"。然而在实地调研中发现，村级监督文化环境问题突出表现为自治参与不足、法治观念淡薄、德治传统式微。村民参与民主监督缺乏自主性和自觉性，一般情况下大多数村民都是"被别人拉去参与监督活动"，村务监督活动"激不起、活不起、热不起"，村民普遍反映"至亲熟友求和气，乡里乡亲难监督"。成立村务监督委员会，充分挖掘村落文化中的民主监督元素，强化村民自治监督，村里的事让村民监督。如湖南省通道县利用"侗族三宝"的"鼓楼言事"形式，三年里收集群众 260 多条议政建言，就是一种群众喜闻乐见的民主自治监督形式。

最后，推行积分制管理。积分制管理是基层党组织结合上级文件创造性提出的自治管理办法，从传统的"各人自扫门前雪"，改为多主体之间的协商联动，循序渐进地提升、发展当地乡风和环境，走可协调、可持续发展的乡村治理道路。长久以来劳动力外流、人口老龄化、思想观念落后使乡村自治组织陷入空心老化、等待扶持、组织封闭、活动形式化的治理困境。如何解决基层组织涣散治理困境，积分制管理提高了村民的参与度，在村庄事务协商决策方面发挥了很大的作用。如湖南省黄田村在全村实行积分制管理，通过积分（加分和扣分）对党员的行为进行量化考核，并辅以激励和惩罚机制，从而激发党员的参与积极性，以党建带群建，合力促创建，把"涣散村"建设成为坚强有力、充满活力的"振兴村"。

（二）增强基层为民服务能力

农村基层是党和国家政权的基石，如何结合基层实际为人民群众提供精准有效的服务，是基层政府正在积极探索的问题。目前，在新形势下，农业农村工作环境复杂多变，需要懂农村政策、理解农村实际、把农民当朋友的基层干部，通过改善基层政策执行能力、提升基层智慧治理能力、加强基层治理队伍建设等方式来增强基层为民服务能力，以提升基层服务效能，推进基层治理能力现代化。

一是改善基层政策执行能力。基层政府处于基层公共服务的最前端，主要承担执行性工作。每年我国现代农业政策颁布不少，但具体执行效果却不尽如人意。政策执行是一个复杂的过程，中央惠农政策通过省、市、县、乡镇、村庄层层下达，村委会再自下而上层层报名单进行审核，文本形式的政策在落实与执行中会出现各种差异，导致很多老百姓认为基层政策执行是"把好经念歪了"，并形成了"中央是恩人、乡里是恶人"的差序政治信任格局。因此，基层政策执行能力提升是关键。

一方面，提升基层政策执行透明度。在实地调研走访中，发现目前基层民众最为关心的是各项惠农政策。随着农民素质的提高，平常习惯观看新闻联播以及读书看报，辅之新媒体传播速度的加快，很多农民觉得中央对农政策形势一片大好，但到了基层却没有落到任何实处。然而实际上农民通过大众媒体所了解的只是中央的政策文本，从中央政策到基层实践这一过程还非常复杂及漫长。因此，基层政府要努力运用各种现代化手段以及各种传播工具，全方位宣传农业政策，有哪些惠农政策，申请流程等等事项公开透明，解决基层政府和农民之间信息不对称的问题，从而保证惠农政策效果落到实处。

另一方面，完善基层政策执行方式。基层政府作为政策执行的贯彻者和实施者，扮演着国家顶层设计如何在基层落地开花的"桥梁"。但缘何相同的政策，在不同的基层地区其执行结果却千差万别？关键在于完善基层政策执行方式，提升基层政策执行质量。实践是检验真理的唯一标准。基层的实际状况复杂多变，政策执行不能简单地"一刀切"，既要把握好中央和上级政府的政策思路和精神实质，又要能实现本区域的发展目标，真真切切地推动农业产业发展和农村经济腾飞。

二是提升基层智慧治理能力。目前我们已经进入大数据时代，数字革命、数字政府、数字治理正引领着整个社会的转型。大数据是相对于前期的小数据而言，特指在信息化技术时代下，大量的数据呈井喷式发展，数据获取的便利性和快捷化将改变原有的治理理念，为基层智慧治理能力的提升奠定了思想基础。

一方面，做好智慧农村规划战略。智慧工程作为云计算、5G 通信技术、移动互联网、人工智能等信息技术进一步融合而成的信息工程，是实现经济转型和可持续发展的重要手段。目前智慧城市已经渐渐发展成熟，数字城管、税务 E 通、智慧医院等都在成熟应用中。如何从智慧城市走向智慧农村，需要基层政府统筹推进农业农村信息化建设，适应农村的产业特性和公共管理的需要，做好智慧农村基础设施、系统平台和终端建设的规划战略，推动农村基层管理智慧高效，为农村基层治理提供高效、便民的服务模式。

另一方面，进行智慧示范村镇重点建设。实施"互联网＋基层治理"行动，通过智慧政务修筑政府与农民交流的渠道，实现高效服务、互动参与的管理平台。特别是在条件较好、需求旺盛的农村地区建设标杆，因地制宜，以点带面，以优势农业产业带动弱势农业产业，发挥标杆的辐射带动作用，促进各基层地区提高农民的信息化意识，通过大量民生App 应用打造"服务便农、产业惠农、信息富农"的智慧示范村镇，实现政府与农民、产业与市场的信息沟通和信息互动，让村民可以享受数字化时代带来的便捷式公共服务。当然在智慧农村发展中，依据农村地区的实际情况，也需要适当保留必要的线下办事渠道，以方便群众的不时之需。

三是加强基层治理队伍建设。中央的各项惠农政策自上而下通过基层政府到达村民，各项公共服务不断向基层下沉。农村基层干部在贯彻执行各项路线、方针、政策以及促进农村和谐发展等方面承担着中流砥柱的作用。基层干部是离群众最近的基层工作骨干力量，这就需要培养一批贴近群众、了解群众基层治理的工作队伍。

一方面，选优配强基层干部队伍。基层干部，经常需要深入田间地头与村头巷尾走访调研，被人称为"泥腿子"干部。在纷繁复杂的基层事务中，基层干部们披星戴月，脚下踩泥土，身上沾露水已成为常态，再加之各种基层政务 App 与基层服务微信群等各种填表格、核数据等"指尖上的工作任务"①，导致近几年基层干部队伍流失状况比较严重。因此，选优配强基层干部队伍，构建一个良好的人才交流循环平台，形成基层干部良性激励机制。俗话说，村看村户看户，群众看干部。只有热爱基层、有事业心与责任感的基层干部，才能下得去、干得好。

另一方面，探索建立基层干部培训制度。基层干部是未来乡村振兴的骨干力量，既要承接上级各项任务，又要服务好基层百姓；既要发展地方经济，又要面临各项指标考核。基层工作不能光是"苦"和"累"，还要有激情和盼头，以及上升的渠道。探索建立基层干部培训制度，有计划地选拔有发展潜力的优秀干部参与基层干部轮训，建好用好农村基层干部培训基地，避免"为培训而培训"以及"走过场"心态，增强基层干部培训的科学性和有效性，通过培训全面提升基层干部素质，让基层干部蓄积干事的知识和激情。

（三）优化基层公共服务供给格局

2021 年中央一号文件提出，提升县域内城乡融合发展。以县域为基础，加强城乡资源要素流动，全面统筹县域基层公共服务、公共产品供给、城镇乡村配套发展等城乡融合空间布局，通过创新基层公共服务供给方式、建立城乡公共服务资源均衡配置机制、健全基层公共服务需求表达和反馈机制，打造从县城市、重点镇到中心村一体化乡村公共服务格局，促进城乡要素自由流动，优化基层公共服务供给格局。

一是创新基层公共服务供给方式。公共服务是政府合法性基础，加强农村基本公共服务供给是政府重要的合法性基础之一。由于各种历史和现实的原因，中国基本公共服务供给城乡之间发展不平衡，农村在文

---

① 贺雪峰：《基层体制过度消耗透支未来治理资源》，《社会科学报》2021 年 4 月 15 日第 3 版。

化教育、医疗保障等方面与城市相比差距较大，农民无法共享与市民同等的基本公共服务，需要从农村公共服务供给侧结构性改革的视角来创新农村基层公共服务供给方式。

一方面，建立基层公共服务多元供给机制。随着农村生活水平的不断提升，农民对农村基本公共服务的需求与日俱增。目前我国基层公共产品与公共服务供给存在的问题尚多，其中最突出的问题就是"基层公共服务由谁来供给更有效？"长久以来，基层公共服务供给为政府垄断的单中心模式，难以满足基层多元化服务需求。因此，提升农村基层公共服务供给的重点在于供给模式创新，建立基层公共服务多元供给机制，鼓励企业、社会组织、非营利机构等多元力量参与农村公共产品供给，带动社会资本向农村基层公共服务投资，引导社会资本开发公共服务项目。①

另一方面，加大基层政府购买服务力度。近年来，中央多次发布"一号文件"，积极引导市场资金在农村兴办各类公共事业，鼓励社会资本参与建设农村基础设施，可采取政府购买服务、政府与市场合作等方式，将适合社会兴办的农村基层公共服务交由市场承担。这样通过加大基层政府购买服务力度，政府提供基层公共服务供给资金，加强基层购买服务公共平台建设，并以"服务外包"和"购买服务"等市场交易方式组织农村基层公共服务，由花钱养人向花钱办事转变。②

二是建立城乡公共服务资源均衡配置机制。重农固本是安民之基、治国之要，多措并举提升农村基本公共服务水平，让农民能够获得与城市居民均等化公共服务的机会，以全面推进乡村振兴为契机，基层公共服务资源适当向乡村倾斜，促进乡村宜居宜业，为全社会成员获得基本公共服务创造更好条件。

一方面，推进城乡基本公共服务均等化。从统筹城乡发展、城乡互促发展，到城乡一体化发展、城乡融合发展，总之如何缩小城乡之间的

---

① 李燕凌、王健、彭媛媛：《双层多方博弈视角下农村公共产品多元合作机制研究——基于 5 省 93 个样本村调查的实证分析》，《农业经济问题》2017 年第 6 期。

② 李燕凌：《农村公共产品供给侧结构性改革：模式选择与绩效提升——基于 5 省 93 个样本村调查的实证分析》，《管理世界》2016 年第 11 期。

差距，我们一直在努力。虽然经过这么多年城乡融合发展，但城乡要素流动不顺畅等问题一直存在。因此，国家提出把县域作为城乡融合发展的重点，全力破解长期以来城乡分割的机制困境，县乡村三级基本公共服务逐步实现标准一致、制度接轨，让城乡之间要素可以自由流动，实现基本公共服务全覆盖。

另一方面，加大农村基本公共服务投入。其一，大力办好农村教育事业。近年来特别是从新农村建设开始，农村教育有了很大改善，但在教育经费使用和管理、基础教育设施设备、乡村教师人才培育等方面还需要加大投入。其二，健全农村社会保障体系。由于历史原因，现行社会保障体系还未能全面覆盖农村居民，如农村妇女生育保险、老年人福利事业、留守儿童关爱服务等滞后于农村居民的需要。其三，繁荣发展农村文化。由于缺乏文化精神生活，很多村庄的娱乐生活就是打麻将和打牌，创新实施文化惠民工程等活动，让农民收起麻将桌，跳起广场舞，开始追求"文化生活"。

三是健全基层公共服务需求表达和反馈机制。随着农村经济发展水平不断提升，农民对优质公共服务和公共产品的需求也越来越强烈。然而，由于我国农村基层公共服务历史欠账太多，虽然农村基层公共服务供给不断加大，但仍有巨大需求空间。健全基层公共服务需求表达和反馈机制，及时收集农民对基层公共服务需求信息，通过"群众点菜"，政府在提供公共服务时"照单下菜"，改善农村基层公共服务供需结构，提升农村基层公共服务供给综合绩效。

一方面，畅通基层公共服务需求表达渠道。农民是农村基层公共服务消费的主体，他们的需求点才是农村基层公共服务的供给点。然而，地方决策者由于政绩、考核等相关因素，往往会热衷于投资看得见摸得着的硬件产品，而非根据农民的需求来提供公共服务。畅通基层公共服务表达渠道，推行重大事项听证制度，建立反映情况和建议的"直通车"，让基层公共服务供给结构性失衡状况得到扭转，农村基层公共服务供给以满足农民需求为主。

另一方面，提升基层公共服务供给综合绩效。目前政府、市场、社会、农民等多种农村基层公共服务供给主体共同协作，但各个主体各有自己的利益诉求。这就需要统筹兼顾多元利益，充分考虑农村基层公共服务供给目标的阶段性和层次性要求，探索构建"政府引领、市场主导、社会辅助、农民参与"的多中心供给模式，形成各利益主体相互协同的供给环境，实现农村基层公共服务供给生产性绩效和社会性效益的综合绩效最大化。

第三节　优化农业产业体系的基层案例剖析

随着现代农业产业发展的革旧鼎新，现代农业产业体系不断拓展，纵向上围绕产前、产中、产后等拓展产业链，横向上围绕农业的多功能开发延伸价值链，空间上围绕农业支撑服务产业等进行三产融合打造融合链，从而使农业产业实现纵向拓展、横向延伸以及空间发展，形成了多层次、复合型的产业体系。本节内容通过对长沙县农业产业集群三元驱动发展之路、纳雍滚山鸡农产品品牌锻造之路、"党建＋"协同治理带动产业振兴之路等农业产业发展的基层案例进行剖析，以期为其他基层政府现代农业产业发展提供借鉴与参考。

一　长沙县农业产业集群三元驱动发展之路

2021 年中央一号文件明确提出，构建现代农业产业体系，促进乡村产业振兴发展。通过强化示范引领，建设农业现代化示范区，形成农业产业区域集群，促进农业可持续发展。① 针对弱质的农业、弱势的农民和落后的农村，目前的中国特色农业产业化发展进程主要以"工业反哺农业、城市支持农村"为总体政策方针，通过不断增加财政支农资金的数量，积极发挥政府的主导作用，在国家干预下通过行政力量推动现代农业产业化发展。然而，单线性行政推动的农业产业化发展还只是万里长征踏出了第一步，仅仅撬动了农业产业的起步阶段，随着农业产业集群不断发展，如何解决农业产业集群发展动态适应性不足，避免农业产业集群发展的风险与衰退，最终实现农业产业集群的内生良性可持续增长，是我们急需探索的重要议题。

产业发展是一个动态的周而复始的循环过程，单靠政府以财政资金

---

① 中共中央国务院：《中共中央国务院关于全面推进乡村振兴加快农业农村现代化的意见》，人民出版社 2021 年版，第 8 页。

直接投入产业发展和行政手段直接介入只是从外部对农业产业发展产生推动力，只能产生短期昙花一现的经济效应，农业产业长期可持续发展需要考虑到政府、经济、生态三元因素，通过三元驱动农村产业融合和产业集群发展，如此才能实现农业产业发展"气血充盈"，真正由"输血式"向"造血式"产业发展。长沙县位于湖南省东部偏北，全县总面积1756平方公里，常住人口89.75万人。长沙县现代农业示范区通过政府、经济、生态三元驱动发展模式，统筹兼顾政府、经济、生态三因素，为农业产业集群发展"活血强骨健体"，畅通农业产业集群发展不同阶段之间的动态循环，实现农业产业发展的动态均衡，持续发挥了农业产业集群发展助推乡村振兴的作用。

（一）长沙县现代农业示范区政府因素

1. 宏观政策机会：国家"三农"政策高度支持

政策机会指公共政策对有关产业的发展扶持的力度和程度，一般以公共政策出台的层级、政策明确程度等为界定依据。民族要复兴，乡村必振兴。党中央国务院每年颁布中央一号文件对农业产业发展提供政策方向和指导。通过对2012—2021年近十年的中央一号文件进行梳理，我们发现从2012年开始推进农业产业区域化布局、2013年以奖代补支持现代农业示范区、2014年提出支持构建现代农业产业体系、2015年强调乡村三产融合发展、2016年政策引导形成优势产业集群、2017年建设"生产＋加工＋科技"的现代农业产业园、2018年强调农业多功能拓展、2019年提出发展乡村特色产业、2020年全力构建农业全产业链、2021年建设优势特色农业产业集群等，中共中央长期对农业产业发展加强规划和政策引导，支持各基层地区打造具有特色优势的农业全产业链，形成有竞争力的农业优势特色产业集群。

2. 基层政策规划：加强政策扶持，精确引导产业发展

基层政策规划对农业产业集群成长具有显著影响作用，扶持、促进和规制政策组合使用对产业集群发展起到了关键作用。长沙县农业人口占全县的80%，但财政收入70%来自工业，产业结构与人口类型严重失衡。早在2008年年底，长沙县委、县政府提出"南工北农"的发展理念，重点扶持北部乡镇发展农业。长沙县政府利用扶持、促进和规制等三种工具性政策促进农业产业集群发展有关目标的实行。首先，长沙县

通过颁布县委一号文件等地区发展规划来扶持农业产业发展。如：落实"城郊型现代农业"的基本定位，合理规划产业布局，促进以城带乡、以工哺农的发展格局的形成等。其次，长沙县通过优化农业人力资源结构来促进现代农业产业发展。进行优秀农业人才引进计划，为农业产业现代化发展储备优质人力资源，对有关农业人口进行技术培训，为农业产业发展提供先进劳动力。再次，长沙县通过对污染产业的规制和绿色产业的扶持，促进农业产业转型升级。充分挖掘全域乡村旅游资源，北部乡镇良好的生态环境资源得以有效开发，绿色旅游产业蓬勃发展。因此，"南工北农"的理念不仅促进了现代农业的发展，而且让农业"接二连三"真正做到三产融合发展，促进了农业产业发展的大贯通与大整合。

3. 政府服务能力：提高政务服务水平，营造良好的发展环境

在农业产业集群的过程中，政府需要根据市场规律建立良好的政策环境，提高政务服务水平，解决农业产业发展现代要素缺乏等瓶颈问题。长沙县通过农村基层综合公共服务平台的建设，有效解决了农业产业集群发展过程中的瓶颈难题。长沙县建设了县镇乡三级政务中心服务平台，将政务服务从县政务服务中心延伸到乡镇和村，解决了公共服务孤岛问题，完善了政务服务体系，解决了农村服务群众"最后一公里"问题，同时降低了经济发展过程中的制度性成本，为促推农业产业化发展保驾护航。首先，县政务服务中心通过设立审批服务科等方式对相关部门的审批职能整合，使公共服务流程标准化和高效化，为农业产业化发展提供优质服务。其次，乡镇（街道）政务服务中心，实行一次告知制度、责任追究制度、全员考核制度等，通过"一站式"办公与"一条龙"服务，提升农村地区服务和管理品牌，推动农业产业化持续健康发展。目前长沙县18个乡镇（街道）全部建设了标准化的乡镇政务服务中心，为农业产业发展提供全方位的公共服务，服务内容包括农林水、工商、司法综合、社会保障服务、综合服务等事项。最后，村（社区）便民服务站，严格执行"一站式"服务平台日常值班和服务承诺公开制度，同时通过党建引领等形式，全面提升村级便民服务的整体水平。

（二）长沙县现代农业示范区经济因素

1. 生产要素：发挥区域资源禀赋，优化产业布局

波特认为，由于地理接近性可以使集群的生产率和创新利益进一步

放大，因此集群通常发生在集中的地理区域。① 长沙县坚持"城郊型现代农业"的基本定位，按照"南工北农""强南富北"的战略布局，把"建设一心、整合两片、打造三带、提升两廊"作为农业产业发展的推进重点，充分发挥区域资源禀赋，合理规划农业产业发展，谋定了轻重主次，优化了产业布局。"一心"即一个核心。指位于春华镇的长沙县现代农业成果展示园区，主要建设内容包括有机农产品认证中心、现代农业走廊、农博会展中心区等，建设可持续的现代农业产业创新示范智慧园区。"一区八园"即根据区域优势产业，以国家现代农业示范区为载体，在捞刀河以北区域重点打造 8 个功能明确、特色彰显、关联度高、聚集度强，具有一定带动性和辐射力的现代农业特色产业园。"三带两片"即以贯穿县域南北的三条主干道为带，按照生态优美、生活甜美、社会和美的目标要求，将"三带"建成各具特色的现代农业产业示范带、环境整治集中带、美丽乡村风光带；以南部的浏阳河和北部的金开线为主轴，打造南北两个乡村休闲旅游示范片区。

2. 需求条件：市场需求大，促进农业产业发展

需求条件即国内和国际市场的需求，是农业产业集群发展的动力，直接影响了农业产业的集聚程度和发展前景。长沙县临近长沙市区，地铁等均已通达，同时境内有长沙黄花国际机场，以及多条高铁高速线路，交通条件便利，为国内和国际市场的需求开发提供了交通保障。随着老百姓生活质量的跃升，有机蔬菜等生态农产品需求量巨大，同时对乡村休闲旅游业需求不断增加，生态旅游的需求旺盛。长沙县凭借交通和区位的优势条件，重点发展茶叶和水果等优势农业产业。以茶叶产业为例，在"大投入，大产出；大企业，大产业；大市场，大品牌"思路的指导下，全县茶叶相关产业收入居全国首位。除了生态有机农产品需求增长迅速外，乡村旅游业的需求也快速增长。以长沙县旅游业发展为例，2018—2020 年分别接待了 1300 万人次、1456 万人次、1800 万人次，旅游产值为 140 亿元、160.4亿元和 170 亿元，其大多数产值来自乡村旅游消费。从这三年的旅游业发展趋势来看，旅游人数增长迅速，对生态旅游业需求不断增加。

---

① Porter M E, "Location, Competition, and Economic Development: Local Clusters in a Global Economy," *Economic Development Quarterly*, No. 14, 2000, pp. 15 – 34.

3. 相关支持产业：多业并举，农业产业集群发展

20 世纪末，波特曾经在《国家竞争力》一书中提出一个国家或地区的产业竞争力是由地理上不起眼分布的"马赛克"决定的。[①] "马赛克"即指产业集聚效应下形成的各具优势产业的小镇。因此，特色小镇建设成为国家当前推动乡村振兴与促进"三产融合"发展的新探索。[②] 经过几年的培养和调整，长沙县形成以优质稻、茶叶、绿色蔬菜、时鲜瓜果、生态养殖、观赏植物、乡村旅游、现代农业流通等八大基础农业为主的产业体系。长沙县根据"南工北农"的产业布局，农业产业发展重点集中在北部 10 个镇，将各镇的农业产业发展进行了定位，与当地优势区位相结合确定每个镇重点发展的农业产业，形成了"一镇一业"的产业聚集发展模式（见表 3 – 1）。

表 3 – 1　　　　长沙县乡镇农业产业发展定位与重点发展产业

序号	乡镇	功能定位	重点发展产业
1	金井镇	名茶特色及生态有机小镇	茶叶种植、加工、茶叶博览休闲等茶产业及高效生态有机农业
2	高桥镇	现代农业科技示范城	农业科技研发及成果示范
3	路口镇	温泉小镇	温泉养生度假及蔬菜产业
4	春华镇	城郊现代农业小镇及城市菜园	农业成果集成及会展休闲旅游、蔬菜及优质稻种植
5	开慧镇	田园度假及小水果产业小镇	生态田园度假、时鲜瓜果种植
6	青山铺	葡萄庄园小镇	葡萄种植、酿酒及休闲农业观光
7	北山镇	绿色生态小镇	无公害蔬菜、小水果、优质稻等高效农业
8	果园镇	农业休闲生态示范小镇	近郊综合休闲旅游观光
9	安沙镇	农产品物流中心	农产品物流基地
10	福临镇	森林公园小镇	影珠山森林公园特色旅游产业、生态养殖产业

资料来源：长沙县现代农业示范区管理委员会。

① Porter E M, *The Competitive Advantage of Nations*, New York：Free Press, 1990.
② 陆佩、章锦河、王昶、赵琳：《中国特色小镇的类型划分与空间分布特征》，《经济地理》2020 年第 3 期。

长沙县根据各个乡镇结合自身区域的主导产业，打造了一批具有品牌特色的农业产业发展乡镇。目前长沙县共形成四类特色小镇，一是以金井、开慧为重点，通过文化、资源、产业品牌开发，打造全国样板名镇。二是以高桥、路口、春华为重点，通过推进食用菌加工产业园、湖南现代农业科学城等现代农业产业项目，培植现代农业强镇。三是以安沙、黄兴为重点，以建设安沙国际物流园、黄兴市场群为契机，打造区域物流中心，做强农产品商贸物流重镇。四是以板仓小镇、茶乡小镇、浔龙河小镇、麻林温泉小镇、影珠山森林公园为重点，通过对农村旅游资源的开发，塑造乡村旅游精品小镇。通过融合当地特色产业，建设特色产业园区和特色小镇等方式，多业并举，农业产业集群发展实现产城融合和一二三产联动发展，拓展了本地特色的农业产业发展空间。①

4. 企业战略：集中规划，培育优势特色产业

长沙县通过对企业发展战略的集中引导和规划，培育农业龙头企业标准"领跑者"，发展农业优势特色产业。一是培育农业企业和基地建设。通过相关强农政策倾斜和惠农政策补贴，积极培育龙头企业发展，推动新型多元农业经营主体按标生产，目前全县有国家级、省级、市级龙头企业达百多家，引领和带动当地农业产业发展。二是探索现代农庄产业样态。长沙县在实践中探索出了现代农庄这样一种新的组织形式和新的产业样态，现代农庄集生态休闲、旅游观光、亲子体验、自然科普、农耕文化交汇融合，吸引了大批客户。三是发展农民专业合作社与家庭农场。长沙县紧紧围绕农业主导产业，大力发展农民专业合作社和家庭农场，涌现出了蔬菜村、花卉苗木村、食用菌村、农家乐休闲村等多个专业村。四是建设农村创客平台。通过各项优惠政策吸引创客主体进驻农村，将现代农业功能区建成创新活跃、就业充分、富足安居的农村创客洼地。

（三）长沙县现代农业示范区生态因素

1. 资源承载力：划定开发红线，合理开发资源

资源承载力是指在一定区域内各种自然资源开发的最大程度，可概括为土地、水源和森林等资源的最大开发程度。长沙县在土地、水源和

---

① 李二玲、魏莉霞：《衍生、集群形成与乡村空间重构——以河南省兰考县民族乐器产业集群为例》，《经济地理》2019 年第 6 期。

森林等资源方面较丰富。在土地资源方面，长沙县全县面积 1756 平方千米，其中 2019 年年末耕地面积为 76.5 万亩，与 2018 年面积持平。在水资源方面，长沙县河流众多，水资源丰富，其中浏阳河过境长沙县的多年平均水资源总量约 25.71 亿立方米，地下水资源量 3.23 亿立方米。在森林资源方面，城镇建成区绿化覆盖率达 40%，森林覆盖率为 49.8%。长沙县自然资源丰富，在对自然资源进行开发时，通过多种方式划定开发红线，合理开发资源。一方面通过加大环境建设的投入，做到开发和环境修复相平衡，另一方面通过行政等手段督查资源开发，由县政府领导主持环保督察制度，保护自然生态环境。

2. 环境容量：构建生态平衡，维持生态良性循环

环境容量是指在维系良好生态系统前提下，一定地域空间可以承载的最大资源开发强度以及可以提供的生态系统服务能力。① 长沙县高度重视生态环境建设，积极投入有关方面资金，构建生态和产业发展平衡机制，维持生态良性循环。近年来，从 2011 年到 2019 年，节能环保支出逐年递增（见图 3-3）。同时，长沙县通过建设土地用途调整等措施，有序退出不合理的生态容量占有，使环境容量保持在合理区间。如安沙镇就明确支持生

图 3-3 生态环境治理费用有关数据统计

资料数据来源：2011—2019 年长沙县国民经济与社会发展年鉴。

---

① 高爽、董雅文、张磊、蒋晓威、叶懿安、陈佳佳：《基于资源环境承载力的国家级新区空间开发管控研究》，《生态学报》2019 年第 24 期。

态用地的原则，退还自然生态用地的政策方针。除此之外，通过对生态环境的有机开发，达到提高环境容量与经济、社会效益的有机结合。长沙县发展有机农业和宜居环境建设，对松雅湖等自然湖泊资源以生态公园等形式进行开发，在生态良性循环中提高了经济与社会效益。

（四）长沙县农业产业集群三元驱动发展模式

通过对长沙县现代农业示范区进行分析，我们发现在农业产业集群的发展过程中，从政府、经济、生态三因素出发，分阶段、分要素和分类型精准精确采取措施，形成农业产业集群三元驱动发展模式（见图3-4），畅通了农业产业经济循环。首先，在农业产业集群发展的初始阶段，产业难以凭借自身条件形成产业集群，政府是推动农业产业集群的主导因素，长沙县政府通过制定产业规划、产业发展计划和产业扶持计划等，通过政策力量引导农业产业的初步集聚，为农业产业发展奠定产业基础。其次，当农业产业集群发展到中期阶段，产业集聚的产业条件，如产业的种类、产业的分布区域和产业的产业链已经初步具备，经济发展的目标由之前的产业集群构建变为激发产业集群内部企业的活力，提高产业经济的发展效率，经济因素成为主导因素，长沙县农业产业充分开发经济潜力，积极做到各经济要素之间的有机结合。最后，农业产业

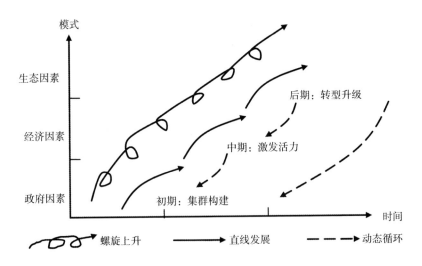

图3-4 农业产业集群三元驱动发展模式

集群发展成熟阶段，长沙县在对全县的自然资源进行全面测量的基础上，通过政府规制等方式，划定了资源开发的红线，合理开发自然资源。除此之外，长沙县政府通过逐年提升在生态环境治理领域的资金投入，降低对生态容量的占用，构建生态平衡，维持生态良性循环。长沙县适应不同发展阶段的发展要求，对农业产业集群进行转型升级，实现农业产业集群的动态循环，促进了农业产业集群高质量与可持续性发展。

现代农业示范区是在一定区域范围内，围绕主导优势产业或特色农业，以技术密集为主要特点，运用现代化经营管理理念，集生产、加工、科研、销售、服务于一体的现代农业生产经营区，既是现代农业的展示窗口，积极推进了农业产业化经营，也是农业信息化、科技开发的博览园，成为发展现代农业的强力引擎。目前通过强化示范引领，建设农业现代化示范区，形成农业产业区域集群发展，是促进农业可持续性发展和加快推进乡村全面振兴的重要举措，如何畅通农业产业发展中存在的结构性"供需梗阻"，需要通过政府、经济、生态三元驱动模式，才能努力实现农业产业发展的动态循环与均衡发展。

二　纳雍滚山鸡农产品品牌锻造之路

乡村产业振兴是实现乡村振兴的关键"牛鼻子"。通过对传统农业改造升级，打造各具特色的农业产业体系，突出农业品牌化，塑造高品质的农业"金字招牌"。农产品品牌一般指农业活动中生产出来的产品，通过包装和打造商标，形成自己特色具有辨识度、区别于其他农产品、被社会中的消费者认可产品品质并且认同其价值的农产品。在市场化经济的今天，品牌是农产品市场经营成败的核心力量。一只初出茅庐的滚山鸡，是如何走出贵州的大山，走进广东的餐桌，直通粤港澳大湾区成为名扬粤港澳大湾区的广式腊鸡？农产品流通存在附加值低、传播度低、销量低的难题，如何进行市场化、标准化、品牌化升级？如何与乡村振兴战略有效衔接，将农业产业各个环节融会贯通，真正实现产业振兴？纳雍滚山鸡的品牌锻造之路为农产品品牌创立提供了经验与借鉴。

（一）纳雍滚山鸡产业的基本情况

纳雍，山川秀丽，气候宜人。自古以来，纯朴、憨厚、善良的纳雍人民一直以养殖和种植为生。为推进"脱贫攻坚"，2016 年，纳雍县按照产业化、规模化、市场化的要求，大力发展生态土鸡养殖，并注册了"滚山鸡"商标。所谓"滚山鸡"，就是在山上草丛中间放养、能够漫山遍野打滚的鸡。"滚山鸡"是由贵州本地优良鸡种乌蒙乌骨鸡和威宁鸡形成的纳雍品牌。纳雍县本着生态优先、绿色发展的理念，在全县范围精心选点，建设了37个生态放养场，每个场生态良好，环境优美，是大自然赐予的一个个天然生态基地。"滚山鸡"呼吸的是新鲜自然空气，吃着五谷杂粮，不被束缚，自由活动、自己觅食、自然生长……"滚山鸡"的原始生活习性和生长规律得到充分尊重。当地老百姓形容："我们'滚山鸡'长期在外跑步，吃着虫草、唱着欢歌、跳着舞蹈。"经过五个年头的精心打造，纳雍滚山鸡养殖产业不断发展壮大，形成了一二三产业融合发展的产业集群。如今，纳雍"滚山鸡"凭借"生态品质"一路"飞"进了粤港澳大湾区，更是"飞"到了全国各地居民的餐桌上。

（二）纳雍滚山鸡品牌创立历程

纳雍滚山鸡生产基地建在纳雍县，"滚山鸡"放养于纳雍省级自然保护区等原生态环境之中。纳雍生产滚山鸡品质在同类产品中具有独特的优势，并且向国家申请了国家地理标志认证、有机食品认证、国家森林食品认证等。2016年，纳雍县土鸡养殖产业开工建设，由纳雍县国有控股公司贵州纳雍源生牧业股份有限公司运作，累计投资数亿元，年屠宰土鸡量可达3000万羽，是贵州省乡村振兴主导产业之一。纳雍滚山鸡在通过完善质量检测和追溯体系后，2020年贵州纳雍源生牧业股份有限公司成功地在粤港澳大湾区签下2.5亿元订单，让纳雍"滚山鸡"飞到了一线城市老百姓家中。

第一，走出山门阶段。如何让高品质纳雍滚山鸡走出大山？纳雍滚山鸡能够走到哪里去？贵州纳雍源生牧业股份有限公司首先将目光瞄准了沿海广东市场。广东地处沿海经济发达地区，广东人素有"无鸡不成宴"的说法，对鸡肉的喜爱程度可见一般，对鸡肉拥有着巨大的消费市场。找准市场后由于受到疫情影响，纳雍滚山鸡难以"走"出大山，如何让优质纳雍滚山鸡走入广大老百姓餐桌成为亟待解决的难题。千转百回之后，乘着消费扶贫的东风，滚山鸡经过广州市扶贫力量的帮助，通过一场场线上直播活动的火热开展，让"滚山鸡"一夜之间成为"网红鸡"。经过线上和线下全渠道销售网络和营销策划，成功让滚山鸡走进了广州市社区、地铁、商超等。"滚山鸡"正式出山，成功在广东市场打响头炮。

第二，从品质走向品牌阶段。纳雍滚山鸡成功打开广东市场的大门之后，一直在探求和思考如何依靠品质形成自己的独特品牌。但是仅凭自身力量创立品牌困难重重，一时之间还难以形成广泛的传播度，难以在短时间内建立消费者口碑。因此贵州纳雍源生牧业股份有限公司寻求与广东本土品牌的合作，通过与传统腊味制作企业——广州市正佳食品有限公司共同合作开发市场需要的产品，在充分调研广东消费者口味偏好的基础上，针对滚山鸡进行产品研发、深度加工、包装设计等一系列市场化、标准化、品牌化的塑造，正式推出了具备浓浓广府风味的腊味产品——"真然德滚山鸡广式腊鸡"。推出之后在广东市场备受消费者好评，成为市场上的爆款。之后乘胜追击，联手贵州省大国工匠企业——贵阳吉品风味食品有限公司，迅速推出真然德滚山鸡风味卤鸡、风味卤蛋、辣子鸡等一系列品牌化产品，实现了从品质走向品牌。

第三，三产融合发展阶段。贵州纳雍"滚山鸡"在三产融合发展过程中，形成了数字农业产业化的闭环，探索出了一条经验独特的产业融合之路。纳雍县"滚山鸡"打造了生态放养、加工、销售、餐饮服务全产业链，在纳雍养鸡产业链上的主要节点中，包括了生态饲料厂、原种扩繁场、育雏场、有机肥加工厂、销售公司、餐饮连锁企业等。在纳雍源生牧业股份有限公司这个龙头的带动下，纳雍建成面积达百亩的育种保种场、原种扩繁场等，此外还有占地50—300亩不等的生态放养场39个，培养了养鸡专业技术队伍90人，育苗、育雏、饲养等第一产业基本上做好了规模化、集约化、专业化的初始准备。2020年通过"龙头企业＋集体经济组织＋贫困户"的利益联结模式，在决战脱贫攻坚伟大胜利期间，有力地推动了当地脱贫攻坚工作的完成。

（三）纳雍滚山鸡品牌锻造经验启示

长期以来，我国农业产业一直处于有产品无品牌的泥潭之中，让农产品的市场价值大打折扣，农业产业也一直深陷"弱势产业"的固定思维模式，难以走出产业发展的超速度。促进农业高质量发展，关键是要把品牌强农作为核心任务，全面提升农业产业的综合效益。如何凸显地区农业品牌金字招牌作用，充分发挥绿色优质品牌优势，全面提升农产品品牌化水平，是当期基层政府正在思考和探索的重要议题。

1. 基层政府加强对农业区域品牌的保护

推动农产品的品牌化是现代农业发展的必然之路。良好的农产品品牌是促进我国农业经济增效和农民就业增收的一个非常重要的方面。区域农产品品牌的产权特点原本就有模糊性和利益共享性，地区内的生产经营者从自身出发，因个体理性的引导，通过"搭便车"享受利益分红。从而引发区域内农业品牌的"公地悲剧"①。农业品牌治理机制的研究中，Morrie（1995）最早提出政府需要保护和支持地理标志品牌，尽力使品牌的积极影响最大化并避免陷阱。②纳雍县基层政府通过立法规定、政策制定、财政拨款等方式来不断助力农产品品牌建设，对农产品品牌建设中的多方主体进行扶持、鼓励，引导农产品品牌化发展。

2. 科学规划乡村特色产业发展

目前党中央国务院的各项顶层设计为乡村产业发展提供了良好的形势和政策，但某些地区急于求成，没有根据本地资源特色进行合理规划与布局，盲目跟风发展乡村产业，并未取得很好的实际效果，结果还严重抑制了农民对发展乡村产业的热情。因此乡村产业发展振兴与农产品品牌锻造，除了政府的资金注入支持和相关配套的政策措施支撑以外，更重要的是根据当地资源禀赋来科学合理地规划，发展适合自己的特色产业。贵州纳雍多山地、亚热带季风气候适合发展山地种植和养殖业，纳雍"滚山鸡"产业，正是根据自身的"资源禀赋"、科学合理的规划布局来发挥自己的产业特色和品牌优势，才有了今天农业产业的发展与农产品品牌的振兴。

3. 以市场为导向的乡村产业品牌塑造

在市场化经济的今天，品牌是农产品市场经营成败的核心力量。纳雍"滚山鸡"产业以市场为导向加强产业品牌建设为农业品牌可持续发展提供了保障。首先，以市场为导向，进行品牌合作共生。乡村产业在

---

① 程杰贤、郑少锋：《农产品区域公用品牌使用农户"搭便车"生产行为研究：集体行动困境与自组织治理》，《农村经济》2018年第2期。

② Morrie S, "The Common Prior Assumption in Economic Theory." *Economics and Philosophy*, No. 11, 1995, pp. 227 – 253.

市场经济竞争中要精准定位市场,纳雍"滚山鸡"通过与广州本地企业合作,通过优势互补、各取所长,帮助乡村产业搭乘高速通道,实现双赢局面。其次,以市场为导向,打造与建设品牌。农产品品牌建设要有顶层设计、系统规划,形成品牌系列产品,才能在激烈的市场竞争中凸显优势,利用品牌效应实现增收。最后,以市场为导向,加强产业之间融合发展。市场环境风云莫测、变化多端,农业品牌要在市场中立稳脚跟,必须加强农业与工业、数字化产业等融合发展,实现各类资源在不同产业间的优化配置,实现乡村产业的可持续发展,才能建立长久的品牌价值。

4. 加强集体经济建设突出农民主体地位

纳雍"滚山鸡"产业发展通过"龙头企业 + 集体经济组织 + 贫困户"实现了全产业链的发展目标,既推动了当地脱贫攻坚工作,又实现了农民增收,形成了双赢局面。在纳雍"滚山鸡"产业发展中,大力发展产业合作社是"滚山鸡"产业成功发展的关键因素,突出了农民参与乡村产业发展的主体地位。一般认为"企业 + 农村集体经济组织 + 农户"是现行条件下乡村产业发展的最优模式,这有利于降低乡村企业的建设成本和企业建设过程中所遇到的阻力,实现企业的可持续发展。农民是乡村振兴发展的主体,大力发展农村集体经济能够更好地避免以个人和家庭承包经营为基础的农业经济的弊端,将农村资源实现有效整合、有效管理,将资金和资源进行有效合理分配,能更好地保证各农户的利益。让广大农民参与到乡村产业发展中来,能激发农民作为主人翁的积极性、获得感与幸福感,更加有利于乡村振兴事业的展开。

三 "党建 +"协同治理带动产业振兴之路

长期以来"治理"主要指协调多元利益主体一起管理公共事务,以完成共同的目标和任务。[①] 在治理实践中,一般分为国家治理和基层治理。在基层治理中,有一类与老百姓切身利益息息相关的农村基层"微治理"工作,如农村劳动力外流、村庄人居环境整治、项目"最后一公里"如何落地、乡村移风易俗、群众日常矛盾化解等,促使治理空间下

---

① 俞可平:《治理与善治》,社会科学文献出版社 2000 年版,第 5 页。

沉和转移，力求把工作落到实处。① 乡村振兴发展，既需要国家顶层设计的宏观政策支持，更需要基层毛细血管的微治理不断改善。湖南省 Y 村在全村实行积分制管理，通过积分分数排名来评比党员的行为，并辅以激励和惩罚机制，从而激励与激活党员参与村庄公共事务管理，以党建带群建，合力促创建，从解决农民群众最关注的问题出发，把过去的"涣散村"建设成了坚强有力、充满活力的"振兴村"，以"党建＋"协同治理带动乡村振兴发展，走出了一条"微"治理带动乡村产业振兴之路。

(一) 刚刚上任的村支书面临基层治理困境

2011 年，龙国平（化名）从部队退伍回来，经过部队的锻炼，学习了党的先进思想，成为一名光荣的党员，并养成了良好的行为习惯，再加上从小就在 Y 村长大的他，熟悉当地风土人情，这次村里换届选举，他被乡亲们推荐并当选村党支部书记一职。刚刚上任的龙书记，先是由村支委的干事带他了解 Y 村的内部环境、工作内容，又向他介绍了其他工作人员，龙书记在心里默默地记下了。在召开村支委换届后第一次会议时，能容纳下所有党员的会议室里只坐了一半的位子，到会的村民们脸上也是满不在乎的表情，龙书记在心中疑惑："我们部队里开会可没有哪次有这么多人缺席过啊，有那么多要请假的吗？"接下来的两周，龙书记听了村支委其他工作人员的工作总结，并亲自处理一些事务，在熟悉同事的同时，也熟悉了村庄的情况。龙书记一有空就去村里转悠，发现村里的情况与他想象中的美好乡村相差甚远。

1. 没有产业，劳动力外流

在二组一户人家的小孙是一名初三的学生，他的爸爸妈妈外出务工，由爷爷奶奶抚养长大。由于小孙是爷爷奶奶唯一的孙子，从小在他们的溺爱中长大，性格偏激叛逆，学习成绩很差，经常被老师叫家长。小孙的爷爷奶奶看到他如此叛逆，也只是说："小孩子爱吵爱闹很正常，这个地方有几个读书读出去的？以后让他爸妈给点钱给他在外面随便开个什么店，赚钱还赚得多些嘞。"小孙的父母接到老师的告状电话总是说：

---

① 余练：《农村基层微治理的实践探索及其运行机制——以湖北秭归县"幸福村落建设"为例》，《华中科技大学学报》（社会科学版）2017 年第 6 期。

"我们也想在家里好好带他管他，但在家里怎么能谋生计呢？我们上有老下有小，都在家里的话，饭都没得吃。"陪同龙书记一起转悠的干事看着只有老人小孩在的屋里，也惋惜地说道："现在光靠种田有什么发展前途？年轻人都出去找活路了。在家乡搞种植养殖产业太难了，没有产业没有资源没有方法谁愿意做下去？"

2. 产业发展中忽视环境保护

龙书记看着家门口的小溪，从原来清澈见底的溪水变成了砖红色浑浊的水，便心疼地问："这是怎么了？"村支委干事无奈地答道："前段时间，村里的人喊了几个外地老板在溪水上游开了一个纸板厂，只要开工了就烟雾弥漫，还轰轰响，流出来的水也是脏兮兮的。"纸板厂是将废旧报纸书籍纸屑回收，用化工材料将废纸融化成纸浆，然后用纸浆重新做成新的纸板，本来这是当地为了改善环境、提供就业机会开设的厂，但由于缺乏对工程卫生环境的管理，当地村民对轰轰直响、浓烟滚滚的"怪物工厂"避之不及，工厂里只有外地老板雇的几个外地农民工进行生产。龙书记问："纸板厂的工业废水不处理就直接排出来，没有人管的吗？"村支委干事叹了口气说道："有什么用呢？他们都是一伙的。前段时间有人去环保部门举报，人家白天来检查他们就关门休息，晚上又接着干。每次来检查他们都没有放脏水，人家也不能天天盯着他们厂啊。"

3. 项目"最后一公里"难以落地

进入新世纪后很多村庄开始"合村并组"，既减轻了农民的负担，也相应减少了村级各项开支，但也带来基层治理范围扩大、基层公共服务难以到位等问题。一个村就那么几个干部，但治理范围大了几倍，光忙于落实上级的各项任务就忙不过来，对村庄的各项事务无法事无巨细地关注与处理。而村民们往往只想着如何让自己个人的利益最大化，较少关注村庄公共利益。之前为了发展水果产业，村里好不容易争取了一个配套项目由政府出资修建果园路。然而，对于政府项目"下村"，村民们的反应不是如何让项目尽快落地，赶紧修路通车方便水果运输，而是想着如果修路要占我家的地，砍我家的树，我如何向政府要补偿。修建这条小村道，让村干部们心力交瘁，由于补偿矛盾纠纷难以化解，一条方便之路、致富之路怎么也修不成功。

4. 浪费攀比成性

村里有位李爷爷过几天就要70岁生日了，他们家的小朋友在搞大扫除，大人们在前坪忙着搭戏台子，为几天后的寿宴做准备。小李对他的爸爸说道："今年我们能不能不摆酒席了，前年奶奶60岁在家摆酒席的时候别人都随便吃点就走了，好浪费，最后搞卫生也要我们来搞，又脏又累。"小李爸爸说："那怎么行？不摆酒我平时送出去的礼金怎么收回来？别人生个儿子摆一次，满月又摆一次，周岁还要摆，我们家过大寿才摆一次酒不过分吧？而且前年你奶奶60岁生日摆了30桌，今年你爷爷至少要摆35桌，总不能越搞越少吧，别人会怎么想我们！哦对了，前年你奶奶过生日请的戏班子不太好，今年要找个更贵的！"

以上这些充满乡土气息浓厚的场景，是当时绝大部分乡村的现状，体现了当时基层乡村的治理困境。基层乡村作为行政系统的末端组织，直接面向基层农民提供公共服务与产品，肩负着将各项上级政策方针在基层落地生根的重任，如何从满足农村发展的内生需求出发，将与群众切身利益密切相关的、需要解决的细琐杂事化解在基层，基层乡村提高治理能力迫在眉睫。

（二）破解困境的党员积分制管理

经过了一段时间的观察和走访，龙书记在心里重新梳理了一下Y村的基本情况和重点问题，希望能找到突破口。他还抽时间在网上查找一些关于乡村治理的管理方法、政策法规，找一些其他地方的管理案例和经验，但是因为每个地方的实际情况有所不同，生搬硬套达不到他想要的效果，因此所有的方法借鉴意义都不大。龙书记脑海里总是时不时浮现出村民们涣散消极的场景，挥之不去，让他吃不好饭，睡不好觉。龙书记一直在想，要一个什么样的办法才能把Y村建设好，让Y村充满活力。这时区里面的一份文件《农村、社区党员积分定等办法（试行）》让龙书记灵光一现："是啊！部队里开会从来没有人迟到早退，是因为有制度在规范啊。"于是，龙书记开始详细阅读该文件，下定决心要通过制度来转变Y村村民的思想和行为。

1. 党员积分定等办法

龙书记兴致勃勃地打开这个《农村、社区党员积分定等办法（试行）》，该办法在全区范围内实行，让党员管理考核量化公开，进而构建党员教育管理长效机制。龙书记认认真真地将这个办法读了好几遍，了解到这是通过量化考核的方法来规范党员行为，充分发扬党员的引领与示范作用，以党员带动群众，但问题是，怎么操作呢？

龙书记立马打电话给邻村的村书记，问问他是如何落实这个管理办法的。"喂，书记，你看到区里面发的那个党员积分管理办法了吗？你准备怎么搞呀？""看到了，就是给党员们打分呗，我等下把这个复印出来，贴到公示栏上，让他们知道都有这回事就行，等到时候要交材料了，再让他们互相打一下分就好，都一个村的，自家人，要他们搞这个多麻烦。"寒暄之后，龙书记挂掉电话，心想等到周期结算的时候随便打分，那这个办法就是流于形式了，根本无法起到规范党员行为的作用，这样肯定不行。

龙书记自己琢磨之后，将组织委员喊到了办公室，让她来谈谈对这个党员积分制管理的看法。组织委员刚到 Y 村不久，发现党员和村民们都是"事不关己，高高挂起"，她也希望能有制度来改善现状，于是说道："用积分来管理党员肯定是有效的，我们村是大村，有 150 多名党员，如果他们发挥好先锋模范作用，以党建促村建，就能建设好一个党风纯正、政风清廉、民风淳朴的新乡村。"龙书记和组织委员一拍即合，按照区里面的文件指示，结合本地的实际情况，制定党员积分管理办法的细则。两人召集村支委的所有人，通过走访调查和开会讨论，最终形成了党员基本要求条例和其他加扣分细则。

2. 细化办法，落实执行

翻开最新的 Y 村党员积分管理办法，Y 村创新地将党员分为常驻党员和流出党员（不在该市的党员都被识别为流出党员），通过组织的谈话沟通，将能转出到流出地的党员都转出，剩下的都是流出地为中小企业没有成立党支部的党员。这些党员由于离村太远，不方便参加 Y 村组织生活，村支委便要他们按季度交思想汇报，向组织汇报他们的工作、生活和思想，积分管理细则中有一条就是没有提交思想汇报的流出党员扣 20 分/次，6 个月即两个季度不提交思想汇报就会被评为不合格党员。

另外，扣分项目里第一个就是针对党员开会缺席和请假问题的扣分，各党支部和党小组已经明确了请假方式和向谁请假，如果常驻党员 6 个月不参加组织生活的话，将会被评为不合格党员。这些不合格党员都会上报到街道和区里，被列为重点考察对象，连续两年不合格将会被组织劝退。一条条的细则规范了 Y 村党员们的行为，明显地提高了党会的参会率，让党员们明白了党建在乡村建设中的重要性。当然，党员们更加重视自己的党员身份，村支委的干部们任务也更加重了，党员们不再满足流于形式的党日活动，他们也不愿只是形式主义地完成上面任务，在一次又一次"自己折腾自己"后，模范典型、活动阵地增加了党员的归属感和凝聚力。

3. 移风易俗，积分规则细化

2019 年上半年，街道城市管理办在对整体工作进行检查时，Y 村的环境卫生排名靠后，被通报要求整顿，并且在检查时发现 Y 村办酒席讲排场等攀比虚荣风气严重，区里提出要进行教育改善。听到消息的党员们都惭愧不已，每年都被评为先进党组织的村，这次却被评为整顿通报村，心里很不是滋味。

从哪里跌倒就要从哪里爬起来，Y 村两委经过开会讨论并向其他村学习的经验，对于党员，村支委在党员积分管理办法的扣分项目中加上两条："1. 在上级卫生检查中，影响本村环境卫生评比的党员家庭，视情况扣 10—20 分/次。2. 在本村环境卫生季度评比中，被评为'帮扶户'的党员家庭，扣相关党员 5 分/次。"对于村民，村支委将以党小组为单位，每位党员确定 5 户左右联户对象，上联支部，下联村户，并规定在环境卫生评比时，被评为"帮扶户"的村户，其联户党员要视情况扣 2—5 分。

Y 村村民们是喜欢热闹的人，所以一有什么喜事大家便都喜欢办酒席。可是这酒席办着办着就不是原来的味道了，村民们开始攀比，办完酒席后肯定会议论这家请了多少桌，那家宴席上用的是什么烟、什么酒。他们不仅攀比酒席的排场，也攀比送礼金的多少，现在普通邻居之间的人情礼金已经由原来的几十块到现在的两百块，稍微关系好一些的给得更多。村民们办一次酒席至少需要花 15 万元，礼金收入大概只能抵得上酒席花销，但还是有很多人除了婚丧嫁娶，周岁、生日宴、升学等其他喜庆事宜都要大操大办。

针对这类现象，Y 村专门成立了移风易俗工作小组，通过多次召开村民代表大会、党员代表大会、网格长会、党员干部会议，最终确定了移风易俗工作实施方案。首先，红事少办，白事简办，满月、周岁、升学、乔迁等喜庆事宜不办或者简办。其次，送礼不过组，且非亲属礼金送礼不超过200元，这里详细地把亲属定义为旁系三代以内的亲戚，这样一来，村民们就可以减少很多礼金压力。最后，席面规模不超过20桌，总桌数不超过30桌，正宴标准不超过500元/桌，烟不超过260元/条，酒不超过350元/瓶。这些具体数据都是通过龙书记走访调查，按照当地能接受的最低标准制定的，村民一旦违反，要在村、组公示栏进行通报，不得享受任何村级待遇，家中所有成员三年内不能入党，取消关于他们的所有慰问，党员违反在此基础上扣积分10分/次。

如今，Y村村民对党员干部都是赞不绝口："现在的党员干部都很关心我们的，经常走访了解我们过得好不好，经常开展各种各样的活动，丰富我们的生活，告诉我们禁毒、健康养生和垃圾分类的知识。现在我们村里面都专门有人来收垃圾了，干干净净让人看着就舒服。我们这些老人家只要有什么问题要他们帮忙，都不用我们自己跑，都是他们来来回回帮忙跑。"

（三）"党建＋"协同治理促进产业振兴的案例分析

通过对Y村实行党员积分制过程和结果的分析，我们可以逐一在个人、组织、社会层面理解党员积分制如何在乡村基层微治理中发挥积极作用。在梳理Y理论、参与式发展理论、社会网络理论、协同治理理论的基础上，我们发现，Y村党员积分制管理诱发的个人行为、组织运行和社会变化，都是在Y村党支部明确了改善村庄的愿景后，由党支部动员各方参与村庄公共事务的过程中产生的，党支部实际上发挥了多个层面协同治理中的主导角色作用。由此，我们将这种联系以关系图的形式体现出来，并创造性提出"'党建＋'协同治理模型"（见图3－5）。Y村在党建引领下，以党员积分制为抓手，使个人、组织、社会层面在价值、目标和动力等方面相互嵌套、相互耦合，三个层面在"党建＋"模式中实现协同，为Y村共建共治共享、实现乡村产业振兴提供了保障。

1. Y理论——从"习惯散漫"到"主动奉献"，改善农村产业发展环境

Y理论与X理论相对，由美国行为科学家麦格雷戈提出，和X理论认为人性是被动的不同，Y理论认为只要启发内因，给予适当的激励，

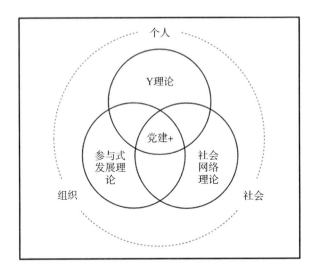

图 3 – 5 "党建 +"多层嵌套协同治理模型

人们能主动承担责任，实现个人目标和组织目标的统一，并尽可能在实现组织目标过程中个人需求获得最大的满足。与龙书记刚回到 Y 村时从许多党员在党组织生活中看到的一系列散漫行为不同，自从在村支部实行党员积分制，村里党员的先锋模范作用和党组织的战斗堡垒作用得到进一步凸显，他们在村中的大小事务中变得主动参与和积极奉献，改善了农村产业发展环境，引来了不少投资，促进村庄走上了产业振兴之路。

2. 参与式发展理论——化解项目落地"最后一公里"难题，实现产业振兴

参与式发展理论强调尊重各参与主体之间的差异，通过多元主体广泛参与和平等协商，实现其成果共享的可持续发展。Y 村积分制管理促进了多元主体的参与和多元主体的发展。积分制管理提升了多元主体的能力建设，这些主体包括政府机关、企事业单位、社会组织、村民个体等。工作人员通过一系列活动的组织，其组织能力、理论联系实际的能力、媒体宣传能力、资源利用能力都得到了提升，村民群众在参与具体的活动时掌握了更多的信息、知识和技巧，也通过参与活动扩展了社会网络，同时主体性被激发，主体意识不断增强，对基层治理产生积极的

影响。这样实现了低成本治理和深度的群众动员，解决公共品供给"最后一公里"以及长久以来项目难以落地的困境，推进了乡村产业振兴。

3. 社会网络理论——整合乡村资源，发展特色产业

要实现乡村产业振兴，需要从实际出发，立足本地优势资源，培育发展特色产业。社会网络理论的基本观点是社会情境下的人们由于彼此间的联系而形成的一系列关系和纽带。为实现乡村治理目标，乡村基层组织在具体治理场景中需要应用到一系列具体制度内容，并因此连接其他村户，因此构建作为治理基本框架的治理网络结构十分重要。在乡村治理网络结构中，运行与治理场内的结构者包括基层政府、企业组织、社会组织、党员干部、村户等其他主体。因此，通过实行党员积分制整合 Y 村不同主体之间的关系，能够降低各主体间的冲突程度，并在目标和行动上形成合力，让全村上下共同为乡村产业振兴的目标努力。

4. 协同治理理论——打造共建共商共享乡村产业发展新格局

协同治理理论是指多元主体之间协调合作，形成相互影响、相互依存、合理有序的治理结构，以促进公共利益的实现。Y 村协同治理主要从以下四个方面展开：加强基层党组织的领导核心地位，提升上级政府的引导能力，增加民间组织和企业的力量，提高村民思想素质。Y 村党员积分制管理是乡村单一治理向协同治理转型的有益尝试，相对于形式主义的维持运作，实行积分制管理对当地村干部来说既增加了工作任务量，也要面对众多难以预见的困难和挑战。因此，要肯定这种探索的勇气，并且详细分析其运作的内部机制，为今后的乡村基层治理提供借鉴，打造共建共商共享乡村产业发展新格局。

第四章

优化农业生产体系与基层政府
职能方式转型

第一节 现代农业生产体系：提升生产力

"三农"一直是我国经济发展中的重要问题，农村发展不平衡和不充分、农业生产基础薄弱、农业生态环境每况愈下、农业科技发展先天不足、农业生产力落后等已成为乡村振兴发展的梗阻。解决"三农"问题的着力点在于推进农业农村现代化，必须始终把提高农业生产力作为农村工作的重中之重，促进农业生产由传统模式向机械化科技化转型、由资源消耗型向绿色生态型转轨。如何利用"互联网＋"提高农业生产效率，通过物联网等高新技术降低农业生产成本，全面提升农业生产力，优化农业生产体系，是现阶段农业供给侧结构性改革的重要任务。

一 现代农业生产体系的基本内涵

在有记载的人类历史上，农业一直处于最重要的地位。农业不仅为人类生存提供食物，而且是国民经济的基础产业。目前，农业的生产结构已经物换星移，开始运用无土栽培、品种迭代等生物技术，依靠互联网、云计算、物联网等科技进步，发展低耗、安全、高效的农业生产。目前我国农村存在着农业生产技术落后、农业资源消耗过度、农业生产成本高、农业生产力水平低、农业综合效益低等根本问题，而解决这些问题的关键在于构建现代农业生产体系。

一般来说，关于现代农业生产体系的基本内涵主要包括生产力要素和生产要素的配置。关于生产力要素主要是通过农业基础设施建设以及提高生产过程流程化、机械化、工业化、农业生产科技化、信息化、标准化等来增强农业综合生产力；关于生产要素方面主要是通过资本要素、技术要素以及劳动力等各方面资源的优化配置来提高生产率。因此，构建现代农业生产体系，一方面可以通过提高农业基础设施建设、用机械化设备装备农业，提高农业工业化、机械化、自动化水平；另一方面，农业发展已经由传统的生产要素投入向高科技赋能投入转变，发展绿色的生产方式，农业生产的主要动力由劳动力、马达动力转变为以信息化数据赋能为主。

农业革命、工业革命之后，目前人类社会正在经历着由网络信息技术驱动的数字革命。数字化革命在各个领域兴起，5G 网络、区块链、物联网、大数据、人工智能、云计算等交互式网络化发展与农业生产流程紧密结合，推动着"机械化、科技化、水利化"等 1.0 版本的现代农业生产体系向"生产智能化、管理智慧化、服务网络化"等 2.0 版本的现代农业生产体系转型升级，信息化发展与现代农业的"深度融合"实现了农业生产力的"弯道超车"，提高了农业生产体系的质量效益和竞争力，促进了农业农村现代化的飞跃式发展。因此，目前我国农业现代化的推进不仅要紧紧瞄准发达国家的农业现代化动态，实现以机械化、规模化、科技化、自动化、工业化为基本特征的现代农业生产体系，还要紧紧抓住信息时代新技术、新模式的演变趋势，在保障粮食安全的前提下，发挥农业的多功能价值，满足人民对美好生活的需求，发展以功能化、数字化、绿色化、共享化为特征的现代农业生产体系。

现代科学技术促进了现代农业生产体系迅速崛起，农业生产体系机械化、农业生产体系数字化、农业生产绿色化等已成为社会各界的研究热点。农业生产体系机械化是指通过推动农机机械装备的升级换代，让农业劳动生产率扶摇直上。农业生产体系数字化则是广泛应用最新的互联网、物联网、云计算、5G 网络、传感器、遥感技术等信息化、网络化、智能化技术，改造提升农业生产的物质、技术和装备，推动数字经济和现代农业深深融合，建成覆盖全面、高效匹配、集聚创新的数字化农业生产服务平台，有效集成整合涉农资源，大幅提高农业资源要素和利用效益。农业生产绿色化是指推动绿色发展与现代农业生产的深度融合，全面普及推广绿色清洁生产技术，实现工业投入品环境影响"最小化"，让农村环境保持山清水秀的状态，让农业生产成为农村环境建设的贡献者和农村生态文明的重要构成要素，实现生产、生活、生态有机融合、协同共生，农业成为彰显生态文明的重要载体，农村成为城市居民向往的梦想田园。

历史上，由于长期追求农产品总量的提升，使得对农业资源过度利用，农业环境污染状况不容乐观，对农业生态的影响超越了其阈值。目前在全面实施乡村振兴战略的关键时期，乡村经济发展离不开农业可持续生产力的提升。因此综合来说，现代农业生产体系是以增强农业生产力为目标，通过推进物质装备机械化、科技支撑数字化、农业生产绿色化，为现代农业生产提供完备的基础设施、信息化的科技支撑、智能化的技术装备和绿色生态化的生产流程，推动传统农业生产方式向现代农业生产方式转型，保证农村更好更快发展。

二 国外先进农业生产体系借鉴

互联网技术、物联网和遥感技术等高新科技发展日新月异，使得测土配方、化肥使用、农作物栽培、田间管理等农业生产技术搭上了智慧农业的快车。现代智能技术的发展，让农业生产过程发生了翻天覆地的变化，目前世界上一些发达国家的现代农业生产体系，在数字农业、信息化农业、精准农业、智慧农业等方面颇具特色，为我国现代农业生产体系的构建提供了借鉴与参考。[1]

（一）德国：高科技支撑下的数字农业

德国是全球农业现代化强国，德国的农业生产体系非常发达，拥有高度发达的农业科技及其全力扶持数字农业。在德国，高科技生物技术、农业信息技术、物联网技术、大数据生产体系等农业中应用非常广泛。

一是大数据应用于数字农业生产体系。在德国，大数据农业体系可以查看当天天气信息、能够分析土壤中水分和肥料分布情况，数字农业能够判断某块土地最适合种植何种作物、及时提供最新农产品价格信息。德国在研发"数字农业"技术上，主要采用政府财政主办，企业负责承

---

① 杨丹：《智慧农业实践》，人民邮电出版社 2019 年版，第 18 页。

办的模式。早在 2017 年，德国 SAP 公司就将大数据应用于数字农业生产体系。根据数字农业体系，在电脑和网络的支持下，农民不需要亲自下田劳作，农业生产机械由全球卫星定位系统（GPS）控制，在云计算高科技加持下，卫星数据能让农业机械精确作业，农民可以在大数据分析下实现最优化农业生产，与传统农业生产模式相比，数字农业生产效益呈几何级上升。

二是物联网技术控制农业生产。在农业生产中，德国把地理信息系统、远程遥感技术等高科技技术应用到农作物生产中。通过物联网，让所有物理对象与互联网系统实现互通，计算机系统能够预判农作物生产过程中所需光照强度、土壤水分、肥料使用、作物病虫害等生产情况，提前进行大数据分析和处理，及时发现问题，适时采取改进措施，全程进行智能化感知和管理，能够全面控制与管理整个农业生产过程。

（二）美国：信息化支撑现代农业生产

美国的农业具有国际竞争力，早在 20 世纪 50 年代，信息化就开始支撑现代农业生产，农业信息化的不断进步与发展，相应地促进了美国农业生产技术的提高。美国现已成为世界上农业科技化、自动化、信息化程度最高的国家。

在农业信息化的建设上，美国主要通过采用政府与市场相互协作的投资模式，共同促进农业信息化飞速发展。美国政府着手较早，从 20 世纪 90 年代开始，全面投资农业信息化网络基础设施建设，农村几乎全面普及互联网，农业信息网络技术全面覆盖。同时政府通过各种政策倾斜鼓励与扶持企业参与农业信息资源开发利用，充分发挥市场机制的力量，推动农业信息高科技应用。在政府投入与资本市场运营共同作用下，美国实现了各项农业资源和信息一网通，推动了农业生产信息化的高速发展。

美国采取以政府为主体、市场为协助、社会为补充，构建了涉农信息数据中心，以信息化技术支撑现代农业生产。首先，以政府为主导，全面收集与整合了农业资源数据，构建了农业信息化大数据平台。其次，在政府信息平台支持下，农业信息化企业日渐增多，给农场主提供各种农业信息需求、农业生产流程精细化管理等，在信息化促力下，农业生产效率倍道而进。再次，美国农民之间还会形成各类农业信息化合作团体，相互协作运用智能化农业生产监测系统等，对农作物生产过程进行标准化管理，达到了农业生产效率的最大化。

（三）英国：精准农业始于大数据整合

精准农业是基于互联网、大数据、遥感工程技术、基因生物的现代农业生产模式。精准农业在英国不断实践与发展，英国先进的精准农业生产技术体系日趋完善和成熟，其核心技术是全球定位系统、地理信息系统、遥感系统和作物生产管理专家决策系统（见图4-1）。为应对全球农业生产竞争强度的提升，英国政府启动"农业技术战略"，采取了一系列政策和措施全面整合"大数据"技术和信息技术，促进了大数据等各类信息技术与农业生产的集成与应用，最大化全面共享农业信息数据，全面提升农业生产和市场需求的对接能力。

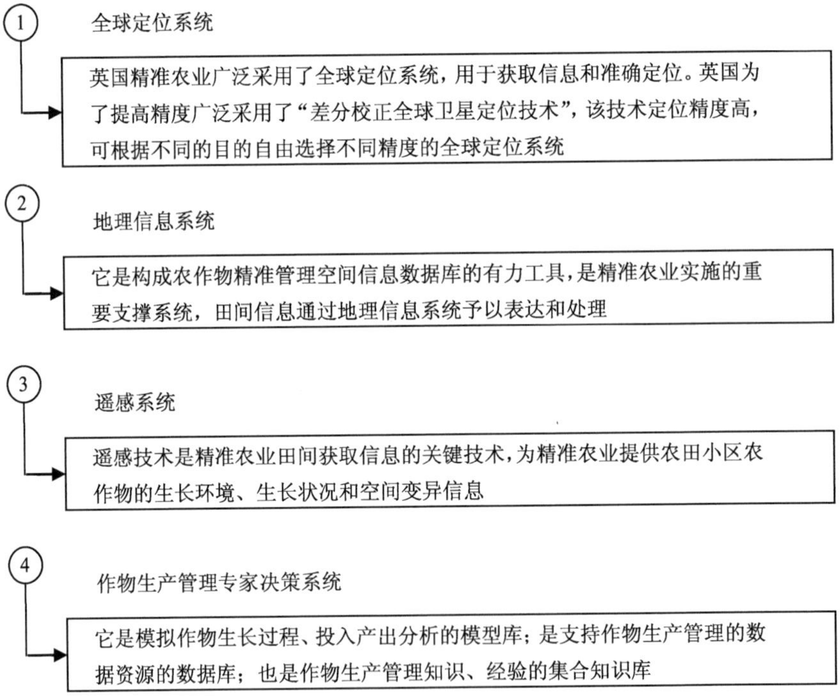

① 全球定位系统

英国精准农业广泛采用了全球定位系统，用于获取信息和准确定位。英国为了提高精度广泛采用了"差分校正全球卫星定位技术"，该技术定位精度高，可根据不同的目的自由选择不同精度的全球定位系统

② 地理信息系统

它是构成农作物精准管理空间信息数据库的有力工具，是精准农业实施的重要支撑系统，田间信息通过地理信息系统予以表达和处理

③ 遥感系统

遥感技术是精准农业田间获取信息的关键技术，为精准农业提供农田小区农作物的生长环境、生长状况和空间变异信息

④ 作物生产管理专家决策系统

它是模拟作物生长过程、投入产出分析的模型库；是支持作物生产管理的数据资源的数据库；也是作物生产管理知识、经验的集合知识库

图4-1 英国精准农业生产技术体系

（四）日本：互联网技术发展智慧农业

日本在智慧农业领域投入较多，是智慧农业生产技术的代表国家。日本是土地资源有限、人口老龄化严重的国家，从事农业人员年龄平均高达60多岁。在这种情况下，日本政府十分重视农业信息化体系的建设，日本希望利用互联网技术振兴农业，通过发展智慧农业来扭转农业发展的弱势与不足。

一方面全面应用发展计算机网络系统。早在1994年，计算机在日本农业生产部门就已经广泛普及，随后借助专用通讯网等网络系统开发了农业技术情报网络、农业科技生产信息系统等。农民、农业科研工作人员、与农业相关的公务员等都可以通过互联网网络系统、农业天气预报系统、农业信息情报系统等随时查询农业生产天气预报、农业病虫害防治、农业市场信息等各种农业资源数据。

另一方面农业物联网发展迅猛。日本政府对物联网发展进行了长久谋划，希望实现一个万物可联互联的信息系统，通过传感器、无人机等高新技术，让农业物联网技术解决将来"谁来种地"的问题，为农业的生产过程提供信息支持体系，全面提升农业生产效率。如日本登米稻农引进了智慧农业生产设备，充分利用农业物联网技术监测大片农田的生产过程，降低了农业生产成本，并提高了稻田产量与质量。

三　现代农业生产体系的创新模式

科学技术是第一生产力。历史上每一次科学技术的创新发展，相应地农业就随之步入新的发展阶段。目前随着互联网、云计算、物联网等各种高新科技与农业生产深度融合，现代农业生产体系也开始万象更新。在各项高新科技的驱动与推进下，现代农业生产展露出许多创新模式。

（一）"互联网＋"现代农业生产体系

以计算机多媒体技术、5G通信技术、大数据智能分析系统等为特征的互联网浪潮正席卷而来。"互联网＋"意味着产业发展的新方向，它与农业产业的深度融合，将推动着农业经济形态向前演变。互联网技术带来的农业生产升级、农民生活改善，让农业生产方式令人耳目一新。"互联网＋"现代农业生产体系主要是以互联网技术为架构，使农业生产方式向精准化、标准化、设施化等现代化模式迈进，为提升农业生产力发挥重要作用，驱动农业生产体系"跨越式发展"①。

一是"互联网＋"精准农业。互联网的飞速发展深深渗透到现代农业生产中。在互联网信息技术的支持下，精准农业能够定时、定量、定位地践行现代化农业生产管理过程，提高农业的综合效益。基于互联网和信息技术结合的精准农业正在深刻地影响着农业生产的整个过程。在产前阶段，通过传感器、卫星通信等感应导航系统精准采集土壤样品，可以实现对不同地块的营养成分进行精准分析，为农作物的生长和发育创造最佳环境；在产中阶段，配置电子传感器和相连的计算机，可以实时精量灌溉、精准病虫害防治和精准农药投放，可以实现降低农业生产成本、减少环境污染等，进一步提高农业生产效益；在产后阶段，利用计算机网络控制采摘机器人，可以精准收获做到颗粒归仓，降低农民劳动强度和农业生产费用，同时还能够根据计算机网络系统事先设定的标准准确地将农产品进行质量分级。

二是"互联网＋"标准化农业。标准化农业生产是以农业生产为对象的标准化活动，通过对农业生产各个环节进行标准化管理，从而实现农业的高产高效。传统农业生产中，由于信息缺乏或信息不对称等因素，生产过程比较粗放或者盲目，农业生产过程辛苦而又低效。而在"互联网＋"标准化农业生产体系中，农业生产者在各个环节可以通过网络获取农业生产的标准流程，驱动农业生产和管理模式进入"标准化"，使弱势的传统农业成为高标准的现代农业。如在农业生产管理环节，围绕标准农产品对农业生产环境的生态、安全、地力要求，将互联网技术与智能设施全面运用于农业投入品质量控制、农业生产过程实时监控以及农业生产资料管理等方面。

三是"互联网＋"设施农业。现代农业与互联网的深度融合打破了传统农业靠天吃饭的困局，突破了传统农业生产的自然条件局限性，增加了农业生产过程对自然风险的抗击能力，为农业发展带来了新的出路。设施农业是利用现代网络技术与工业技术相结合，使农作物生长处于最佳状态，使各种农业资源得到最充分的利用，从而保障农产品的有效供

---

① 胥付生、秦关召、程勇：《互联网＋现代农业》，中国农业科学技术出版社 2016 年版，第 32 页。

应，促进农业现代化发展。设施农业生产主要是通过建立高科技工程结构设施，如塑料大棚、植物工厂等，通过摆脱自然条件和气候的制约，利用互联网技术人为地创造有利于农作物生产的各项条件，实施科学管理、规模集约经营，达到农产品生产的工厂化。

（二）大数据时代智慧农业的发展

智慧农业主要依靠互联网、物联网、大数据以及"5S"① 技术等高科技手段来改造传统农业，是一种新的农业生产体系和发展模式，它是一种能够颠覆传统农业生产者观念、全面提升农业生产经营效率的新型农业业态。大数据的诞生和发展开启了现代农业生产的重大转型，为智慧农业生产注入了新的动力。

一是大数据时代下的数字农业。大数据是一种多类型数据集合，大数据时代下的数字农业在对有关农业资源（种植业生产数据、土壤水肥、养殖业生产数据等）、农业生产技术（作物种植、植物保护等）、农业环境资源（天气预报、灾害性天气预警等）等各类电子数据进行处理、预测与分析之后，在大数据的支持下实施优化决策的综合系统总称。数字农业将地理遥感技术、全球定位系统、数字摄影测量系统等物联网高科技与互联网、5G 通信技术、云计算等信息技术相结合，再将之应用到与农业生产相关的作物学、农学、植物保护学等基础学科中，从而可以实时监测农作物生长、发育状况，结合大数据中的农业生产过程相关信息，从而实现农业的高产高效。

二是大数据时代下的智能农业。信息技术与农业的交汇融合让农业跨步迈入了大数据时代。农业大数据平台的建立，实现了农业信息化和农业现代化的融合。大数据时代下的智能农业是以现代信息技术为手段，综合使用农业大数据的相关技术，农业采用智能化、工业化、自动化、高效化现代超前生产，具有统一数据标准和规范的现代农业生产方式。更进一步，智能农业系统能够实时采集空气湿度、二氧化碳的浓度、肥料养分、病虫害发展趋势等各种农业生产参数，在农业大数据的分析与

---

① 5S 技术主要指遥感技术（Remote Sensing, RS）、地理信息系统（Geographic Information System, GIS）、全球定位系统（Global Positioning System, GPS）、数字摄影测量系统（Digital Photogrammetry System, DPS）、专家系统（Expert System, ES）。

处理下，可以智能化开启或者关闭相关农业生产设备。因此，智能农业系统通过模块采集温度传感器等信号，通过互联网进行数据化处理，能够进行农业生产数据多方位传输，推动了农业生产数据标准化。①

三是大数据时代下的电脑农业。"三分技术，七分数据"的时代已经真真切切地到来。以往在庞大的数据面前，我们因为科技工具的落后，可能会一叶障目不见泰山。而在大数据时代，电脑里随时更新的各种新信息和资源，使原来难以掌握的事物真相将有可能得以活态化、原生态式的展现。大数据时代是信息化发展的新阶段，其燎原之势推动了农业信息化建设的全面展开。我国目前正采取工业化、信息化和农业现代化齐头并进的模式。加强农业信息化建设，将最新电脑技术与农业科学技术相结合，成为"智慧农村工程"建设的催化剂，引导农民运用电脑技术进行农业生产和管理，带领现代农业走上高效低碳、资源节约与环境友好的道路，从而全面提高农业生产综合效益。

（三）环境友好型绿色生产体系

农业生产过程与自然生态环境紧密相连，密不可分。长期以来，我国传统农业生产没有摆脱资源消耗过大、污染严重的发展方式，在推动农业生产结构升级的过程中需要有效改造传统农业，建立环境友好型绿色生产体系。环境友好型绿色生产体系有助于保护农业生态环境，改善农村人居环境，实现人与自然和谐发展，是实现乡村可持续性发展的重要途径。②

一是大力发展生态农业。过去传统农业主要是为了追求产量的提升，大量投入化学肥料，过度使用农业资源，产生了大量废弃、化学残留等严重的资源环境问题。生态农业按照农业生态系统内物种共生等原理，形成一个高效、复杂的循环利用生态系统，使农业生产过程始终处于良性循环之中，实现农业高质高效持续性发展。21 世纪的全球经济生态化、知识化、高科技化等现代化发展方向必然使农业现代化纳入生态发展的轨道。目前，利用现代生物技术防治病虫害，降低农业化肥污染，使农

---

① 杨丹：《智慧农业实践》，人民邮电出版社 2019 年版，第 12 页。

② 刘瑾：《资源节约型、环境友好型农业生产体系构建研究》，《中国管理信息化》2020 年第 24 期。

业生产从数量向品种、质量转化，生态农业渐渐发挥出了显著的优越性，属于先进的农业生产体系。

二是转型发展有机农业。有机农业主要是依靠农业生态系统的良性循环，把系统内的动物、植物以及所有的山水田林草湖等当作相互关联的有机整体，尽量少使用农药化肥以及基因工程生物等破坏性物品投入。有机农业体系的建立需要一个有机转换的过程，生产方式主要具有以下特点：其一，按照自然规律从事农业生产，尽量采用生物方法进行病虫害防治，满足作物自然生产条件。其二，采用适宜、合理的方式来进行田间套种，保护环境，防止水土流失。其三，生物体系内有机循环，禁止使用转基因产物技术。

三是全力发展观光农业。观光农业是利用自然生长的农作物、农业生产作业流程、农村耕作文化遗产等，通过艺术设计与农田景观搭配，兼具农业的观赏性与生产性的一种农业生产新业态。农业生产过程的农事体验让游客体会到自然劳动的快乐，传统农具、家具、民间演绎、农耕谚语、民间歌赋等农耕文化拓展了游客的科学文化认知。如仁怀市茅坝镇，是以种植水稻为主的坝区，一幅"不忘初心 认真种田"的稻田图案引发关注，美丽的田园风光带来了乡村旅游的市民，还带动村民开办了农家乐等项目。当地一位基层干部表示，现在我们村庄成了网红打卡点，观光农业将农业生产过程与乡村休闲旅游相结合，美丽的自然景观吸引了大批游客纷至沓来，乡村振兴悄然实现。

第二节　优化农业生产体系中的基层政府职能方式转型

优化农业生产体系主要是通过高科技支撑来提升农业生产力。随着各种高新科技广泛应用于农业中，农业生产体系开始转型升级，数字农业、智慧农业、生态农业、有机农业、精准农业、标准化农业等各种现代农业生产体系的创新模式不断涌现，并成为现代农业发展的新趋势。随着传统农业生产方式向现代高科技农业生产方式转型发展，各种技术进步也必然带来基层治理方式变革，基层政府职能方式也需要向"数字治理""生态型政府""服务型政府"等转型，以全力促进农业农村现代化。

一 "互联网+"下的数字乡村治理转型

在传统的科层管理体制下，基层政府的职能方式主要是接收中央和上级政府的政策目标，然后由大到小直线层级传递进行管理。"互联网+现代农业"行动，推动了互联网与农业发展的融会贯通，随着信息进村入户与新型智能装备、物联网、通信网络的推广应用，农业农村信息化水平明显提高。面对农业农村信息化的全面普及，基层政府的职能方式也需要随之转型，从传统的科层官僚制管理模式向互联网时代的数字治理转变。

（一）数字化时代与数字乡村治理

当前，大数据、区块链、物联网、5G通信技术、云计算等数字化浪潮正席卷而来，数字化（digitization）已经成为我们现时代的主要特征。新技术发展的速度之快和广度之大，推动着人类社会进入了数字社会的时代，更推动着整个人类社会结构的转型。在数字社会时代，数据成为经济和社会的核心，整个经济和社会成为数据推动的经济和社会（data-driven economy and society），开启了数字化转型（digital transformation）时期。

数字化转型对于公共部门而言，既是机遇也是挑战。其一，面对数字化时代的到来，政府的职能履行方式也要随之发生转型。在数字化时代，人们的生活方式发生了改变，习惯了一切事物尽量在网上解决，这需要政府的履职方式也相应地进行数字化转型，满足数字化时代公共价值的多元需求。其二，在数字化时代，政府公共部门如何更好地发挥其作用和职能。建立值得信赖的数字社会是政府的职能所在，在数据环境下，隐私与安全是信赖的基础，政府公共部门需要与整个社会一起解决数字社会所面临风险的危机，建立一个值得信赖的和经济、社会、环境共生的数字社会。

在数字化时代，需要以数字技术为基础，通过现代化的高新科技，包括互联网、物联网、移动技术和服务、大数据分析、云计算、人工智能、区块链等构成数字技术生态系统（见图4-2），建设数据互动的、以公民为中心的数字化政府。① 政府的数字化转型就是政府如何善用现代化

---

① 张成福、党秀云：《公共管理学》，中国人民大学出版社2020年版，第300页。

的数字技术，充分发挥每一个技术和应用的最大潜能，改造公共部门的工作流程和服务提供的方式，再造政府履行职能和治理的模式，达成政府施政的政策目标。

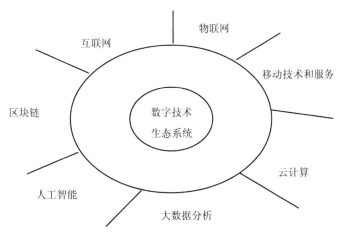

图 4 - 2　数字技术生态系统

　　数字乡村治理是数字化在乡村领域的扩展和应用，是建设数字政府的重要内容，也是乡村振兴发展的题中应有之义。随着互联网及各种各样的联网设施在乡村的普及和发展，以及智慧农村工程的全面实施，农业农村信息化发展突飞猛进。国家开始从顶层设计方面出发，通过一系列数字乡村治理制度的设计，实现从深化电子政务，到推行互联网＋政务服务，再到建设数字政府和实施数字乡村治理，不断提升乡村治理体系智能化水平。

　　2018 年，中央一号文件中提出"实施数字乡村战略"，要求加快农业农村信息化工程建设，开发适应"三农"特点的互联网应用和移动端服务，弥合城乡之间的数字鸿沟。2019 年，数字乡村发展战略的实施，解放和发展了乡村的数字生产力，推进了农业数字化转型，加快推广云计算、大数据、人工智能、互联网、物联网、区块链等数字技术与农业领域融会贯通，推广智慧农业、标准化农业生产等，构建数字乡村治理新体系。

（二）数字乡村治理的基本特征

在数字化政府转型过程中，随着农民信息化技能的不断提升，数字化治理转型也开始不断向乡村地区拓展。数字乡村治理是以乡村振兴和农业农村现代化为目标，通过多层次、多维度、多领域、多范围的数字赋能，弥补传统治理缺陷，利用大数据、云计算、互联网等数字技术，实现乡村基层治理方式的转型。具体而言，数字乡村治理有以下基本特征。

一是以数据驱动的基层治理。数据驱动（data - driven）是数字政府的显著特征之一。数字政府的核心之一就在于通过良好的数据治理，提供优质的公共服务。良好的数据治理是数字政府转型的基石。随着互联网以及各种各样联网设施的普及和发展，数据呈现出巨量、迅速以及多元积累的趋势，需要运用先进的技术进行处理及分析。大数据分析方法成为强化基层治理能力的利器。传统上，群众办理一项事务，需要往返不同的部门，费时费力而且效率低下。以数据驱动的基层治理，在政府机关信息共享的背景下，群众可以随时登录数字政府服务平台，得到一站式的服务，更能根据群众需求提供差异化的公共服务。但目前乡村数据采集标准不一、数据开放进程滞后、数据管理更新缓慢、数据驾驭能力有限、数据共享孤岛壁垒等问题是数字乡村治理面临的主要困境。加之乡村传统的思维束缚使数字技术赋能乡村治理过程也面临着观念和文化的挑战。因此，综合以上，以数据驱动的基层治理还任重而道远。

二是数字化的基层公共服务。政府机构的主要职能在于为公民提供有效的公共服务，数字化治理的核心主要在于数字技术的发展改变了政府部门履行职能的方式，全面提升了公共服务水平。数字化时代政府部门的履职方式需要向数字化的公共服务转型，即运用大数据、互联网、5G 通信等数字技术对公共服务的组织、结构、流程和方式进行变革，提升基层公共服务的满意度。目前在乡村，通过数字化技术，基层公共服务的方式发生了很大的变化，出现了很多新的基层数字化公共服务典范。在大力推进数字乡村建设的进程中，"互联网＋党建""互联网＋社区""互联网＋医疗健康""互联网＋特色农业产业"等在线服务平台不断涌现，个性化服务、自助式服务、参与式服务、跨部门整合服务、及时化服务、无缝隙服务以及"最多跑一次""不见面审批"等改革模式的推行，推动着基层公共服务少跑快办，提高了群众办事便捷程度。

三是以人民为中心的基层公共管理。长久以来的公共管理模式主要是基于政府中心主义。党的十九大报告强调，坚持人民主体地位，提升人民的获得感和幸福感，开始了向"以人民为中心"转型。① 数字化的发展目标就是建立政府与公民之间开放、协作的新型关系，以数字技术来不断改进公共服务的质量和水平。在数字化转型过程中，数字乡村治理通过将各类基层公共服务搬到数字化平台，优化公共服务的供给。聚焦于使用者和民众的需求是数字乡村的基本原则，在公共服务的提供上，"以人民为中心"，充分听取公民的意见，并依据他们的需求，建立公开、透明、可接触性的数字政务平台，用数字化的方式提供优质的服务。

（三）数字时代的基层政府职能转型

在数字化时代，需要建设数字赋能型基层政府，随之基层政府的职能履行方式也要发生转型，在基层治理的公共医疗、社会服务、税费收取等领域推广数字化服务，促进基层卫生事业、教育事业、金融服务业等公共事业方面的数字化，积极推动农业生产数字转型并加速农业产业发展的数字化，等等。数字技术改变了基层政府的工作流程和服务提供方式，再造了基层政府履行职能和治理的模式。

一是从传统管理到数字治理的理念转变。在传统的科层官僚体制下，基层政府管理的主要模式为采用行政手段自上而下层级传递进行管理。这种行政主导型管理模式的最大特点为执行效率较高，其弊端主要体现在信息封闭保守，乡村社会资源要素难以优化重组，乡村处于"强政府—弱社会"的发展模式中。在数字化高新科技飞速发展的时代，传统基层管理理念已不适应农村改革变化，乡村全面振兴发展需要向数字乡村治理理念转变。数字乡村治理是以数据驱动的、以人民为中心的开放信息系统，通过数字技术加强政府与社会、公民的互动，充分调动各方力量和广大民众的参与度，并充分回应基层多元化社会的需求以提供有针对性的公共服务，努力构建"强政府—强社会"的动态模式。

二是从被动封闭到积极开放的结构转型。长期以来，由于交通不便、

---

① 郁建兴等：《"最多跑一次"改革：浙江经验　中国方案》，中国人民大学出版社2019年版，第234页。

信息不畅等各种原因，乡村给人留下封闭保守的印象，村民们不愿意接受新思想和新模式。在这种传统乡村文化下，基层政府的治理模式也相对被动和封闭，主要的工作目标为完成上级指定的各项任务和工作，缺乏积极开拓创新的思想与机遇。数字技术的发展为基层政府治理带来了新的契机，数字赋能让基层政府职能实现了基于数据的业务和服务流程再造。数字化时代的基层政府无论是在政策执行还是在公共服务的提供上，都要积极地开放数据、公开信息，用数字化的方式积极、及时地处理各类问题与突发情况，而不仅仅是消极的、无关紧要的回应。更进一步在乡村网络文化日渐繁荣发展之时，基层政府需要通过"技术+""数字+"等数字技术，提前预测和了解社会的变化和民众的需求，提前做出快速反应和应对方案，而不是等到民众请求之后才提供相关信息和服务，尽力做到"技术多跑路，村民少跑路"。

三是从外生驱动到内生发展的动力转换。新中国成立初期由于实行城市优先发展体制，逐渐形成城乡二元机制，使得城乡差距不断拉大，乡村成了落后的代名词。改革开放后开始支持农业和轻工业的发展，后来新农村建设坚持工业反哺农业，城市支持乡村，使乡村经济社会面貌逐渐发生变化。特别是近几年以来开始的精准扶贫战略，各种政策帮扶、项目进村、资金注入、人才下乡等一系列外生驱动让乡村发展发生了翻天覆地的变化。随着脱贫攻坚顺利完成，基层政府治理的动力机制需要从外生驱动的外源式扶持模式向内生发展的内源式乡村振兴模式进行转换。数字技术成为乡村振兴内源式发展的动力引擎，数字红利在基层持续释放，"互联网+"与乡村休闲旅游、农村民宿发展等农业产业深度融合，为乡村振兴可持续性发展注入强劲的驱动力。基层政府需要充分利用数字技术的驱动力，推进农业农村数字化转型，从外生资源驱动转换为内在数字技术创新驱动，实现基层职能转型。[①]

二 绿色农业生产体系中的生态型政府

长期以来我国农业生产端主要围绕着产量提升而展开，而片面追求

---

① 沈费伟、袁欢：《大数据时代的数字乡村治理：实践逻辑与优化策略》，《农业经济问题》2020 年第 10 期。

高产量，对农业资源环境的压力超过了其承载力，农业生态环境问题长久以来束缚着农业的可持续发展。面对农业生态环境的严峻挑战，乡村能否持续发展，村民能否长久富裕，农业能否全面振兴，关键在于提升农业可持续生产力。因此，基层政府必须摆脱常规思维，从农业可持续生产力的提升出发，建立环境友好型绿色农业生产体系，建设生态型政府。

（一）农业农村生态环境治理短板

农业是与自然关系密切的产业，农业生产需要与自然的协调平衡发展才能提高农业可持续生产力，才能保持农业生态系统的平衡。在保持生态系统平衡的基础上，尽可能多地生产农产品，这样农业生产力才能可持续发展。然而，长期以来，由于各种历史原因，农业农村生态环境成为提升农业生产力的短板。

一是自然资源透支利用。农业生产最重要的是自然资源为土地资源，然而为了提升农作物的产量，我国耕地长期过度开发利用，导致土地资源被过度透支利用，土壤退化情况严重，土壤有机质过少、山地土壤酸化等造成了农业生态失衡，影响了农业增产增收。水土流失严重、耕地基础地力相对较差等问题更是大大降低了农业生产力。如果农业生产是以农业生态环境恶化为代价，土壤结构被破坏，地下水被过度采用，水土严重流失、生态用地被过度开垦，那么农业生产的可持续发展也将难以维持。

二是农业生产面源污染。为了加快农作物生长速度，长此以往过度投入农药、化肥、农用薄膜以及各种化学品，药物及废弃物残留造成了水体污染、土壤污染、环境污染等。我国农药施用过度，为了达到病虫害防治效果，往往用药剂量和次数较多，在施药过程中，因为施药流程不够规范，农药残留率较高，容易带来农产品安全问题。我国化肥施用量也逐年呈增加态势，并且长久以来化学肥料施用量比例较高，而有机肥使用量比例较低，没有给土壤自我调节的平衡时机。随着设施农业发展，农用薄膜总量不断增加，但农用薄膜容易破损，农膜残留率高达40%，废弃农膜降低土壤的通透性，极易导致土壤"白色污染"，抑制有机生物的自我调剂作用。农业生产过程中产生的土壤和水体污染风险，对农业生产环境、农村生态环境产生严重危害。

三是农村生态环境失衡。农业是个生态产业，然而由于重视不够，农村生态系统平衡遭到破坏。畜禽粪便的资源化利用还没有引起重视，一些落后地区村民没有养成定点投放垃圾的习惯。日积月累之下，村庄的田地边、房屋周围等被各种垃圾及污染物环绕，其生态环境堪忧。特别是农作物收获时节，秸秆收集、运输、储存、处理等问题还没有从根本上解决，农户的秸秆处理方式较为落后，随意丢弃或者就地焚烧现象比较严重。每到收获的季节，大量秸秆随意焚烧，整个村庄烟雾笼罩，不仅污染土地和空气，还危害生态圈中各种动物的生命健康，造成农村生态环境失衡。

总而言之，农业农村生态环境治理短板必然影响农业发展后劲的提升，农业生态系统总体生态功能的退化，更抑制着农业可持续生产力的提升。如何"顺应自然、尊重自然、保护自然"，需要建立环境友好型绿色农业生产体系，大力发展生态农业、有机农业、观光农业等，推行绿色生产方式，优化配置肥料资源，增加安全优质农产品供给。

（二）生态型政府的构建

随着农业农村经济快速增长也带来了五花八门的生态环境问题，如自然资源透支利用、农业生产面源污染、化学投入品残留等导致农村生态环境失衡，农业资源、农村环境与农业农村生产之间的矛盾日益显现，不仅农田生物多样性面临威胁，而且不利于农业可持续生产力发展，急需进行农业农村生态环境治理。古往今来，生态环境资源属于全人类共有，是典型的公共产品，需要政府通过各种行政、经济、法律、教育以及文化宣传等手段来进行治理。因此，生态型政府应运而生，新形势下，在促进经济发展的同时，需要保持环境友好，人与自然共生发展。[①]

一是生态型政府的基本内涵。传统的政府职能是政府依法对社会公共事务进行管理的职责与功能。随着社会进步和经济的飞速跃进，带来了丰富的物质资源和低廉的消费品。但如果以牺牲生态资源的方式来进行经济发展，将严重制约生产力的可持续发展。耕地告急、大气雾霾、环境污染、能源挑战等方面揭示了目前中国所面临的生态环境危机。所幸的是，目前我国对生态环境问题越来越重视，生态文明建设的理念开

---

① 黄建红：《行政价值观转型与政府职能重塑》，《行政论坛》2014 年第 3 期。

始深入人心。生态型政府就是秉承生态文明理念，追求人与自然共生发展，在遵循经济社会发展规律的同时遵守自然生态规律，在价值目标上以可持续发展为导向，积极促进经济发展与生态系统平衡，实现人与自然的自然性和谐的政府。[①]

二是国外生态型政府构建的经验。西方发达国家早期不可持续的发展理念导致其生态环境遭到了严重的破坏，后来有关绿色政府的理论研究相继问世，《寂静的春天》成为生态行政的早期萌芽，为"生态运动"发出起跑信号。以美、德、日为代表的西方发达国家从市场调控、社会动员、法律监管等不同方面对生态型政府开展了实践行动。美国生态型政府构建主要是强调市场经济杠杆来应对生态环境问题，主要通过税收惩罚、生态补偿、绿色采购制度等手段来对生态环境进行保护。德国生态型政府构建则与之相反，主要通过生态公民的培养、与生态非政府组织的合作以及注重生态企业的培育等方面，充分调动各种社会力量实现生态环境保护运动的全民组织动员。日本生态型政府构建的显著特点主要为依靠法律的权威性实施"环境立国"战略，十分看重环保法律实施的可行性，由法律来推动政府的生态化转型，筹谋"环境优先型社会"[②]。

三是生态型政府构建的目标体系。首先，保护生态环境是构建生态型政府的直接目标。生态型政府建设需要认识到生态环境问题关系到每一个公民的生存与生活，在实现经济增长的同时不能突破生态环境的底线。其次，发展生态经济是构建生态型政府的核心目标。绿色富国、绿色惠民，就是要运用绿色发展理念来把握和引领经济发展新常态。调整经济发展方式，推进清洁生产，实现"绿色富国"，是中国特色社会主义生态文明建设的主旋律。最后，培育生态公民是构建生态型政府的主体目标。生态型政府的构建离不开公民的参与，公民是生态治理的重要主体。政府通过普及生活方式绿色化的知识和方法，倡导和践行绿色低碳的生活方式，积极培育生态公民。

（三）基层政府的生态化职能转型

随着人类社会在走向现代化发展进程，在生活水平提升的同时，诸

---

① 徐汝华：《生态型政府的模式选择与推进策略》，《行政论坛》2009 年第 2 期。

② 田发允、刘养卉、姜波：《国外生态型政府构建的经验及其对我国的启示》，《北京邮电大学学报》（社会科学版）2015 年第 1 期。

如空气雾霾、河水污染、资源短缺等生态环境问题也日益凸显。长期以来我国的基本路线一直以国内生产总值（GDP）为经济考核目标。然而在高投入高发展过程中，政府在生态职能管理方面的"缺位"，令生态环境每况愈下。因此，基层政府需要转变传统发展观念，增强生态责任意识，强化生态管理和服务职能。

一是全面贯彻生态文明理念。改善和优化人与自然的关系，"尊重自然、顺应自然、保护自然"，促进生态空间山清水秀，需要全面贯彻生态文明理念，建设健康有序的生态运行机制。生态文明理念的确立为我们指明了生态文明建设的总体原则。全面贯彻生态文明理念是基层政府的根本任务。首先，加强生态文明教育。通过形式多样的宣传活动强化人们的生态保护意识和责任感，引导大家时刻关注生态环境。其次，推行生产方式绿色化。发展绿色产业，形成符合生态文明要求的农业产业生产体系。最后，推动生活方式绿色化。鼓励人人从自身出发，践行绿色低碳的生活方式。

二是严格履行生态管理职能。随着社会发展，生态环境质量呈现越来越重要的地位。基层政府如何严格履行生态管理职能，为人民提供环境优美的幸福家园，关系到最广大人民的根本利益。一方面，强化生态优先意识。近年来，一些基层政府为了地方经济快速发展，片面追求经济效益，开展高投入、高污染、高消耗的农业生产体系，导致生态环境每况愈下，令人堪忧。基层政府需要改变传统的以追求经济最大化为目标的"黑色发展"，坚持生态优先的价值取向，通过"绿色发展"实现地方区域的可持续性发展和生产力水平的提高。另一方面，加大生态环境治理力度。生态环境问题是涉及广大人民群众切身利益的重要问题。生态环境作为一项影响全民的公共产品，需要政府参与并进行强有力的治理。然而之前，在政府职能履行中，生态管理职能"缺位"严重，无法对生态环境问题进行系统性的整治。随着对生态文明重要性的认知日益明晰，基层政府要切实转变角色，遵照生态管理规律，为建设天蓝地绿水净的美丽乡村提供坚强的体制机制保障。

三是建立生态文明考核机制。建设生态文明关系人民福祉与生活幸福。习近平总书记强调，建设生态文明，需要建章立制，用法律和制度来保护生态环境。① 因此，必须建立系统的生态文明考核机制，用法律与制度保障生态环境，推进生态文明建设。一方面，优化基层政府政绩考核目标。很多地方政府只关注经济增长的指标，随着生态文明建设制度化管理的实施，不能只考核经济指标，要结合当前生态文明建设要求，实行生态文明绿色指标体系考核，实现经济、生态、社会三方面效益的共赢。另一方面，完善生态文明责任追究机制。建立监测预警机制，设定并严守资源消耗"天花板"上限，划定基层政府环保责任红线，对违背生态文明发展要求、造成资源生态环境破坏严重的要记录在案，实行领导干部问责制度，并进行终身追责。

三　由管理走向服务的乡村基层治理

民族要复兴，乡村必振兴。随着打赢脱贫攻坚战，启动实施乡村振兴战略，广大乡村大地发生了灿然一新的蜕变。在新形势下，过去传统的基层行政管理模式已经不再适应乡村现代化发展的需要，迫切要求基层政府职能方式发生转变，乡村基层治理渐渐从过去的"管、征、批"管理型政府向"扶、帮、引"服务型政府转型，以满足乡村现代化发展的内生需求。②

（一）由管理型政府向服务型政府的转型

信息技术的快速发展带来了政府管理上的变革。办公自动化、电子政务、互联网＋政务服务、数字治理等提升了管理的效率。行政管理开始从工业化进程中的管理型政府向信息化进程中的服务型政府转型。在改革开放前期，政府的主要目标是发展经济，GDP 的增长被作为衡量政府绩效最重要的标准。随着财富的增加和积累的增长，经济发展带来了生态系统失衡、贫富差距拉大、空气雾霾严重等一系列问题，民众也处于焦虑之中。在这一背景下，政府开始思考经济发展到底是目的还是手段、效率还是公平？GDP 指标还是民生福利？由此，政府职能方式开启

---

① 习近平：《推动形成绿色发展方式和生活方式是发展观的一场深刻革命》，载习近平《论把握新发展阶段、贯彻新发展理念、构建新发展格局》，中央文献出版社 2021 年版，第 188 页。

② 黄建红：《三维框架：乡村振兴战略中乡镇政府职能的转变》，《行政论坛》2018 年第 3 期。

了从管理走向服务的转型。

一是服务型政府兴起的必然性。管理型政府的施政理念源于马克斯·韦伯（Max Weber）的"官僚制"理论，在当时的行政环境下，让行政效率得到了跃升。随着后工业化时代的来临和信息化技术的深入渗透，技术和经济的快速发展影响着政府的角色定位和管理方式。① 在管理型政府的运作方式和治理过程中，行政人员需要严格按照既定规则体系和行政程序开展工作，这种管理方式能够满足标准化的工业社会时期发展需要，那么在变化多端的信息化时代，管理型政府已经无法满足瞬息万变的社会治理需求。面对社会多元化变化，政府需要转换自身角色，以为公民服务为宗旨，坚持公民本位、社会本位，成为全面履行公共服务职能的服务型政府。

二是服务型政府与管理型政府的区别。首先，就政府角色定位而言，服务型政府将会放下管理型政府的"行政傲慢"，学会放权给市场和社会，政府主要为满足民众的多元化需求提供公共服务和公共产品，将服务的精神和理念贯彻到社会治理之中。其次，就行政组织形态而言，服务型政府将会逐渐扬弃管理型政府所采用的官僚制组织形态，转而采用更为灵活的网络化组织形态，摒弃管理型政府科层制自上而下等级结构的思维路线，采取一种适应于复杂性社会的网络治理"以变应变"的战略性思维，既有效处理好常态化的行政管理，又注重对网络社区等虚拟空间的引导和治理。最后，就履职方式而言，服务型政府将会以政府引导合作来履行服务职能，积极培育和引导所有社会治理力量参与到社会治理中来，注重创新治理工具的灵活运用，通过与非营利性组织、营利组织、社会组织等多元主体共同合作来广泛提供公共服务，以取得良好的治理效果。

三是服务型政府的职能重塑。政府职能直接与政府治理实践衔接，反映了社会治理实践中政府的角色和责任，服务型政府的建设从政府职能的重塑和定位开始。首先，"以公民服务为宗旨"的职能重塑。服务型政府以民生服务为重心，树立"公民本位"的服务理念，政府的一切行

---

① ［美］托马斯·弗里德曼：《世界是平的：21 世纪简史》，何帆、肖莹莹、郝正非译，湖南科学技术出版社 2006 年版，第 40 页。

为要以民众需求为核心，向民众提供更多更优的公共产品和服务，实现好、维护好、发展好人民群众的根本利益。其次，政府职能运行的公开透明。它强调了一种政府与公民的新型互动关系，让公民和组织更好地获取公共服务与了解办事规则，也鼓励与引导公民积极参政议政。最后，行政组织结构的便民灵活。政府的行政组织结构应该便民灵活，而不是封闭僵化，以方便公民能够迅速地获得相对应的服务。目前信息化程度的空前提高，使"互联网＋政务服务"成为现实，它极大地提升了政府运作的效率，能够适应复杂多变的环境和处理突发事件，也有利于公众对公共管理的参与，使公共服务满意度得到提高。

（二）基层服务型政府建设

随着对服务型政府的认识越来越深入，关于服务型政府的理论研究与建设实践呈现出了互动，以建设服务型政府为战略目标的政府改革路径在实践中日渐清晰，服务型政府建设从宏观制度建构逐渐走向了地方治理阶段。随着国家对乡村建设和乡村发展不断重视，服务型政府的建设从地方治理创新更进一步走向了更为实践的乡村基层治理中。[①] 基层政府站在基层公共服务的最前沿，是连接上级政府和基层群众的通道，如何向服务型政府转变，是基层政府职能履行方式改革的最终目标。

一是加强基层政府服务能力建设。基层政府处于乡村公共服务的第一线，基层相对环境复杂多变，工作内容庞杂多样，长期以来公共服务能力难以满足日益增长的多元化基层服务需求，急需加强基层政府服务能力建设。首先，坚持党建引领。推动基层党组织全面进步，促进基层党建与乡村振兴、乡村建设同频共振，推动形成党员带头干、村民跟着干的浓厚氛围，提升基层服务经济社会发展和人民群众的力度和水平。其次，加强基层公务员队伍建设。基层干部处于行政体系的"神经末梢"，是提供公共服务的排头兵，站在基层公共政策执行的最前线，是基层政府的形象代表。通过选调生考试、大学生"村官"等方式选拔优秀人才进入基层，推行基层公务员培训总体规划，建立基层干部轮训制度，及时关注基层公务员的苦与愁，激发基层公务员扎根基层、奉献基层的

---

① 仇叶：《基层服务型政府建设中的服务泛化问题及其解决》，《中国行政管理》2020 年第11 期。

事业心和责任感。最后，改进基层政府服务绩效评估体系。加大群众满意度在绩效评估中的权重，避免绩效评估的"形式化""数字化""走过场化"，欢迎公众、媒体对绩效评估进行监督，引导基层干部一心一意为群众谋福利。

二是创新基层公共服务方式。基层公共服务关键看实效。[①] 因此，需要以群众为中心，创新基层公共服务方式。首先，政务中心从碎片化审批向整体性服务转型。绝大多数政务中心最开始都是政府的集中"收发室"，承担了各职能部门"物理集成"的责任，只是提供了民众与各职能部门面对面办事的共享空间，属于"淘宝"模式。在服务型政府建设下，需要进入到"京东"模式中。政务中心以服务民众为中心，围绕"一件事"，系统梳理该事项所涉及的所有行政流程，进行跨部门协调。这样从"淘宝"模式转向"京东"模式，实现了从碎片化审批向整体性服务的转型（见图4-3）。[②] 其次，实施"互联网+基层治理"行动。在互联网信息化

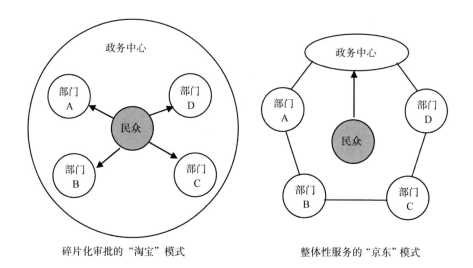

碎片化审批的"淘宝"模式　　　　　整体性服务的"京东"模式

图4-3　从碎片化审批到整体性服务的基层公共服务创新

---

① 新华社：《习近平谈基层公共服务：关键看实效》，人民网，http://cpc.people.com.cn/n1/2020/0917/c64094-31865375.html，2020年9月17日。

② 郁建兴等：《"最多跑一次"改革：浙江经验　中国方案》，中国人民大学出版社2019年版，第60页。

时代，由于城乡数字鸿沟，基层数字化公共服务为"短腿中的短腿"，推动基层治理数据资源共享，优化公共服务流程，实现受理上"一窗跑"，审批上"线上跑"，服务上"加速跑"，通过"一站式"服务中心，提高办事效率，提升便民服务效能。同时也要保留与简化必要的线下办事通道，推行适老化和无障碍信息服务。再次，构建共建共治共享的公共服务机制。随着乡村振兴发展，新农人、新乡贤、回乡创业企业家、乡村能人等多元主体不断涌现，构建更加有效、充满活力、多元共治的新型公共服务机制，充分发挥各个主体的主观能动性，打造美丽乡村和健康乡村。

三是全力扶持智慧农村工程服务。智慧工程作为物联网、人工智能、互联网、区块链、云计算等高新技术进步而组成的新型工程。而智慧农村工程则是智慧工程等现代化高新技术在农村公共管理与农业生产中的具体应用。智慧农村工程能够降低农村公共管理成本，其智能化信息化综合体系可具体应用于农业生产、农村管理、产业发展、科教文卫、环境资源等方面，提高农村运行效率。其中，农业生产智能化能够快速提高农业生产力，它通过人工智能、物联网、5G 通信技术、大数据、互联网、云计算等，经过数字摄影测量系统、地理遥感技术，达成农业生产的自动化与智能化。全力扶持智慧农村工程服务，建立"三农综合服务信息平台"，以方便农民快速获取农业信息，随时随地掌握农业生产和管理，满足农业农村信息化发展需要，让农民获益，服务广大农民。

（三）完善农业生产社会化服务体系

我国农业农村现代化发展的关键之一就是需要尽快构建系统集成与多快好省的农业生产社会化服务体系。[①] 随着中国农业现代化进程的加快，农业生产社会化服务体系也取得了长足的发展。长久以来，我国"人均一亩三分地"的碎片化农业生产模式难以实现现代农业集约化发展。为实现小农户农业现代化发展，解决现代生产要素导入难题，在农业供给侧结构性改革中，基层政府需要通过建立和完善农业生产社会化服务体系，帮助小农进入农业农村现代化发展的快车道。

---

① 周海迪、孟庆军：《农业供给侧改革背景下构建现代农业经济社会化服务体系研究》，《经济研究导刊》2017 年第 20 期。

一是鼓励农业生产社会化服务体制创新。我国的农业生产社会化服务体系主要是为农业生产提供社会化服务的各种组织机构和方法制度的总和。总体来看，目前农业生产社会化服务体制尚处于自发阶段，没有全面的布局和系统的政策安排，已经难以满足当今农业农村现代化条件下农业生产日益专业化、规模化、商品化和组织化的需求。基层政府可通过农业补贴以及相关惠农政策，扶持一批新型农业生产社会化服务企业，注重对农业生产社会化服务市场机制进行培育，通过政策倾斜支持农业生产社会化服务体系建设。

二是建设农业生产社会化服务平台。随着信息时代的到来，农民对农业生产社会化服务的要求越来越多样化，种子、农药、化肥等各种农资服务向农产品销售、农业灾害保险、农业生产技术更新等综合性服务过渡；从农资供应、农机优惠补贴、病虫害防治等生产性服务到农产品加工、营销、物流配送等市场化信息转型。在农业大数据发展下，建设农业生产社会化服务平台，通过大数据分析，可以对农业生产过程进行监管，让农户可以实时追踪市场行情变化，据此来对农业生产进行管理和调控。

三是整合农业生产社会化服务资源。全力开发农业数据资源，实现农村信息基础设施的智力升级，利用云计算、大数据、人工智能、物联网、5G通信技术、互联网、区块链等整合农业生产社会化服务资源，建立农业生产社会服务综合信息"云平台"，构建农业生产社会化服务体系联盟，解决农业生产信息、消费信息供给结构不对称等问题，把各种现代农业生产技术装备与服务注入千家万户，提档升级农产品的品质与质量，真正做到为农户办实事，为农民提供优质的服务。

第三节　优化农业生产体系的基层案例剖析

在各项政策的支持下，我国农业农村发展一路高歌猛进，农业生产力发生了质的飞跃，农业生产体系发生了翻天覆地的变化。生产工具是社会生产力发展水平的主要标志，以前的农业生产主要以人力畜力为主，现代农业已经走向了机械化和自动化。过去农业生产从种到收主要由家庭独立完成，现在是由农民家庭和机耕、机播、机收等农业生产社会化服务组织共同完成。在"互联网＋现代农业"的发展进程中，现代农业生产体系正在从"靠天吃饭"朝着"智慧农业"演进，数据变成了"新农资"，各种优化现代农业生产体系的基层案例为农业供给侧结构性改革提供了借鉴与参考。

一　数字乡村：智慧农业高质量发展的"海曙样本"

数字如何赋能乡村振兴？数字化的应用毫无意外给现代农业生产增添了更多可能，一场有关田间地头的智慧革命正在兴起，"农业＋互联网"的新型发展模式正日益壮大。大数据、物联网、5G 通信技术、互联网、区块链等高新技术与农业生产深度融合，培育了农业农村现代化发展新动能，移动智慧农业发展成为现代农业发展的新增长点。近年来，浙江省宁波市海曙区农业农村局、海曙区古林镇等地推进数字乡村建设，推动大数据、云计算、人工智能、物联网、专家在线系统、农业电子商务系统在现代农业中的应用，搭建智慧农业云平台，营造了智慧农业新面貌。

（一）智慧农业云平台概况

信息技术的快速发展让数字化浪潮席卷而来，乡村全面振兴发展需要大力开发数字农业，建设数字乡村。浙江省宁波市海曙区抓住机遇，乘势而上，通过加快信息化发展，推动数字农业和智慧农业建设，全方位推动农业数字转型。浙江省宁波市海曙区古林镇运用数字技术，依托智慧农业云平台，运用大数据、物联网、5G 通信技术等先进手段，推动农业数字化转型。大量智能化、信息化、数字化的农业新技术，加速了海曙农业高质量发展。

智慧农业是现代信息技术与人类智慧、经验的结合，可为农业生产提供可视化种植、高效化管理、精准化流程、标准化生产、智能化决策等。浙江省宁波市海曙区农业农村局、海曙区古林镇与浙江托普云农科技股份有限公司一起架设浙江省海曙智慧农业云平台，依靠托普物联网，形成"一个平台＋一个中心＋N 个应用"。一个平台即"智慧农业"管理决策平台，形成农业数字监管"一张图"；一个中心即农业大数据中心，集中各类农业数据资源；N 个应用即智慧农业的各个业务系统，包括农业物联网管理系统、农企 ERP 系统、专家在线系统等，根据现代农业发展实际情况还可以不断拓展各项应用。智慧农业云平台运用现代化信息技术将农业推向高科技发展阶段，使信息技术与知识智慧成为驱动农业发展的主要力量（见图4-4）。

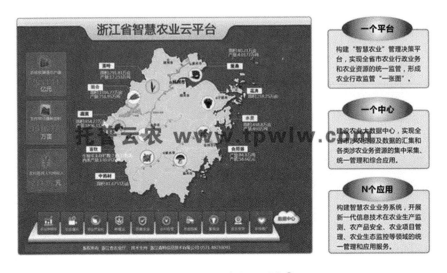

图4-4　智慧农业云平台①

（二）智慧农业发展的海曙样本

智慧农业将信息技术与知识要素融入农业产业中，使传统农业从依赖自然资源向现代农业依赖信息资源转型，最大限度地把信息技术和人类智慧转变为先进的农业生产力。海曙古林大田数字农业是由浙江省宁波市海曙区农业农村局、宁波市海曙区古林镇、托普云农科技股份有限公司等联合一起运用数字技术，通过智慧农业云平台、农业大数据中心、农业物联网系统等共同打造的智慧农业项目。该项目建设总面积为10900亩，以"可视化种植、智能化灌溉、高效化管理、精准化流程、标准化生产"等为核心建设农田无人农场样板工程项目，运用大数据收集农业生产的各项数据，实时采集空气湿度、二氧化碳的浓度、肥料养分、病虫害发展趋势等各种农业生产参数，在农业大数据的分析与处理下，将

---

① 《浙江省智慧农业云平台》，托普云农，http：//www.tpwlw.com/project/38.html，2021年10月11日。

各项数据通过物联网与无人机设备、无人机遥感等自动化农业生产设备相连接，能够智能化开启或者关闭相关程序，实现自动化生产过程，探索最新数字农业"无人农场"生产方式。

智慧农业将数字技术进行综合集成，使农业生产方式向智能化、自动化、精准化、标准化、设施化、高效化等现代化模式迈进，古林大田数字农业实现了从育苗播种、土肥灌溉、病虫害防治到最后的收获、颗粒归仓的农业生产过程全自动化管理，为提升农业生产力发挥了重要作用，驱动农业生产体系"跨越式发展"。一是育秧工厂，流水线式育苗催芽。在育秧工厂内，一条机械化流水线设施贯穿车间，车间工人只需要将催芽框放置在履带之上，即可实现自动填土、播种、药剂消毒等一系列操作，随后用平板车将催芽框转移至恒温恒湿培养室，静待数日，即可得到生机盎然的新生嫩芽。二是无人驾驶，不下田也能"耕种收"。数字农业将地理遥感技术、全球定位系统、数字摄影测量系统等物联网高科技与网络技术、计算机技术和5G通信技术等信息技术相结合，园区内的农机装备自动化控制系统，使用手机或者电脑就可以进行播种、施肥、耕地、灌溉、病虫害防治、收割等无人化作业，实现农业生产智能化、自动化、信息化和高效化。三是智能装备，田间管理无忧虑。要保障粮食丰产，从插秧到收割，田间的农事管理不得含糊。古林无人农场不仅布设了智能装备、物联网设施，还配置了无人机等设备用以保障田间管理落实到位，实现农业生产过程实时全面监管。

智慧农业云平台的数据中心不仅是园区的数据库，还是整个园区掌握实时生产情况和指挥调度农事操作的智慧中心。大田区域铺设了墒情监测系统以及水泵等抽水设施，通过物联网的连接和信息化平台的监测控制，可自动实现对缺水地块的智能灌溉，让作物能够"吃饱吃好"，苗壮成长。大田周边还科学排布了太阳能风吸式杀虫灯，利用物理防治的方式可实现对虫害的无毒无害灭杀，有效维护田间种植环境。一旦发生重大病虫害，还可启用无人机大规模喷洒农药，一台无人机一天就能打300—400亩地，科学精准施药，能够有效防治虫害，保障稳粮稳产。数据中心是整个园区的"大脑"，园区铺设的所有物联网设施都将与之连接，传感器与监测设备就好比是"眼睛"，将田间的虫情、墒情、苗情、气象等信息捕捉，并通过可视化的方式呈现在管理后台，而水泵等设施就好比是"四肢",听从"大脑"指挥,采取对应行动,从而为作物提供一个良好的生长环境,有利于节省农事成本,提升作物产量与质量,进而增加经济效益。

海曙区的古林大田数字农业是智慧农业发展的升级版,是农业数字化、信息化、智能化、自动化、工厂化在农业生产中的创新探索和实践,将农业生产体系与物联网、5G 通信技术、无人遥感技术等紧密结合,让农业生产过程从播种、施肥、收割等一系列过程实现数字化。古林大田数字农业通过强化农业数据资源整合、政府全程监督等措施,加之以"农旅结合"为立足点,带动了宁波当地现代农业示范区的建设,在推进农业生产智慧化转型、推进数字乡村建设上,探索了一条农业生产体系可持续发展的新路子,形成了鲜明的"海曙样本"①。

(三)海曙智慧农业高质量发展的经验启示

当前智慧农业发展如火如荼,其主要依靠物联网、云计算、移动互联网以及"5S"技术等高科技手段来实现农业的转型升级,它运用智能设备、无人农机等先进技术来开展生产和管理,是一种新的农业生产体系和发展模式,它是一种能够颠覆传统农业生产者观念、全面提升农业生产经营效率的新型农业业态。智慧农业有利于推动农业资源永续利用,更进一步全面促推了数字乡村建设。

首先,智慧农业全面促推了数字乡村建设。海曙以数字农业项目为突破口,全面推进信息进村入户提升工程,开发推广了"海曙益农信息服务平台",构建为农综合服务体系。每位村民可以及时在平台快速获取农作物病虫害防治、灾害性天气预警等农业生产过程中的相关信息,也可以在平台上发布供应或需求的农产品,实现农业信息随时随地互联互通,为农业、农村、农民架起了信息化服务的高速公路,搭起了迈向共同富裕的数字桥梁。海曙对农产品从田间地头到餐桌实行电脑平台智能管理的模式推动信息科技创新转化成为农业发展新动能,更进一步全面促推了数字乡村建设。

其次,智慧农业推动了农业信息化发展。海曙通过大数据、云计算、

① 海曙区农业农村局:《建设"数字乡村"打造高质量发展的"海曙样本"》,《宁波经济》(财经视点)2020 年第 2 期。

人工智能等先进技术，以"农业＋互联网""智慧农业云平台""App 掌上农场""云认养"等平台促进信息技术与农业生产全面融合，实现了农业生产的智慧化和数字化转型。基于互联网、信息技术与人工智能相结合的智慧农业正在深刻地影响着农业生产的整个过程，推动了农业信息化发展。在产前阶段，通过传感器、卫星通信等信息技术可以为农作物的生长和发育创造最佳环境；在产中阶段，农田信息可以实时监控，精量灌溉、精准变量施肥和精准农药投放；在产后阶段，利用智能设备控制无人机，可以及时收获并做到烘干归仓，同时根据农产品不同品质进行等级划分。

最后，智慧农业推进了农业生产转型升级。智慧农业将信息技术、云计算、大数据等应用到与农业生产相关的作物学、农学、植物生理学等基础学科中，从而可以实时监测农作物长势，结合大数据中的农业生产过程信息等，实现农业生产智能化管理。海曙将农业大数据与"科技＋""生态＋""生产＋"等融会贯通，开启了农业生产过程的转型升级。在农业生产环节，智能化设备促进了农民和农田的有机互联，农民根据农业资源大数据，可以从宏观到微观精准监控农业生产的整个过程，做到农业生产的投入产出最优化配置，由人工走向智能的精细化管理，推进了农业生产转型升级。

二　生态治理：翁草村生态扶贫过上"向往的生活"

生态治理就是在生态学原理基础上，宏观调控和管理各类生态资源。习近平总书记提出："生态治理，道阻且长，行则将至。我们既要有只争朝夕的精神，更要有持之以恒的坚守。"① 绿色是大自然的底色，优美的生态环境就是绿色生产力。生态治理必须遵循自然规律，做到生态惠民、生态为民，因地制宜，统筹兼顾山水田林湖草，打造多元共生的生态系统，源源不断创造综合效益，让天蓝地绿水清永葆常态，实现经济社会可持续发展。

（一）古丈县默戎镇翁草村概况

古丈县总面积 1297 平方千米，全县辖 7 镇 103 个村，属于少数民族

---

① 习近平：《共谋绿色生活，共建美丽家园》，《人民日报》2019 年 4 月 29 日第 2 版。

占多数的地区，被誉为"茶叶之乡""生态之乡"。古丈县位于湖南省西部，虽然原始生态环境优良，自然资源优美，绿色旅游资源丰富，但因为地理位置比较偏僻，加之交通闭塞，长久以来属于贫困县。得益于国家精准扶贫战略的实施，古丈县依据脱贫攻坚系列精神的指导，开始了"生态立县、环境创优、产业富民"规划蓝图，实现了整县高质量脱贫摘帽，由贫困走向了富裕。

"春风一笑绿山冈，喜见银芽处处芳。"目前古丈是中国有机茶之乡，全县生态茶园面积达 19 万亩，为全国重点产茶县，2017 年被评为"中国茶文化之乡"，2018 年获评"世界生态古丈茶"，2019 年茶叶院士团队科研工作站落户古丈，2020 年获评全国"茶园绿色防控新技术示范县"、2021 年获评"中国有机茶生产出口基地示范县"。古丈有世界地质公园红石林、国家森林公园、国家级自然保护区等原始生态风景名胜，因生态环境优美，获评为"全国乡村旅游示范县"与"休闲度假旅游最佳目的地"等荣誉称号。

翁草村地处湘西自治州古丈县默戎镇东北部，村民主要为苗族，全村共 214 户、844 人，其中建档立卡户共 76 户、317 人，村庄一度陷入深度贫困之中。截至 2019 年 12 月底，退出贫困区行列，2020 年最后 3 户贫困户成功脱贫。翁草村四面环山，自然生态环境保存完备，清澈的小溪蜿蜒穿过苗寨，风景优美，生态优良，苗家建筑错落有致，属于"第四批全国传统村落"。

（二）生态扶贫助力翁草村过上"向往的生活"

自然资源是人类赖以生存的重要载体，我国在精准扶贫战略实施中，创造性地将贫困问题与生态建设有机结合，开启了生态扶贫之路。[①] 生态扶贫主要是从生态文明视角来构建生态化农业生产体系，在农业生产实践中统筹兼顾农业经济、社会和生态等多方面，优化农业生态系统，使贫困地区实现可持续发展的新型扶贫模式。西古丈县翁草村一度属于深度贫困村。得益于生态扶贫战略，浙江安吉黄杜村给翁草村送来了"白叶一号"茶叶名品。通过种下希望苗，奔向小康路，翁草村由昔日深度贫困村华丽转身，成为湖南卫视综艺节目《向往的生活》拍摄地，其优

---

① 郑继承：《中国生态扶贫理论与实践研究》，《生态经济》2021 年第 8 期。

美的原生态环境变成了网红打卡点，生态扶贫助力翁草村过上了"向往的生活"。

1. 深度贫困的翁草村

"翁"在苗语中的意思是水，"翁草村"就是指水草丰茂的地方，村中有翁草溪穿寨而过。700多年前，苗族人的祖先从江西、湖北迁徙至此。村里有石、龙两姓，世代通婚。上山采茶，下山织绣，鼓舞相伴，是传统苗族人日常生活的真实写照。翁草村是一处青山环抱的谷地，沿着溪水而行，寨中200余栋传统木质民居被完整地保存下来，错落有致，风景别致。不过，2018年以前，这个风景秀美的苗族村落却是湘西有名的深度贫困村。翁草村地处武陵山腹地，因为交通闭塞，村民增收渠道有限，长期处于深度贫困状态。为了改变村里的贫困面貌，翁草村干部也带着村民想过不少办法，种过猕猴桃，栽过金秋梨，可结果都不尽如人意。村里没有运输路，村民没有好销路，付出了巨大心血种下的水果最终也只能烂在家里。龙成先曾当过村里十年的村主任，他也曾想过找一些项目帮村里致富，可最后都无功而返。2018年，省里的扶贫工作队进入翁草村。来自湖南警察学院的欧三任担任起了村里的扶贫第一书记。虽然之前一直在参与扶贫工作，但是当时翁草村的贫困情况还是超乎了欧三任的想象。

2. "白叶一号"生态扶贫激活发展

千里之外的浙江省安吉县黄杜村，由于种植"白叶一号"茶叶，当地村民的年人均收入超过了4万元。饮水思源，不忘党恩。浙江安吉的农民党员写信给习近平总书记，希望捐赠茶苗，帮助落后村庄脱贫致富。黄杜村农民党员先富帮后富的精神获得了总书记的充分肯定。国务院扶贫办和黄杜村的党员在调研走访后，确定了古丈县翁草村等34个建档立卡贫困村为受捐对象。在总书记的深切关怀下，浙江安吉的"白叶一号"开始在翁草村生根发芽，翁草村的白茶基地一片欣欣向荣。为了让贫困地区的村民真正实现脱贫，浙江安吉黄杜村在捐献150万株品质一流的白茶茶苗给翁草村后，还表示负责翁草村今后10年的茶叶销售渠道。

古丈县和翁草村一起成立了专门的工作组，规划出750亩茶园。一方面茶叶种植与生产给翁草村村民带来了工作机会和收入，另一方面茶园的自然生态美景更吸引了许多游客，乡村生态旅游也得到了进一步的开发。2019 年，翁草村实现脱贫。"白叶一号"生态扶贫激活了翁草村的发展，有了生态茶园，苗族的各种生态资源，如山、林、水、溪、田都被盘活了，就连老百姓家里的苗绣、腊肉都成了"香饽饽"。来翁草村旅游的人越来越多，翁草村的茶山美景还被人拍成视频传到了抖音上，成为网红打卡点。

3. 翁草村农民过上"向往的生活"

随着 2018 年"白叶一号"落户翁草村，翁草村产业发展蒸蒸日上，村庄面貌日新月异。通过茶叶生态扶贫，翁草村的产业和经济发展吸引了诸多关注。2019 年，湖南卫视综艺节目《向往的生活》在这里选址拍摄，错落的苗寨，层层的梯田，叮咚作响的流水，炊烟袅袅的村落，宛如一幅放大了的"山水丛林盆景"，目光所及皆是画，每一处都散发着魅力，"蘑菇屋"里的古朴生活更是成了很多观众"向往的生活"。翁草村成为国家精准扶贫战略实施的直接受益者，村集体有 750 亩"白叶一号"白茶和 200 亩冬桃，村民 2018 年、2019 年、2020 年连续几年户均增收 5000 元。2020 年贫困人口人均收入达到 12000 元以上。在"白叶一号"的生态扶贫下，翁草村一跃成为"向往生活"的明星村。

翁草村声名远扬，"白叶一号"基地绵延起伏，美不胜收，既是茶叶产业生产基地，更是生态旅游胜地。其良好的生态环境与旖旎风光，成为人们心目中的天然氧吧与康养胜地，游客接踵而至。2018 年以来，新修 4 公里沥青入村路，8.1 公里产业路，新修停车场和村部，自来水、电力增容改造全部完成，石板路连通家家户户。翁草村一年一小变、三年一大变，青山如画，茶果飘香，苗寨越来越富、越来越强、越来越美。产业发展和扶贫情况得到中央电视台、光明日报、红网等众多媒体的关注，沐浴着改革开放春风，翁草村农民正大踏步走向小康，过上了我们"向往的生活"。

（三）生态扶贫的"绿色引擎"推动乡村振兴

生态文明建设需要坚持绿色发展，加大生态环境保护力度，推动实现生态与经济、生态与社会、生态与生产力、生态与民生之间的协调发展和共生共赢。特别是在精准扶贫与脱贫攻坚中，国务院、扶贫办共同制定了《生态扶贫工作方案》，特别强调发展生态扶贫产业，推动生态文明建设与脱贫攻坚相辅而行。"绿水青山就是金山银山"，翁草村一片茶叶生态扶贫，激活了一方山水，也带动了一方百姓，生态扶贫的"绿色引擎"推动翁草村由深度贫困走向乡村振兴。

　　为了让村民可持续增收，翁草村独特的生态资源开始让村里规划着更大的旅游前景。生态扶贫中，人才振兴是关键因素。乡村没有产业就没有就业机会，村里年轻人都流向了城市，剩下的基本都是在劳动力市场处于弱势的留守老人、妇女和儿童，乡村难以可持续性发展。乡村如何才能实现全面振兴发展？必须发展产业，创造机会，让年轻人在广阔的乡村中找到施展才能的平台，乡村才会有朝气、才会有希望。翁草村，曾是一个深度贫困村。生态扶贫扶持村里建起了茶园，茶叶和乡村旅游相互融合，产业发展激活了这个山村。乡村发展有了希望，也吸引了许多有抱负的年轻人回来建设家乡，与家乡共同成长。如青年石泽辉，原本在深圳打工，后来亲眼所见翁草村发生了翻天覆地的变化。有了产业就有了希望，家乡的变化让他深受触动。虽然石泽辉在深圳打工时的月收入也能达到六七千元，但是村里的发展前景还是让他选择了辞职回到家乡，开始和村民们一起探索"生态扶贫、茶旅融合、乡村振兴"的大文章。

　　生态扶贫将人与自然、社会、民生等整合为一体共生互惠，构成了农业生产体系中可持续发展的生产力。在集中资源脱贫攻坚向全面推进乡村振兴的平稳过渡中，生态扶贫以习近平总书记的生态文明观为指导，坚持绿色发展，充分发挥了农业的生产功能和生态功能，既发展了农业特色产业，又改善了农业生态环境；既实现了农业生产增产，又营造了农业景观。这种精准导向、点面结合、持续发展的生态扶贫"绿色引擎"为全面推进乡村振兴提供了创新性探索。

三　服务创新：田园综合体的"鲁家村模式"

　　加强和改善农村公共服务是乡村振兴发展的题中应有之义，如何完善农村公共服务基础设施建设，创新农村公共服务供给方式，盘活农村宅基地、旧农房、旧校舍等闲置或半闲置资源，通过腾笼换鸟的方式唤醒乡村"沉睡已久"的资源，使乡村焕发出生机和活力？随着乡村的发展变化，传统基层管理模式已经不再适应乡村现代化发展的需要，基层涌现出了一批以田园综合体发展推进农村公共服务的范例。田园综合体是在城乡融合发展模式下，集农业产业、田园景观、乡村旅游、自然教育、生态康养等为一体的乡村综合发展体系，是当前乡村公共服务创新突破的思维模式，为农村公共服务改革尝试提供了可资借鉴之处。

（一）鲁家村田园综合体发展概况

鲁家村的地理位置位于浙江省湖州市安吉县东北部，占地16.7平方千米，常住人口2318人，农户610户。鲁家村之前是一个产业经济薄弱、基础设施差、村庄集体经济欠发达的非常普通的小山村，因为基层组织涣散、经济发展困难，加之环境卫生脏乱差、公共服务基础设施缺乏等，属于当地的贫困落后村。2011年开始，鲁家村筹谋推动田园综合体发展。经过几年的发展，在当地政府的大力支持以及村委的带领下，鲁家村得到了日新月异的变化，主题农场集聚区的"田园综合体"模式让昔日的贫困落后村变为今日的美丽富裕乡村，农村公共服务供给水平也得到了飞跃提升。

首先，鲁家村的村容村貌焕然一新。村庄的住宅得到了极大改善，随着田园综合体建设，原来低矮破旧的民宅被一排排具有当地文化特色的现代楼房所取代。在村庄内，不仅村庄的房屋等硬件设施得到了改善，更为重要的是村庄建筑处处彰显鲁家村的文化特色，村庄道路和村民广场的修建，以及景观小品规划设计等都充分考虑了当地的文化元素，村庄内各个细节之处都在传承着乡村传统文化，给人留下深刻印象。现在，当你漫步在鲁家村，立马感受到村庄环境绿化美化，村庄面貌焕然一新，通过定期卫生环境维护整治，村庄的人居环境得到了极大改善。

其次，公共服务基础设施建设完备。之前的鲁家村，是一个产业经济薄弱、基础设施差、村庄集体经济欠发达的落后村，村级集体经济收入仅有两万元，根本无法进行公共服务设施配套建设。在田园综合体建设中，对公共道路、路灯照明、环境卫生等全部进行了优化，另外标准篮球场、卫生室、幼儿园、老年活动中心、文化礼堂等一应俱全，并设计规划与开发村居民宿、乡村休闲吧、漫步绿道等项目。在此基础上，农村基本民生服务、农村基本社会保障、公共事业服务、农村公益服务等农村公共服务供给也出现了质的飞跃，农村基层公共服务获得了巨大的发展。

再次，农业产业发展促推农民走向富裕生活。在当地政府的统筹下，通过资源变资本、农民变股民的运筹谋划，鲁家村全力盘活村庄现有资源，并在此为基础上，吸引与撬动工商资金进入乡村，已引入外来工商资本近 20 亿元，规划设计了"统一布局、各自经营"的 18 个各具其美的主题农场。18 个主题农场将现代农业与乡村旅游、亲子活动、自然康养等有机融合，开发了果园农场、野猪农场、生态科技农场、盆景园等，极大地促进了村庄产业发展。村庄产业还解决了当地村民就业，田园综合体模式让村民从过去的贫困走向了富裕富足的生活。

（二）鲁家村田园综合体多元融合建设机制

鲁家村作为一个曾经经济落后、平凡得不能再平凡的普通村庄，只有原始的传统耕作农业，没有特别突出的名胜古迹或者特色产业，这样一个不具备任何优势的普通乡村如何能够破局实现华丽蝶变呢？鲁家村在农业供给侧结构性改革顶层设计的指引下，在当地基层政府的大力支持下，在村委会强有力的推动下，创造性地探索出了"主题农场集聚区"田园综合体发展思路，为村庄的新乡村建设做了整体规划，走出了一个以家庭农场为特色的乡村旅游驱动、带动村庄基础设施与公共服务建设、促进一二三产融合发展的新乡村建设成功之路。[①]

一是多主体协作。鲁家村田园综合体建设参与主体多元，基层政府、农村集体经济组织、企业组织、社会组织、农民合作社、农民等取长补短，进行资源互补，共同推进乡村建设，共享乡村发展成果，全面提升基层公共服务的质量和效率。鲁家村通过田园综合体模式从积贫积弱的村庄走向了物阜民丰，基层政府为田园综合体搭建农业政策平台和负责公共基础设施建设，企业组织在全面推进田园综合体建设中提供先进管理理念和专业技术，而农民合作社是负责搭建政府、企业与村民之间协调与沟通的桥梁，农民是建设和运营的主要实施者和发展的受益者，多元主体，多方合作，共同参与，共同协作，对农村资源进行综合开发，打造架设"乡村旅游＋农场社区"的农村空间布局，增强农村产业发展，提升农业效益和农民收入，使乡村公共服务水平跃上新的台阶。

二是多资源整合。乡村不仅有着人类赖以生存的土地资源，其实还

---

① 柴攀峰、李珍：《村社融合视角下田园综合体建设研究——基于浙江"田园鲁家"综合体的案例分析》，《安徽行政学院学报》2021 年第 3 期。

有着丰富的自然、科普、休闲、康养、农耕文化等潜在的资源。目前农村大量闲置资源没有被充分利用，农田景观缺乏协同，农村集体经济薄弱，村级组织之间缺乏联系纽带，农村大量的资源处于"沉睡"之中。鲁家村推进田园综合体建设，规划构建"一院一环三区"的"田园鲁家"综合体新框架，争取了国家项目资金扶持，加上地方政府配套资金，以财政资本做撬动，同时引入了社会资本加入"田园鲁家"建设，对农村各类资源进行整合，将"田园鲁家"打造成还富于民、生态和谐的乡村振兴示范区，带动了第一、第二、第三产业跨界合作，形成了"接二连三、多业增长"的发展格局。

三是多模式经营。鲁家村田园综合体采取多方位经营模式，以确保乡村发展之树常青。首先，以"农业＋特色主题＋旅游"相互融合，设计一个核心主题农场，打造乡村发展的最佳支撑点，通过这个最具影响力的支撑点，撬动整个村庄的建设和发展。其次，开发平台公司。鲁家村慢慢由落后走向繁荣之际，必将吸引许多农业创客、返乡精英、新农人、工商资本家等来共同出资出力促推村庄更进一步发展。平台公司可以通过股金分红、租赁、托管等多种方式开展合作，共享发展成果。再次，主题农场集聚区运营。通过一站式农业生产服务，推动了村庄"三农联动"，更进一步促进了村庄基础公共服务设施布局，处处有花、步步有景，让游客徜徉其中。这样通过创新的经济组织形式，吸纳更多组织和个体参与到"主题农场集聚区"的建设中来，以"更新、更科学、更环保、更高效"的技术，创造更多的机会和财富奉献给广大消费者、客户、合伙人及社会的一种多模式经营方式（见图4－5）。

（三）鲁家村田园综合体建设的经验与启示

如何全力提升农村公共服务供给水平，让没有特色产业或者风景名胜的普通平凡小山村，依靠最原始的农业耕作生产，一样能够重新焕发出乡村发展活力，"田园综合体"成为乡村新型农业生产发展的亮点。田园综合体是一个基于基层政府、企业、村级组织、农民合作社、农民等多方合作的经营与管理模式，城市元素与乡村结合、多方共建的"开发"方式，形成农业生产体系变革、重塑美丽乡村发展。鲁家村田园综合体以"主题农场集聚区"为特色，通过一个"特定主题的核心吸引物片区"＋多个"主题农场"＋"加工区"＋"仓储区"＋"综

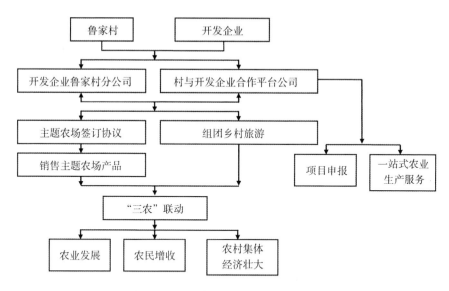

图4-5 主题农场集聚区合作开发模式

合配套区",实现农业生产、休闲度假旅游、田园乡村建设的融合发展,为乡村基层公共服务供给模式创新、有机融合统筹乡村各项资源以及培育农业农村发展新动能等方面提供经验与启示。

首先,田园综合体建设创新了农村公共服务供给模式。随着国家经济发展的快速增长,乡村也逐渐摆脱了过去落后的面貌,农民期待过上幸福的生活。然而,长久以来,农村公共基础设施陈旧、农村公共服务供给匮乏导致农民生产生活的幸福感和获得感降低。如何提升农村公共服务供给,如何让村民们过上美好的生活,田园综合体建设创新了农村公共服务供给模式。田园综合体建设通过"农业 + 特色主题 + 旅游"相互融合,既发展了农业生产,又在乡村旅游的带动下,实现了农村公共基础设施配套建设和农村公共服务配套完善。田园综合体保持了田园特色,又提升了农村公共服务质量,促进了农业生产、农村生活、乡村生态"三生"统筹发展。

其次,田园综合体建设有机融合统筹了乡村各项资源。长期以来,乡村的田园风光、自然教育、乡野氛围、休闲康养、业态功能、生态环境等许多潜在资源没有被充分挖掘,农业生产、生活和生态相须而行远远不够，导致乡村没有产业基础就没有收入来源，常常是"守着金饭碗要饭吃"，农民生活水平难以提升。鲁家村田园综合体建设成功实践说明，有机融合统筹乡村各项资源，创建出村庄变景区、资源变资本、进城变返村的"田园综合发展"，同时为乡村建设发展提供了综合开发的"资本复合体样本"。比如政府做撬动资金，积极争取国家项目资金扶持，加上地方政府配套资金，同时引入了社会资本加入"田园鲁家"建设企业做投资主体，农民土地产权入股等等，实现各项资源优化配置，全面盘活农村的闲置或半闲置资源，促进乡村经济发展。

最后，田园综合体建设激活了乡村发展新动能。没有特色产业或者风景名胜的普通平凡小山村，如何依靠最原始的农业耕作生产，实现由贫困落后变到美丽富裕的华丽蝶变？只要开动脑筋，不断创新，找准市场定位，转换发展轨道，野百合也能寻找到春天。田园综合体建设顺应了三产融合发展、工商资本下乡、村民主动参与等农业农村发展新趋势和历史性变化，集农业生产、农事体验、循环农业、创意农业、自然生态于一体，以空间创新带动农业生产优化、农业产业链条延伸，实现农业生产方式、经营方式、组织方式深刻调整。田园综合体建设激活了乡村发展新动能，是乡村建设的飞跃性变革，是更全面提升农村公共服务质量的重大创新。

第 五 章

优化农业经营体系与基层政府
职能关系重构

第一节 现代农业经营体系：完善生产关系

深化农业供给侧结构性改革，必须持续大力发展农业农村生产力。生产力和生产关系，它们之间息息相通、相互影响。同理，在农业生产力与生产关系的发展中，随着农业科技创新不断推进，农村整体经济发展水平获得巨大提升，农民生活获得极大改善，农业农村的生产力发生了质的飞跃；然而传统落后的农业经营体系等对农业抗风险能力、农业创新能力、农业产业链的协调整合等造成了阻碍，那么如何通过构建现代农业经营体系来完善农业生产关系，已经成为实现乡村振兴发展的必然选择。

一　现代农业经营体系的基本内涵

农业经营体系是指农业的生产与服务主体围绕整个农业产业过程所组成的关系网络和制度安排。推进农业供给侧结构性改革，促进农业高质量发展，需要构建现代新型农业经营体系。新型农业经营体系的建设转变了农业发展方式，激活了农业产业链的发展，拓展了农业经营模式，增强了农业竞争力，是新形势下农业农村现代化发展的迫切要求。

中共中央国务院颁发的中央一号文件中多次提出建立现代新型农业经营体系。2017 年，强调通过培育多元新型农业经营主体，发展适度规模经营。2018 年，提出通过发展社会化服务组织和农业产业化联合体，帮助小农户对接市场。2019年，明确拓展多元农业经营模式，完善"公司＋合作社＋农户"等利益联结机制。2020年，强调通过订单农业等方式构建农业产业化联合体，将小农户融入农业产业链中。2021年，推进现代农业经营体系建设，加快推动乡村振兴，发展高质量农村经济。

综上所述，我们可以发现，现代农业经营体系具有以下基本特点和内涵。一是在农业生产力与日俱增之下，原来小农小户的经营模式掣肘了农业产业效率的提升，需要向多种形式农业适度规模经营转型；二是随着人口老龄化，老人农业与农业兼业化现象日益凸显，"谁来种地"的问题已经成为阻碍农业现代化发展的桎梏，需要积极培育多元新型农业经营主体；三是传统小农户的农村经营体系组织化程度无法跟上时代步伐，需要创新多元农业经营模式，如"龙头企业＋新型农业经营主体＋家庭农场"等新型农业组织系统，完善农业经营体制。因此，现代农业经营体系是对传统农业经营方式的继承与发展，通过扩大多种形式农业适度规模经营、培育多元新型农业经营主体、拓展多元农业经营模式，三者根据彼此间的联系进行一定的组合，从而形成一个先进的现代农业经营体系，为乡村振兴发展提供机制保障。

因此，现代农业经营体系的构建，意义非常重大。其一，推进农业适度规模经营，从而提高农业规模化水平引导整个经济发展方式向集约型方向转型，由传统的单纯依靠"人口红利"的发展模式向充分挖掘"土地红利"现代经营体系转变，利用市场化、资本化途径，激活农村土地等各类资源要素的内在价值。其二，大力培育多元新型农业经营主体，提高农业经营专业化水平，激发农村经营主体要素潜能。其三，创新发展多元农业经营模式，提高农业生产经营的专业化水平，激发农村发展活力，拓展农业功能范围，促进农民增产增收。

二 现代农业经营体系的基本特征

现代农业经营体系的核心是经营，在深入推进农业供给侧结构性改革中，急需构建集约化、专业化、组织化、社会化相结合的现代农业经营体系。经营的规模体现集约化，提高农业土地的生产效率；经营的分工体现专业化，表现为劳动生产率的提高；经营的效率体现组织化，建立科学合理的农业合作组织；各类经营主体协作程度体现社会化，由分散经营转变为联合经营。

（一）集约化的经营思路

传统碎片化农业经营体系由于缺乏分工合作，导致了农产品成本高以及农业竞争力弱等问题的出现。因为农业产业的低效益与弱质性，许多农村青年离开乡村进城打工，乡村只剩下老弱病残，妇女农业、老人农业、农业兼业化现象严重，使农业经营越来越粗放化和简约化，农业经营的生产效率与经济效益越来越低下。如此恶性循环下，农业竞争力长期处于弱势地位。集约化经营是相对于粗放式经营而言的，现代农业经营体系集约化的经营思路就是在先进科学技术的加持下，把小而分散的农业进行规模化发展，依靠采用新技术措施和科学管理，集约经营进行农业生产。只有这样才能让农业生产率有所提升，进而提高农业生产的利润率。

（二）专业化的经营方式

在农业农村现代化发展进程中，最直接的变化就是现代农业的专业化发展。随着农业高科技发展以及农业产业链条的延伸，传统农业经营体系下自给自足的生计农业生产难以实现科技应用、市场拓展、资源整合和抵御风险等方面的活动，面向市场交换的专业化经营方式必然成为现代农业发展的主流方向。农业专业化是相对于日渐出现的农业兼业化现象而言的。首先，农业经营主体的专业化发展，即从"小而全""小而散"的小农户家庭经营向专业合作社、农业产业化龙头企业等发展，具备农业产业相关专业知识，从而使得农业经营主体的经营收入不低于非农户或兼业户的务工收入，大力提升农业从业者的信心。其次，现代农业经营体系的专业化经营方式还包括农业的区域专业化。充分挖掘地方资源禀赋，建设优势特色农业产业带，实现农业区域专业化发展，推动地方特色农业现代化进程。

（三）组织化的经营力量

长期以来我国实行家庭联产承包责任制，农业生产活动比较分散，农业活动中组织化程度较低。"弱和散"的小农户无法有效组织，在市场经济活动中难以协调，无法与组织化程度高的市场进行博弈，不可避免地被推向农业产业链利益分配的低端，成为影响农民收入增长的桎梏。现代农业经营体系的组织化是相对于传统的分散化来讲的，主要指按照一定的原则进行农业分工，使各个农业生产或服务主体参与到农业活动中的各个环节；特指农户与农户、农户与公司、农户与合作社之间的合作和联合，促使其成为一个相互关联相互依赖的整体，有助于建立科学合理的农业合作组织，以应对日益竞争激烈的国内外市场。

（四）社会化的经营协作

现代农业经营体系中的社会化，主要是指改变以前单打独斗的农业生产模式，向社会合作化生产模式转型。在传统农业经营体系下，农业生产的个体化削弱了农业分工协作与专业服务的倾向，制约了农业合作一体化发展，阻碍了农业产业增值空间的拓展。社会化的经营协作是现代化农业能够健康持续发展的必然要求，实现了由单一的个人单打独斗式生产到社会化合作式生产。首先，农业社会化是个体行动上的社会化。每家每户的个体化行动变为农业生产过程全社会参与，需要政府、企业、农户以及其他社会团体共同参与，促进现代农业产业化发展。其次，农业社会化需要完善社会化服务体系。建立健全社会化服务体系是实现农业生产社会化的关键环节，农产品生产、加工、销售、分配由全社会协作完成，为现代农业经营体系的构建提供了保障与支撑。

三　现代农业经营体系的构建

随着农业发展转型升级，传统农业经营体系已经无法满足现代化农业生产的需要。目前农村空心化、老人农业与农业兼业化现象日益凸显，"谁来种地"的问题已经成为阻碍农业现代化发展的桎梏。如何解决农村土地碎片化，农业从业人员水平不高、农业产业化程度低，农业社会化服务不健全等难题，急需构建现代农业经营体系，经过实践与探索，可以尝试从农业规模经营的扩大、多元农业经营主体的培育、多元农业经营模式的拓展三方面入手。

（一）多种形式农业适度规模经营

传统小农家庭的生产经营属于"小而全""小而散"的发展模式，在社会化大生产背景下，虽然农业生产投入越来越多，其边际收益率却难以得到提高，农业生产综合效益低下。近年来，国家通过多个政策引导与促进农业规模经营。农户承包权与土地经营权分离，推动了农业规模化经营，目前家庭经营型、股份合作型、工商租赁型等多种形式规模经营创新发展，不断优化现代农业经营体系。

一是家庭经营型农业适度规模经营。最开始的时候，由于光靠农业生产无法维持生活来源，一部分农村劳动力进城打工，长此以往村庄部分农地处于无人看管的状态。在村庄长期形成的乡规民约下，在坚持农户自愿的基础上，一些村庄种田大户只是通过"民间约定"承包了一些与自己地块相近的土地，这样使分散地块变为集中地块，有利于农机作业和耕地利用，取得了土地集中经营的良好效果，促进了农业增产增效。后来农业适度规模经营带来的甜头使种田大户开始通过土地流转的方式向家庭农场生产模式方向进行转变。农业农村部全国家庭农场监测数据表明，家庭农场的平均经营土地面积近年来呈不断增长趋势。随着农户承包、出让、租赁等多种形式的增加，家庭经营型农业适度规模经营在地方实践中成为一种提高农业劳动生产率的普遍状态。

二是股份合作型农业适度规模经营。近年来，在国家政策支持下，加上基层政府的大力引导，农户将土地经营权以股份的形式加入专业合作社、龙头企业、大型公司的股份合作型农业适度规模经营正焕发出蓬勃生机。2009—2017 年，流入农民专业合作社的承包土地面积占比由 9.21% 逐年上升到 22.66%。股份合作型农业适度规模经营主要是按照股份合作制原则将分散的农户统一联合组织起来。从经营主体看，这种形式的农业适度规模经营主要包括土地股份经营企业、农村土地股份合作社以及农产品专业合作社，等等。由于小农户分散经营的效益不高，甚至难以和当地外出打工的收入匹配，所以越来越多的农民出让土地承包经营权，入股专业合作社或者农业企业等，既提高了农业生产的总体效益，农民也获得了相应的股份分红。

三是工商租赁型农业适度规模经营。工商租赁型农业适度规模经营是指在相关富农强农惠农等农业政策支持下，工商资本下乡租赁农户土地，把小农户分散的细碎化地块整合起来，以农业公司等形式进行土地规模经营。工商租赁型农业适度规模经营主要有两种方式。其一是直接方式，即通过租赁承包土地自己直接经营，直接投资建设标准化的农田基地或者进行规模化的特色种养殖业生产，然后雇用当地农户进行管理的土地经营模式。其二是间接方式，即采取"订单农业""农户＋农民合作社＋基地＋农业公司"等联合体模式，开展规模化农业经营。工商租赁型农业适度规模经营，创新工业"反哺"农业模式，为农业发展注入了工商管理等先进技术成分，提升了农业规模经营水平。

（二）培育多元新型农业经营主体

多元农业经营主体一般指专业大户、家庭农场、农民合作社、农业企业等新型农业经营主体形式，具有高度的稳定性以及较大的经营规模，具备较好的硬件设施以及优秀的现代经营管理水平，其土地产出率较高、劳动生产效益不错、农业资源利用更为合理，是现代农业转型升级的生产主力军，是推进农业农村现代化发展的重要配置，能够整合人、财、物等各种生产要素，实现商品化、规模化和专业化的生产，是实现农业生产要素集约化、社会化和市场化的必要手段。

新型农业经营主体是为解决乡村发展人力资源开发而采取的有效举措。新型农业经营主体，是社会主义市场经济发展要求的新型农业经济组织，目标集中于农产品的生产和运营，具有经营规模大、基础设施齐全、经营管理能力强、资源禀赋条件好、收益成本率较高等特点。在国家政策的支持与扶持下，目前各类多元新型农业经营主体正处于生机盎然的发展之中，其不断壮大、逐步完善、稳步发展，在土地特征、劳动力特点、生产环节、投资方式、是否注册等方面各有其基本特征（见表5-1）。

表5-1　　　　　　　　　多元新型农业经营主体基本特征

	专业大户	家庭农场	农民合作社	农业企业
土地特征	分散流转	连片经营	规模流转	规模化发展
劳动力特点	季节性雇用	家庭劳动力	社员合作互助	长期雇用
生产环节	初级农产品	初级原料＋初加工	加工＋销售	品牌发展
投资方式	自有资本	自有资本为主	社员投资为主	自有资本＋借贷资本
是否注册	否	是	是	是

首先是专业大户逐渐增多。目前不同地区、不同行业种养规模和标准差异较大，不同的地区对专业大户有不同的标准。在农业生产实践中，专业大户是指农业生产经营规模较大、具有一定的农业集约化管理水平、农业收入比较可观的专业化农户。一般就种植业而言，粮油作物种植30

亩以上，经济作物种植 10 亩以上，园艺作物种植 10 亩以上，或种植收益年收入高于当地农民平均水平 1 倍以上等；就养殖业而言，常年生猪年出栏 500 头以上或同等条件下养殖收益年收入较高，等等。专业大户推动了土地适度规模经营，进一步促进了乡村经济集约化发展。

其次是家庭农场日益壮大。长久以来家庭一直是我国农业生产的主力军。由于村庄内部经常有年轻人外出打工，没有时间照看与打理土地，邻居们为了避免土地抛荒，在自己家庭农业生产尚有余力的情况下，承包一些与自己地块相近的土地，这样分散地块变集中地块，改变了以前土地细碎化经营的现象，达到了相应的规模，有利于农机作业和耕地利用，实现了农业经营规模化、商品化发展，取得了土地集中经营的良好效果，促进了农业增产增效。目前出现了较多能人返乡创建家庭农场的典型，家庭农场日益壮大，改善了土地流转，带动了农户脱贫致富。

再次是农民合作社逐步完善。长久以来，由于小生产与大市场难以对接，农民一直处于农业市场交易中的最底端，属于弱势群体，劳累辛苦耕作多少年，却无法在竞争激烈的市场中获得话语权。如何"抱团发展"，有难同当、有福共享，共同合作发展农业经济？成立互助性农民合作社成了最好的选择。农民合作社中，由于大家从事相同的农业生产、遇到同样的农业技术难题、需要相同的农业生产物资，从而更容易产生需求的合力，能够"抱团取暖"，提高农业生产综合效益。目前随着专业合作社内部管理的逐步规范和完善，专业合作社较好地解决了政府"管"不了、村组"统"不了、农民"干"不了的农业生产难题和农业生产劳动力不足的问题。

最后是农业企业稳步发展。为建设美丽乡村，促进乡村振兴发展，中央一号文件多次提出"城市反哺农村、工业支持农业"，通过各种优惠政策鼓励和引导城市工商资本下乡，此后全国农业企业开始如雨后春笋般稳步发展，各类适合企业化经营的农业项目蒸蒸日上，在农业生产经营中发挥着骨干作用。在国家一系列惠农政策扶持下，围绕农业领域的特色优势产业，农业企业组织经营模式日趋完善，同时把企业的先进管理经验和优秀经营人才输入到农业领域。因此，农业企业在资金、技术、信息、人才、设备等方面的比较优势，使其能够与现代化大市场进行联结，进一步增加了农业附加值。[①]

（三）拓展多元农业经营模式

农业农村现代化进程中，多种多样的多元农业经营模式把同类型小农户组织起来，"抱团取暖、合作共赢"，逐渐走向联合发展的道路，形成可观的规模实力，以实现共同进步发展。这样就把千家万户的分散式、细碎化农业生产经营变为共同发展、联合经营，解决了农业发展中长久以来的小生产与大市场之间的矛盾，提高了我国农业的市场竞争力和综合效益。

一是家庭农场＋专业合作社经营模式。家庭农场在保持家庭联产承包责任制的内核上，实现了农业经营规模化、商品化、专业化发展，取得了土地集中经营的良好效果，家庭农场日益成为集生产与服务于一体的新型农业经营模式。家庭农场因为规模化发展往往选择自我购置农业资产设备，在进行自我使用的同时，也可以服务于周边其他农业经营主体，呈现出既是生产主体又是服务主体的特征，提升了农业经营主体之间的合作程度。长期以来，我国小农户分散生产导致了标准不一，相互之间合作意识比较差，农业生产组织化程度低。家庭农场由于参与合作获得的边际收益增长更大，成为专业合作社发展的重要参与者，家庭农场与专业合作社之间的功能互补关系，能够加速促进农民合作和组织化，既促进了家庭农场的茁壮成长，也推动了专业合作社更进一步发展壮大。

二是小农户＋新型农业主体联合经营模式。传统小农无法抵御自然风险，参与市场竞争也处于弱势，需要与新型农业经营主体建立农业协作联合组织，实现相互联结、共同行动的合作发展。随着农业现代化的进程，部分有能力的小农凭借自身实力逐渐演变成新型农业经营主体。一般说来，种养大户和家庭农场是小农户通过土地流转来实现规模化的，专业种养大户依靠自身的专业化技能从传统的分散化经营走向了适度规模化发展。家庭农场在保持家庭承包责任制的内核上，加上左邻右舍的抛荒土地，这样把分散地块变为集中地块，逐步扩大生产规模，实现农业生产规模经营。农民合作社是把从事相同农业生产的农民组织起来，

---

① 王西琴、陈秋红：《红色火种——湖南省永州市"党建＋产业技术扶贫"实践》，中国人民大学出版社 2018 年版，第 113 页。

共同合作发展农业经济。农业企业通过订单合同、基地合作等方式带动小农户进入市场。总之,新型农业经营主体建立了强有力的农业协作联合组织,可以为小农户提供各类服务与资源,为小农户进入市场架设了新路径与新模式。

三是龙头企业带动型经营模式。龙头企业作为农业生产与加工的骨干和核心力量,是上连市场、下连农户的载体,是现代农业发展的关键环节。在国家支持乡村发展的"顶层设计"下,各个基层政府充分利用资源和区位优势,培育壮大龙头企业,充分发挥龙头企业带动效应,推进龙头企业集群聚集,建立龙头企业、合作社和农户相互合作的模式,延伸农业产业链条,实现乡村产业振兴。如温氏集团是由七户农民集资8000元开始,慢慢形成了自己独立的品牌,从养鸡、养猪等农业产业化发展开始向多元化拓展,现已成为在全国具有农业产业化龙头影响力的大型畜牧企业集团。其"龙头企业+合作社+基地+农户"经营模式构建起了农户与现代农业企业的有机衔接,形成了利益共同体和农业产业链条,既提高了农民收入来源,又促进了农业产业化发展。

第二节 优化农业经营体系中的基层政府职能关系重构

优化农业经营体系主要聚焦于农业生产主体,大力提高农业的集约化、组织化、商品化程度,创新农业经营方式,完善农业生产关系。在优化农业经营体系的进程中,种养大户、家庭农场主、专业合作社带头人、农业企业主等多元新型农业经营主体成为农业供给侧结构性改革的支撑主体。多元新型农业经营主体的出现带来了基层政府职能关系的变化,在优化农业经营体系中基层政府如何处理好政府与市场、政府与社会组织、政府与农民等之间的关系,进行职能关系重构,以充分汇聚多元力量在基层公共治理中的作用,共促乡村振兴发展,是亟待思考与探索的重要议题。

一 多元新型农业经营主体培育

在农业供给侧结构性改革进程中,随着传统农业向现代农业转型,一部分文化素质较高的农民通过知识的学习和生产方式的改变，逐步扩大了自己的生产规模，随着农业生产土地规模逐渐扩大，产生了专业种养大户。随着国家一系列支农惠农政策和现代农业建设项目的增多，家庭经营、合作经营、企业经营等专业化、商品化、组织化农业经营方式日渐出现，家庭农场、农民专业合作社、农业企业等新型农业经营主体随着农业生产力的发展快速崛起。由此，多元新型农业经营主体逐渐成长起来。在新型农业经营主体培育过程中，政府、市场、社会组织和农民的多元力量共同呈现（见图5－1）。通过政府搭台、企业导演、社会捧场、农民唱戏，农业农村现代化发展的大幕徐徐拉开。

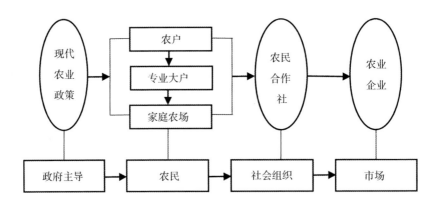

图5－1 新型农业经营主体的培育过程

第一，政府是新型农业经营主体培育的主导者。我国属于政府主导型农业发展模式，政府从目标规划、政策支持、财政补贴等方面对新型农业经营主体培育进行了系统安排。中央一号文件中多次提出培育专业大户、家庭农场、农民合作社、农业企业等新型农业经营主体。随后，各级地方政府开始颁布相关政策，助推新型农业经营主体的发展。如湖南省人民政府开展"百企千社万户"现代农业发展工程，培育壮大新型农业经营主体，加快现代农业建设步伐。长沙县依据城郊型现代农业定位，以现代农业示范区建设为载体，大力推进农民专业合作社示范社、农业专业协会示范协会、家庭农场示范场建设，每年安排专项扶持资金，重点用于其培训和奖励。

第二，市场为新型农业经营主体的存在和发展提供基本环境。农业市场在新型农业经营主体培育中起着为农业经营主体的发展提供优良市场机制与运营环境、调配资源、优胜劣汰的作用。当前城乡发展不平衡，农业产业化支撑力量不够，需要通过市场的力量来全面激活农业发展的活力，通过市场促进农产品产业链升级，推动着农业产业化发展。之前，政府的各项农业政策支持在最开始主要起到"输血"的作用，接下来更重要的是通过市场培育其"造血"的内生发展机制。由于农产品生产具有一定的生长周期性，而市场是瞬息变化的，只有通过内引与外联实现市场化经营，以满足消费者需求为导向，农业现代化的发展才能真正获取效益。

第三，社会组织是新型农业经营主体培育的催化剂和重要保障。农业社会化组织是以各类农业组织为依托、农业企业为骨干、多方力量参与，为农业提供综合配套服务的组织统称。长久以来，我国一直属于传统小农以家庭承包的形式进行农业生产，小规模生产难以与大市场对接，单个农民无法在瞬息万变的市场中立足，互助性农民合作社等社会组织成为小农户与大市场沟通的桥梁，共同解决农民在农业生产中面临的关键问题和薄弱环节，是目前合理配置生产要素、促进农业技术共享、共同抵御市场风险、抱团发展、合作共赢的最好选择。

第四，农民是新型农业经营主体培育的支持者和受益者。由于乡村交通不便、信息不畅，村庄与城镇相比较为闭塞，农民接受新信息和新事物需要一段时间的酝酿，他们也需要种养能人进行示范带头以及一些专业大户的带领。在调研访谈中发现，许多专业种养大户都是当地比较有想法和创新能力的青壮年农民，在当地有一定影响力，因为大部分农民外出打工，在农村大量土地撂荒的情况下，通过自发吸收亲戚、朋友的离散土地，以村庄之间的"乡规民约"承包土地，开始向专业大户和家庭农场转型，根据市场需求实行了集约化、商品化、规模化和专业化生产。因此，具有创新精神和企业家精神的现代农民，是推进农业现代化发展的先进经营主体，成为实现乡村振兴发展的实力主体。

二　现代农业经营体系中的多元主体博弈

在农业供给侧结构性改革中，随着优化农业经营体系的进行，农业产业化龙头企业、农民合作社、家庭农场、种养大户等新型农业经营主体快速发展。多元新型农业经营主体的出现，带来了基层政府职能关系的变化。理想中的治理理论认为通过多个供给主体的参与和竞争，建立合作、竞争机制，能够使得各主体相互制约，提高服务供给的质量和效率。我们同样期待通过政府与市场、社会、公民之间的合作，调动各种力量和资源，以达到公共利益最大化的公共事务管理。然而博弈论却强调，在现实的治理实践中，每一个主体都是理性的，在具体策略选择时，他们的目的是使自身的利益最大化。同样在农业供给侧结构性改革实践中也是如此，新型农业经营主体是多元化主体组成的，政府与市场、社会、农民等多元主体各自关注着自身的利益，正是在多元利益主体的博弈中推动着改革的进行。[1]

一是基层政府的利益诉求。从理想化的治理视角来看，政府治理的核心在于行政权力的集中和强制性法令的有效实施，也在于对市场机制和社会治理机制的防护和支撑，正如鲍勃·杰索普提出政府在治理网络中占据主导地位，通过"顶层设计"来进行宏观统筹与规划。[2] 然而在治理的实践中，政府其实也是一个有着自我利益诉求的博弈参与方。一方面政府治理主体自身还存在诸多的不足和潜在威胁，其在公共治理与履行职能中，在某些特定情况下有可能会利用公共权力谋求自身利益；另一方面，任何政府政策都需要现实世界中的工作人员来执行，只要工作人员具有自我利益的需求，再好的制度都有可能因为行政人员的"自利性"或"自肥性"倾向而失败。

基层政府作为最底层的行政组织体系，是中央政府职能的具体执行者，当然也有自身的利益诉求。在农业供给侧结构性改革中，基层政府关注更多的是现代农业项目能否给当地带来实际的经济效益，以及能否圆满完成上级政府的考核目标任务，是否对基层干部的政治升迁有所帮助等。如何"用好政策"以最大限度地带来政绩考核或政治升迁等好处是基层政府全力推动农业供给侧结构性改革的最大动力，以至于许多选

① 黄建红：《从博弈走向共治：农业供给侧结构性改革中的多元协同治理——以浔龙河生态艺术小镇为例》，《吉首大学学报》（社会科学版）2019年第1期。
② 鲍勃·杰索普：《治理的兴起及其失败的风险：以经济发展为例的论述》，《国际社会科学杂志》1999年第1期。

择性执行的政策变通行为就成了基层社会的常态。① 基层政府的自利性使得许多乡镇在尽力完成国家政策设计的最主要目标的同时，转而依靠行政权力来获取更多资源，以实现地方收益最大化。

二是农业企业的利益诉求。市场机制这只"看不见的手"，作为一种不同于政府的自动治理机制的观念已经深入人心。市场机制的优势就在于它可以通过价格信号机制引导所带来的效率，即市场的适应性来自于价格信号。在市场治理条件下，市场参与者通过产品和服务的相对价格变化来调整自己的供给和需求量，进而达到个体利益的最大化，即理想化状态下的市场将带来最大的效率和效益。但实践状态下的市场却并非如此完美，在现实经验世界中，资源的初始占有和分配、个体的能力都是千差万别的，即人力资本和社会资本含量都是不同的；同时，有些产品和服务也是难以细分的，存在消费的外部性和免费搭车的问题；在此种情境下，市场机制也有许多难以解决的局限性，完全由市场价格信号来引导社会的生产、消费，必然会偏离社会正义的目标，最终也可能偏离效率的目标。

农业企业是农业供给侧结构性改革中的市场参与主体，农业企业参与现代农业改革发展的驱动力来源于对商业利润的追求以及政府相关惠农政策的倾斜。政府对农业企业的财政补贴与政策优惠加快了资本下乡的脚步。政府希望农业企业能够实现农业产业化和市场化的目标，农民希望农业企业的入驻能够带动村庄发展，当然，农业企业则希望在整个农业农村现代化发展的大市场中，在优惠政策的激励与扶持下，能够充分利用国家惠农政策的倾斜来获取最大限度的经济利益。因此农业企业在资本下乡后面临一个与国家农业治理目标、乡村现代化发展融合和获取自身商业利润的问题。农业企业希望获得市场性的经济效益，而政府和村民还希望其能够带来社会效益甚至生态效益等，多重关系之中有着复杂的利益博弈。

三是农民专业合作社的利益诉求。面对政府失灵和市场失灵，德国思想家哈贝马斯把目光焦点放在政府和市场之外的第三方上，即公民社

_____

① 叶敏：《政策执行的"亮点工程"及其生产逻辑》，《甘肃行政学院学报》2016 年第 6 期。

会的力量。① 公民社会的动力来自公民个体对自身利益诉求的关注和寻求，公民个体和社会组织通过自主参与到公共或公共治理领域来追求自身利益。然而事实却是，社会治理也有失灵现象，而且其范围和程度绝不亚于市场失灵和政府失灵。任何社群的存在和发展都会面临集体行动的困境，与此同时，搭便车的机会主义倾向往往是难以避免的，这就造成了社会治理机制发展和实施的困难。

中国的农业现代化是在特定的历史背景下发展的。目前我国实行农村土地集体所有家庭联产承包责任制。如何实现中国千家万户的分散化、碎片化生产方式，转向专业化、社会化联合生产方式，农民合作社是现有的制度约束条件下推动农业合作化发展的一种有效尝试。实地调研显示，农民合作社表达着强烈希望参与地方经济发展、乡村远景规划、农业产业升级、社会公益服务、社区社会管理的意愿，能够促进乡村经济发展。② 但由于缺乏农业科技创新，无法吸引有技术有能力的农村青壮年劳动力留在农业生产领域，中国也实际存在众多的"空壳农民专业合作社"③。许多农户并不参与合作社的具体运营与管理，合作社也无法给农户提供全方位的社会化服务。

四是农民的利益诉求。在本质上，社会治理是公民个体或公民组织的自我表达过程，这种自我表达既包括利益表达，也包括价值观的表达。"这样，通过公民个人角色与支持性民主政府的合作，社群的精神特质就能够得以恢复"④。在自我表达过程中，公民社会追求的是个体或小团体的经济利益，也是个体所感知的社会正义和公平公正，这也是公民及其组织自我行动、自我治理的动力源。公民共同参与、协商对话的决策过程也是公民自我表达的过程，所以也最可能达到公平公正的目标，这得益于公民共同参与决策有助于减少信息扭曲和信息不对称问题，进而增加相互信任。但是，在强调追求公平正义这样的道德价值观的同时，我

---

① ［德］尤尔根·哈贝马斯：《公共领域的结构转型》，曹卫东等译，学林出版社1999年版，第170页。
② 刘自敏、杨丹：《农民专业合作社对农业分工的影响》，《经济问题》2013年第9期。
③ 温铁军：《农民专业合作社发展的困境与出路》，《湖南农业大学学报》2013年第4期。
④ ［美］罗伯特·B. 登哈特：《公共组织理论》，扶松茂等译，中国人民大学出版社2003年版，第201页。

们不能忽略私人经济利益动机的重要性，公民个体往往从现实出发、从自身利益考虑来进行自我表达。

农民是农业供给侧结构性改革的直接参与者和受益者。对于农业农村改革，农民既有期待又有忧虑。随着年轻力壮的劳动力都选择了外出打工，目前农村留守的主要是妇女、老人和儿童。正如访谈中一位农民坦言，"打工是为了赚钱，种地只能糊口，谈不上什么收益，反正都是应付应付，只要田没有荒在那里也就安心啦"。农业生产的窘迫局面使农民渴望进行农业现代化发展，以给他们带来新的利益和希望。农民期盼各种现代农业组织的建立，以改变农业传统的生产与经营模式。但农民也是追求货币收入最大化的私人经济利益体，农业现代化的国家战略与宏伟蓝图他们不关心，他们最关注的是自身经济利益的满足。他们忧虑在农业规模化发展和土地流转中自身利益是否丧失，随着农业生产方式的改变，他们担心自己的生活没有保障。因此，大部分农民积极参与现代农业改革进程，成为农业现代化发展的推动者，但也有很多农民持观望态度，甚至有部分农民认为现代农业改造是"瞎折腾，富了干部，坑了农民"。因为利益的分化，作为个体的农民对农业农村现代化发展的认识差异巨大。

总而言之，在农业供给侧结构性改革中，每一类新型农业经营主体都有自己的利益诉求，不同利益主体之间也存在着利益冲突，日渐复杂的主体关系和千差万别的利益博弈有可能使公共治理陷入"钟摆运动"中无所适从。随着政府介入过多和较为深入时，出现了"政府失灵"；在政府恪守有限政府的原则而采用保护型模式时，出现了"市场失灵"；当政府开始依赖社会组织自治时，出现了"社会失灵"以及"自治失灵"，由此陷入到"治理失灵"的窠臼中。因此可以解释，为什么明明是一项有利于乡村发展的改革，在一些农村地区实施起来却困难重重，甚至引发大量潜在的社会矛盾以及伴随改革而来的各种不可控的社会风险。如不少学者在研究中发现，在资源下乡与农业治理当中，由于分利秩序的形成造成农业现代化改革发展的困境。① 同时由于分利秩序的乡土逻辑还可能偏离国家惠农政策的初衷，弱化基层治理的权威性，造成社会矛盾

---

① 王海娟、贺雪峰：《资源下乡与分利秩序的形成》，《学习与探索》2015 年第 2 期。

的风险。① 那么在深入推进农业供给侧结构性改革、不断优化农业经营体系的进程中，基层政府需要厘清政府与市场、社会、农民的关系，进行基层政府职能关系重构，以实现职能优选和转换，以期在不同的利益博弈中达成利益共识，整合各个不同的利益主体，汇聚各方力量共促乡村振兴。②

三 "政府 +"多元主体协同共治

在农业供给侧结构性改革中，政府作为农业农村现代化改造运动的发起者，一直扮演着积极引导推动农业农村发展的角色。长期以来，政府是管理国家和地方行政区域内部公共事务的唯一主体，市场、社会和自组织等多元机制参与不足。然而农业供给侧结构性改革中，随着优化农业经营体系的进行，专业大户、家庭农场、农民合作社、农业企业等新型农业经营主体快速崛起，政府垄断供给的单中心模式已经发生变化，多元主体合作竞争的多中心供给格局逐渐形成。农业供给侧结构性改革带来了社会结构分化、社会主体多元化，必然要求更加多元的治理体制与之适应。我们可以发现，我国仍是政府主导型社会，市场经济还不够完善，公民社会也还未完全建立。农业供给侧结构性改革中所带来的诸多难题，市场、社会、农民本身不可能自行解决；各种利益主体博弈中所产生的各种问题，需要强有力的治理来解决。"政府 +"多元主体协同共治就是加强政府作为公共治理核心和主导的"元治理"作用，充分发挥市场、社会、农民等多元主体的力量，以基层政府为平台，整合多方力量，深入推进农业供给侧结构性改革，促推乡村振兴发展（见图 5-2）。

一是以政府为元治理。"元治理"（Metagovernance）是对政府或治理方式的治理。其概念最早由鲍勃·杰索普（Bob Jessop）于 1997 年提出，他认为元治理是"协调不同形式的治理，并确保它们之间最小的一致

---

① 曾智洪：《乡镇分利秩序的乡土逻辑：基于西部 Y 县的调查》，《西南大学学报》（社会科学版）2017 年第 11 期。

② 黄建红：《从博弈走向共治：农业供给侧结构性改革中的多元协同治理——以浔龙河生态艺术小镇为例》，《吉首大学学报》（社会科学版）2019 年第 1 期。

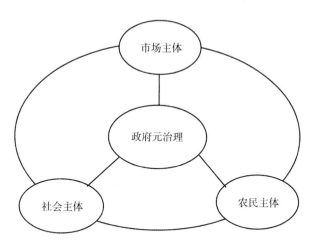

图 5 – 2　"政府 +"多元主体协同共治

性"①。元治理强调政府的作用，在元治理模式中，政府的权威仍占据主导地位，通过远景规划、规则制定、目标确立和行动协调来对市场、社会和公民等治理力量进行宏观安排，重新组合，促进多元主体的全方位互动，充分发挥其合力。在农业供给侧结构性改革中，基层政府是一个非常重要的平台，国家现代农业战略需要在基层得到落实，上级政府关于本区域的现代农业规划需要基层具体执行，资本下乡的农业项目需要基层政府进行整合，农民的利益和诉求需要经过基层政府向上传达。在农业供给侧结构性改革中，基层政府是以一个积极行动者的角色出现的，其不但努力争取并积极执行上级各项现代农业项目，还表现在依据自身辖区特有的自然资源禀赋，充分挖掘当地特色农业产业优势，以争取到更多国家资源，全面推动当地的农村经济发展。

　　二是多元主体互动。随着市场力量的壮大以及社会自治力量的成长，人类的社会治理开始朝向合作治理转型趋势之中，政府与市场主体、社会主体、公民主体之间建立起了广泛的伙伴关系，越来越多地通过组织间以及部门间的多元主体互动和合作来实现公共产品与服务的供给。在

---

　　①　Jessop B，"Capitalism and its Future：Remarks on Regulation，Government and Governance，" *Review of International Political Economy*，Vol. 4，No. 3，1997，pp. 561 – 581.

以政府主导推进的农业供给侧结构性改革中，需要肯定市场实现效率的基础地位、社会协调公平的积极作用和农民实行自治的自我意愿表达，以匡正市场失灵、社会失灵、自治失灵，在政府与市场、社会、农民的多元主体互动中，达成农业农村现代化发展的博弈共识（见图5-3）。

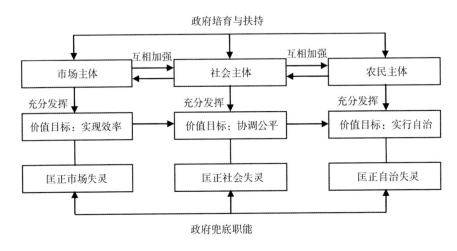

图5-3 政府与市场、社会、农民的多元主体互动

一方面，市场、社会无法自我运行，政府需要为市场、社会运行提供制度基础，重视对市场、社会能力的培育和发展。目前在农业农村发展中，市场和社会主体都比较弱小，基层政府不仅需要认识市场和社会自主管理的重要性，还需要对他们提供阶段性的扶持和培育，防范因为其能力不足而导致的市场失灵和社会失灵。同时鼓励农民参与公共事务治理，采用村民自治等形式实现农民意愿的表达和集结，以克服基层政府日常活动中官僚机制的固有消极特征。另一方面，政府仍然需要担负促进农村经济发展的重任，政府需要分析市场、社会的不足来调整自身职能，在市场、社会不能履行供给职能的领域承担责任，即承担好政府的"兜底"职能。[①] 同时，随着市场、社会能力的提升和村民自治的完善，基层政府的全方位干预职能应逐步退出，防止政府行政力量对市场、

---

① 郁建兴等著：《从行政推动到内源发展：中国农业农村的再出发》，北京师范大学出版社2013年版，第368页。

社会和农民自主性的侵蚀。

三是"政府＋"多元主体协同共治。"元治理"范式勾勒出了政府在社会治理中的中轴角色。但必须说明的是，这种对政府作用的推重并非向科层等级治理模式的回返或强化，更不是传统"国家中心论"的重述。从"元治理"的视角看来，作为治理的治理者，政府并非至高无上的，更不应试图控制一切，而是通过直接搭建协商平台等方式，形成公共部门与市场、社会、民众等治理主体"自上而下"与"自下而上"相结合的互动模式，提升传统影响社会管理人群的认同感、归属感，力图开创"共谋、共建、共管、共享"的新局面。农业供给侧结构性改革中的问题，多元而复杂，光靠政府发起和推动远远不够，必须激发市场、社会和农民的活力来共同参与。许多农业企业最开始都是在惠农政策和财政补贴的吸引下进行资本下乡的，但最重要的是政府扶持后如何进行可持续发展，如何培育农村市场经济主体是目前最重要的问题。农民合作社是中国现有农村土地制度下实现农业规模化、现代化生产的基本模式。在中国特色农业现代化的实现过程中，农民合作社如何全方位代表农户的利益，通过延伸农业产业链以惠及广大农户，促进农村公平发展的目标实现。中国是一个农业大国，农民是乡村振兴发展的重要力量。如何充分调动亿万农民的积极性、主动性、创造性，提高他们的整体素质，实现小农户和现代农业发展有机衔接，直接关系到农业供给侧结构性改革的方向和快慢。基层政府通过建立健全各种主体的参与平台和沟通渠道，并使其制度化、规范化，培育鼓励市场、社会、农民等多元力量健康发展与成长，通过"政府＋"多元主体共治，形成良性互动，在"协同合作"的局面下，实现农业供给侧结构性改革的顺利推进，开创乡村振兴战略新局面。

第三节　优化农业经营体系的基层案例剖析

现代农业经营体系的建设转变了农业发展方式，激活了农业产业链的发展，增强了农业竞争力，是新形势下农业农村现代化发展的迫切要求。随着新型城镇化的发展，农村青壮年大量涌入城市，农业兼业化、妇女农业、老人农业现象严重，未来乡村如何发展，依靠谁来发展？加快构建现代农业经营体系，发展培育农业产业化龙头企业、农民合作社、社会化服务组织等多元新型农业经营主体，在促进乡村经济发展等方面意义重大。本节内容主要对现代农业经营体系的基层案例进行剖析，以期为优化农业经营体系和基层治理创新作经验参考。

一 从博弈走向共治：浔龙河生态艺术小镇

务农重本，国之大纲。中央一号文件一直强调"走中国特色社会主义乡村振兴道路，坚持深化农业供给侧结构性改革，积极培育新型农业经营主体，走质量兴农之路"①。在乡村振兴战略中，政府作为农业农村现代化改造运动的发起者，一直扮演着积极引导推动农业农村发展的角色。然而农业供给侧结构性改革中，随着优化农业经营体系的进行，新型农业经营主体快速崛起，从政府垄断供给的单中心模式向政府、市场、社会等多元主体合作竞争的多中心供给格局转型。那么在实施乡村振兴战略、深入推进农业供给侧结构性改革中，基层政府如何重塑政府角色，正确处理与市场、社会、农民的关系，整合各个不同的利益主体，以期在不同的利益博弈中达成利益共识，汇聚各方力量把乡村振兴战略向前推进？浔龙河生态艺术小镇的"政府主导、企业运作、基层保障、村民参与"四轮驱动模式，为我们提供了探索与思考。②

（一）浔龙河生态艺术小镇概况

浔龙河生态艺术小镇位于湖南省长沙县果园镇双河村，地处长沙县中部。双河村村内自然资源丰富，树林层峦叠嶂，山清水秀，历史文化资源丰富。该村地形地貌独特，即"山多、水多、田少"，属于"七分山二分水一分田"的典型江南丘陵地形地貌。过去因为交通不便、信息闭塞、农业基础设施薄弱等原因，双河村村民大多数都只能依靠外出打工解决温饱问题，农村"空心化"、农业"兼业化"、农民贫困化等现象突出，曾经一度戴上"省级贫困村"的帽子。

---

① 中共中央国务院：《中共中央国务院关于实施乡村振兴战略的意见》，人民出版社 2018 年版，第 1 页。

② 黄建红：《从博弈走向共治：农业供给侧结构性改革中的多元协同治理——以浔龙河生态艺术小镇为例》，《吉首大学学报》（社会科学版）2019 年第 1 期。

近年来，长沙县为了提高农业现代化水平，实现城乡融合发展，颁布了一系列富农强农优惠政策和措施。果园镇双河村在各项惠民政策的引导下，启动了浔龙河生态艺术小镇建设项目。浔龙河生态艺术小镇区位优势明显，接近长沙市三环，形成与长沙市的无缝对接。小镇建设目标为"城镇化的乡村，乡村式的城镇"，按照"政府引导推动、企业市场运作、基层组织保障、农民参与决策"的发展战略，进行农业供给侧结构性改革，逐步探索出一条以现代农业为发展基础，真正做到第一、第二、第三产业融合发展，逐步实现"产业兴旺、生态宜居、乡风文明、治理有效、生活富裕"的乡村振兴发展目标，为我国目前的乡村振兴发展提供了浔龙河样本。

个案研究即对一个个人、一件事件、一个社会集团，或一个社区所进行的深入全面的研究。[①] 对浔龙河生态艺术小镇的个案研究是在自然情境中展开的，笔者家乡位于浔龙河生态艺术小镇附近，多次利用假期深入浔龙河生态艺术小镇进行实地调研，主要通过田野观察、访谈、座谈会以及归纳整理政府文件资料、新闻媒体报道等来进行。在中国情景下开展以质性研究为指导的个案研究，尽管面临着"千村千面"的乡村特质差异，但贺雪峰曾强调"通过考察自上而下政策在村庄实践的过程、机制和后果的村治模式，不仅可以解决个案调查的目的问题，使以村庄为基础的个案研究有益于中国农村的现代化建设实践，而且可以找到个案研究与理解中国社会的中介"[②]。

农业供给侧结构性改革与发展带来了社会结构分化、社会主体多元化，必然要求治理主体或责任主体有更加多元的治理体制与之适应。在完美理想化的治理中，我们期待各个治理主体形成一股强大的合力，共同推进农业农村现代化发展。然而在实际的进程中，各个治理主体都有自己的利益目标。在农业供给侧结构性改革中，能不能整合各个不同的利益主体达成博弈共识，汇聚各方力量推进乡村振兴发展？在中国新型城镇化与全面实施乡村振兴发展的战略背景下，国内涌现出很多从不同

---

① 风笑天：《社会学研究方法》（第 2 版），中国人民大学出版社 2005 年版，第 248 页。

② 贺雪峰：《个案调查与区域比较：农村政策基础研究的进路》，《华中科技大学学报》（社会科学版）2007 年第 1 期。

开发项目衍生的"乡村发展模式"。浔龙河生态艺术小镇另辟蹊径，通过"政府引导推动、企业市场运作、基层组织保障、农民参与决策"的发展战略，巧妙地把政府、市场、社会和农民四方博弈主体都整合进来，形成了"四轮驱动、合作共赢"的全新共治模式，谱写了乡村振兴发展新篇章。

（二）浔龙河生态艺术小镇"四轮驱动"模式

1. 政府引导推动

农业农村农民问题是关系国计民生的根本性问题。一方面，长沙县政府奋力改革创新，积极引导推动浔龙河生态艺术小镇建设被纳入县、市、省、中央等方方面面的现代农业发展项目中，获得了不同的项目资金。浔龙河生态艺术小镇为国家新型城镇化建设——"美丽乡村"建设试点项目。浔龙河项目先后被列入湖南省重点建设项目、长沙市重点工程、长沙市城乡一体化建设试点项目等。通过对政府资源、项目资金的整合利用，实现了项目建设资金流的充沛，在项目建设的一期投资中，通过各级政府、各项政策支持直接实现的投入就达50%以上。另一方面，在项目建设过程中，果园镇政府做好公共服务保障工作，在村民集中居住、公共工程投资、产业项目建设等方面进行全面政策扶持，及时解决项目建设过程中遇到的困难，夯实项目发展中各项基础设施和公共服务设施的建设。

2. 企业市场运作

浔龙河生态艺术小镇建设项目最初由湖南浔龙河生态农业综合开发有限公司进行开发运营，通过将企业资本与农村自然资源进行有效融合，采用市场化运作形式，以现代农业为基础，推动农村休闲旅游和农业现代化发展。在项目发展过程中，为了进一步引进发展农业生态旅游和创意休闲农业等现代产业，又引进了更多企业撬动农业现代化发展。因此，浔龙河生态艺术小镇建设主要由政府引导推动，公司作为投资主体，采用"政府资金引导，社会资本主导"的企业市场运作开发模式。政府主要负责水、电、路、气、网等基础设施和公共服务设施建设领域，充分发挥政府投资的引导和社会资本撬动作用。企业则通过自筹资金和市场融资，形成项目建设的推动力，发展现代农业、休闲旅游和生态居住，促进一二三产业协调发展。

3. 基层组织保障

浔龙河生态艺术小镇建设项目之初，多年的信息闭塞与经济贫困使果园镇双河村与其他传统落后的小山村一样面临着各种困境：青壮年劳动力流失、村集体无法运营、人心涣散、村民思想一盘散沙等。如何将人心重新凝聚起来，引导村民合作自发参与家乡建设，调动群众参与村级建设的积极性，是一个亟待解决的问题。由此果园镇党委成立了浔龙河生态艺术小镇项目协调管理委员会，建立了民主、公开、透明的四级决策机制，推行重大事项全村村民集体民主决策，增强群众的认同感和向心力。同时成立多种形式的社会组织，使村民由"自由人"变成"组织人"，凝聚民心，畅通民意，充分发挥社会组织的纽带作用。这些措施凝聚了民心党心，为浔龙河生态艺术小镇建设项目提供了基层组织保障，为后续的农民集中居住、各类产业引进等新型生态农村发展提供了坚实基础。

4. 农民参与建设

农民是农业现代化的建设主体，是农业供给侧结构性改革中最直接的利益相关人。浔龙河生态艺术小镇建设项目该如何保障农民利益，如何使村民成为家乡建设的主体，如何让农民成为现代化进程中的最终受益者呢？首先，浔龙河项目的发起者柳中辉本人就是双河村村民，作为"新乡贤"，同时作为能争取到各方资源的乡村发展致富带头人，能带领弱势的农民坚守建设家乡的主体地位。其次，通过土地合作社，村民将分散的土地集中起来，把涣散的民众组织起来，农民可以按照自己的家乡建设愿景规划定位、寻求合作，共同打造一个农村新型生态社区。再次，浔龙河生态艺术小镇建设项目的推动直接改善了农民居住环境，全方位提升了农民的生活质量与生活水平，吸引农民积极自觉自愿地加入到家乡的建设之中。因此，只有保障农民的主体地位，充分发挥农民建设家乡的积极性，让农民成为项目建设的最终受益主体，村民自主发动创造推动现代化建设，"浔龙河之梦"才能最终落地，进行可持续性发展。

（三）从博弈走向共治：浔龙河生态艺术小镇的经验启示

在农业供给侧结构性改革中，政府与市场、社会、农民等各自关注自身利益需求，都在谋求自身利益最大化，存在多元利益主体博弈的情况。基层政府推进乡村现代化发展融合，主要为达成国家农业改革治理目标；企业参与现代农村改造，主要看重财政补贴与政策倾斜，更多地关注自身商业利润与经济利益；而基层组织希望农业改革以及企业的入驻能够带来社会效益甚至生态效益等；农民则既期待进行农业农村改革，期盼各种现代农业组织和专业化服务组织的出现，以改变农业生产的窘迫局面，但又忧虑在农业规模化发展和土地流转中自身利益可能丧失。国家治理目标、企业经济利益、社会效益与农民需求，多重关系之中有着复杂的利益博弈与冲突纠葛。稍有不慎，极易形成农村资源分利秩序异化，造成基层治理内卷化的局面。而浔龙河生态艺术小镇建设能够整合各方资源，实现多元主体的协同共治，主要因素有以下几点：

1. 上下联动：各级政府宏观政策的大力支持

在访谈中，浔龙河生态艺术小镇建设项目负责人多次谈到，过去果园镇双河村由于山多地少，交通闭塞，属于"省级贫困村"。2009年，黄兴大道北延线（东八线）修通，双河村有了通往外界的直达公路，使过去闭塞的小山村变成了距离城市不过半小时的近郊区。同时中央、省及县等各级政府颁布了一系列惠农富农政策，以此为契机，浔龙河生态艺术小镇建设在中央、省、市、县、乡镇等各级政府的支持下开始风生水起。特别是基层政府，充分发挥了政策执行作用与功能，在建设的初始阶段，基层政府通过把浔龙河生态艺术小镇建设纳入各种现代农业发展项目中进行培育和扶持；在项目建设中，基层政府通过做好公共服务保障来发挥兜底职能，免除项目建设的后顾之忧。

2. 左右逢源："政府主导、企业运作、基层保障、村民参与"四轮驱动，多方共赢

首先，浔龙河生态艺术小镇项目所在的基层政府充分发挥政府对农业农村现代化建设的引导作用，积极探索现代农业创新发展的体制机制，多年来一直定位于城市郊区型农业现代化发展的道路建设，具有改革创新的大环境。其次，浔龙河投资控股有限公司的董事长柳中辉，抱着回报家乡、改造家乡的目标开启"浔龙河之梦"，引入了市场的强大力量，以现代农业为基础，引进发展乡村旅游、生态康养、文化创意、自然教育、亲子体验等现代产业。再次，民主、公开、透明的村民集体决策机制凝聚了人心，对于是否愿意集中居住、土地流转模式、生态小镇建设

规划等方方面面都进行了村民集体投票，各种公共服务也通过项目协调管理委员会的"线上线下"等网络平台进行。最后，浔龙河项目的发起者柳中辉作为村庄精英人物，深受村民信赖，他能够将村民团结起来成为项目建设的主体力量，共同建设美丽的家乡。

3. 协同共治：共建共享共治，"浔龙河之梦"实现

浔龙河生态艺术小镇在项目推动建设、整合"政府、市场、社会和农民"各方资源的过程中，更多展现的是在政府政策引导和积极推动下，社会资本参与、农村基层组织拥护、农民意愿充分表达的良性互动，较好地理顺了政府、市场、社会、农民之间的关系，逐步实现了"政府引导推动、企业市场运作、基层组织保障、农民参与建设"的多元主体协同共治的"四轮驱动"模式，探索出一条三产融合发展之路，逐步实现了"产业兴旺、生态宜居、乡风文明、治理有效、生活富裕"的乡村振兴发展目标，使昔日的省级贫困村实现了华丽蝶变，由传统落后的村落向生态优美、生活富裕、生产发展的美丽乡镇转变，从而实现了"浔龙河之梦"。

综上所述，浔龙河生态艺术小镇建设成功首先得益于国家政策对乡村振兴发展的大力扶持。然而单纯依靠政府的行政推动，还只是万里长征踏出了第一步，如何实现由政府动力到乡村发展内生动力的转型，需要充分发挥市场、社会、农民等多元主体的力量。浔龙河生态艺术小镇通过打造共同愿景"浔龙河之梦"，以国家政策扶持为契机，充分发挥了"政府主导推进、市场实现效率、社会协调公平、农民实行自治"的多元力量，共同协作使乡村发展从过去需要"外在输血"的项目式扶持到获得自我"内在造血"的实质性进展，培育了乡村发展新动能，实现了乡村振兴可持续性发展。

二　从包产到户到合股联营：农村改革的贵州安顺实践

在贵州安顺，围绕农村土地改革，先后涌现了"顶云经验"和"塘约做法"。1977 年，贵州省安顺市顶云公社，义无反顾破除大锅饭，进行包产到户，解决了温饱问题，探索出一条"顶云经验"的道路。2015 年，同样在贵州省安顺市的塘约村，集中确权土地，耕地自愿入股合作社，实行"村社一体、合股联营"，盘活村庄内各类农业资源以及闲置资源，

短短几年时间，村庄从贫困走向了富裕，闯出了一个"塘约做法"的实践样本。从包产到户到合股联营，农村改革的贵州安顺实践立足需求，敢闯敢试，秉承着矢志不渝的农村改革精神，谱写了乡村振兴的新篇章。①

（一）贵州安顺塘约村改革背景

贵州省安顺市平坝区西部有一个非常普通的山区传统农业村，这就是曾经的塘约村，村庄闭塞、交通不便、人居环境较差；村民收入缺乏来源，农村经济不发达；村级组织较弱，是一个集体经济的"空壳村"。2013 年，当时的塘约村还是贵州省最贫困的村庄之一，乡村道路坑坑洼洼，一下大雨就是稀泥路，无从下脚，交通不便导致村庄闭塞，几乎与外界隔绝。大部分农民主要依靠务农生活，其他收入渠道很少，住的也大多是低矮瓦房，人均收入较低，有贫困户 138 户 600 多人。

2014 年 6 月，在连续多场暴雨下，塘约村遭遇了突然而至的罕见洪涝灾害，村民赖以维持生活的土地被洪水淹没，大部分生产生活物资也被洪水冲击得所剩无几，村民的生活一度陷入贫穷困顿中。如何在艰难困境中找到发展的出路？"穷"不能永远成为塘约的标签。塘约村党总支书记左文学痛定思痛，必须要想法子找到塘约变革发展的路子。时任安顺市委书记周建琨考察灾后的村庄时建议成立专业合作社，抱团发展，改变村庄产业基础薄弱、村民没有收入来源的现状。在各级政府的支持下，塘约村开始探索"村社一体、合股联营"的构想。要变革，要发展，就必须通过党建引领，充分调动群众的积极性，打破以前单家独户、分散经营的农村产业发展模式，引导村民共同参与到村庄的建设发展之中。

2014 年年底，塘约村村委会开始马不停蹄地召开全体村民会议，共同商讨筹备合作社，把土地规划后集中起来，塘约村金土地农民专业合作社宣布成立，村民可以多种方式来流转土地加入合作社，形成土地规模经营发展模式，开始了一场"村社一体、合股联营"的乡村发展变革。经过几年的大胆改革与辛苦践行，在"党建引领、村社一体、合股经营、共同富裕"的改革思路下，充分发动和依靠群众，塘约村的村庄面貌发

---

① 王瑶、张桂贵：《从包产到户到合股联营 农村改革的安顺实践》，《人民日报》2019 年 1 月 11 日第 7 版。

生了翻天覆地的变化，农村产业发展蒸蒸日上，村民生活逐步走向富裕。2017 年塘约村荣获第五届全国文明村镇，并获评为首批农村幸福社区，开始了从过去的国家级二类贫困村向现在的"产业兴、人心聚、村民富"的小康示范村转变，为许多没有资金、没有产业、没有特色的普通村庄进行乡村发展提供了改革的思路和参考。

（二）"村社一体、合股联营"的塘约道路①

2014 年夏天，一场突如其来的洪灾袭击了塘约村，让村民们认识到传统农业经营模式在抵御自然风险时力量的薄弱。如何自救恢复家园，如何通过艰苦创业、发奋图强来摆脱贫困，这一问题严峻地摆在了全村干部群众的面前。穷则思变，塘约村通过推进"村社一体、合股联营"的农村经济发展模式，把农业相关资源要素集约起来，促进农村资源优化配置，架设规模化、集约化发展的现代农业经营体系，充分激发乡村发展的所有潜力，实现了农业增效、农村繁荣和农民增收。

1. "党建引领、三权转换"搭台子

塘约村坚持党建引领，以农村产权改革为突破口，发动和带领群众抓牢"确权"、抓好"赋权"、抓实"易权"，通过"党建引领、三权转换"搭台子，全面盘活乡村发展资源。首先，仔细摸清家底，抓牢"确权"基础。巧妇难为无米之炊，村庄里有哪些家底可以全面盘活，之前是一本糊涂账。塘约村通过构筑产权确权信息平台，唤醒农村沉睡已久的各类资源。其次，精心管好家当，抓好"赋权"关键。摸清家底之后更重要的是如何管好家。集聚全村各类资源要素，搭建农村产权流转交易平台，构建土地流转服务体系，引导村民将土地流转到合作社，保障农民资产权益，团结和带领群众谋改革、求发展。最后，全面盘活资产，抓实"易权"核心。之前大部分乡村资源都处于荒置状态，塘约村大胆实践创新，设立"房惠通"与"金土地贷"等金融服务平台，房屋所有权、土地承包经营权、林权可以抵押担保贷款，让乡村的"自然宝藏"变成乡村振兴发展的"鲜活资产"。

---

① 沈依婷：《新时代闯出"村社一体、合股联营"的塘约道路》，民族新闻网，http://www.wyzxwk.com/Article/sannong/2019/09/408110.html，2019 年 9 月 16 日。

2. "村社一体、合股联营"闯路子

村党总支把"软组织"建成"硬堡垒",实行"村社合一",组建"金土地"合作社,通过"合股联营",全力保障农民收入,闯出了一条"村社一体、合股联营、产业兴旺"的康庄大道。一是走出集体经营新路子。村庄发展需要资金,有钱才能办事。塘约村首先组建了"金土地"合作社,在此基础上设立了劳务输出公司、运输公司等,还设立了红白理事会、妇女创业联合会,多业并举,走出集体经营新路子,改变了之前村集体经济一穷二白的状况。二是走出股份合作好路子。集体经济发展壮大的同时需要全力保障农民收入水平的提升,引导农民将土地流转入股到合作社,采取"合作社 + 农业企业 + 基地 + 农户"的方式,进行合股联营、合作生产,有效保障社员收益。三是走出产业兴旺宽路子。随着合股联营,进行农业产业规模化发展,村庄生活水平逐渐走向共同富裕,"村社一体、合股联营"助力塘约村走出产业兴旺宽路子。通过土地规模经营,调整农业产业结构,建设青岛—安顺农业产业示范园,给塘约村产业发展插上了腾飞的翅膀。

3. "效益共创、利益同享"鼓袋子

在党建引领下,通过成立金土地农民专业合作社,通过"村社一体、合股联营"把小家小户的分散经营集聚成风险同担、效益共创、利益同享的规模化集约化经营模式,让村集体家底更厚、村民腰包更鼓、村庄环境更美,真正实现了乡村振兴与可持续发展。一是村集体家底更厚。把村庄内各类自然资源、土地资源、闲置房屋等资产激活,促进农村产权有序交易,多业并举,进行立体化、多元化发展,对村庄内各类资源进行优化配置,厘清了农村糊涂资产,村庄经济发展获得了规划。二是村民腰包更鼓。"村社一体、合股联营"把村集体、合作社、村民三者相辅而行,凝聚出强大的发展合力,生产效率、效益大幅提升,为农民提供了更多的就业机会,村民收入不断提升。三是村庄环境更美。村集体经济壮大了,村民收入增加了,村庄的环境面貌也焕然一新,村级道路、村文化广场、服务中心、体育器材等基础设施全部提档升级,还相应配套了自行车道、健康步道等村民休闲锻炼的公共场地,沃野起伏、道路宽阔、小桥流水、荷塘飘香的塘约村,成为让人流连忘返的美丽乡村。

（三）塘约村"合股联营"改革的效果与经验启示

贵州省安顺市乐平镇塘约村面对洪水洗劫下陷入发展困境的村庄，通过"党建引领、改革推动"自力更生实现家园自救，探索实施"村社一体、合股联营"，由分散化、碎片化的小家小户经营模式向集约化、规模化现代农业经营体系转型，村集体经济从一穷二白走向富裕，村容村貌焕然一新，走出了一条独具特色的"塘约道路"，昔日的"贫困村"变成了"富裕村"。塘约村通过"合股联营"的现代农业经营模式，成为安顺市农村改革的一面旗帜，为破解村庄内农业产业发展、乡村基层治理等方面的难题，实现乡村全面振兴提供了一个成功生动的案例，为其他村庄发展提供了经验与启示。

首先，党建引领。新时代下如何带领群众从"摆脱贫困"到"乡村振兴"，需要基层党建的引领。[①] "农民富不富，关键看支部。"塘约村基层党组织、村委会、合作社"三驾马车"在党建引领下共同发力，开展党建与乡村经济发展的联动机制，实施"党员联户"工程，组织党员入村入户为村民办实事、办好事，让党员全程参与到村级各项工作和事业中来。村里的党员通过亮身份，强责任，做表率，当先锋，增强了责任感和荣誉感，将农村党员作为"党建＋乡村振兴发展"的"红色火种"。塘约村坚持以党建为抓手，制定出"以人为耕、以农为本、以文为心、以旅为轴"的规划蓝图，明确了"村社一体、合股联营"的变革路径，走出了共同富裕的发展之路。

其次，公共参与。在国家全力促推农业农村现代化发展的进程中，许多小农无法融入现代农业经营体系的市场机制之中，大部分小农在现代化发展的快车道旁徘徊不前。如何激发村庄经济发展的"内生动力"，关键在于增强农民的主体意识，赋予农民更多权利，充分发挥农户的主体作用，共同参与乡村建设。塘约村"村社一体、合股联营"改革，让村民与村集体、合作社形成了利益共同体，破解了村民单家独户难以抵御自然风险和市场竞争的困境，村民逐渐从原来的小农户一跃成为大企业的股东，通过搭乘农业农村现代化发展的东风，使村民由贫困走向了

---

① 安顺市委宣传部：《安顺市塘约村：从"摆脱贫困"到"乡村振兴"》，央广网，ht-tp：//www.gywb.cn/system/2021/03/08/031033120.shtml，2021年3月8日。

富裕。

最后，经济联合。在中国传统农业社会中，耕地自耕的传统观念已经根深蒂固。"合股联营"的抱团发展和集体腾飞给农民组织化、社会化发展提供了平台，将生产规模小、经济实力弱、缺乏市场竞争的传统农业经营体系转变为有组织、有规模、专业化、市场化、社会化的现代农业经营体系，成为村庄经济联合的创新探索。① 塘约村尝试"党总支＋合作社＋公司＋农户"的联合思路，搭建农村产权确权信息平台、产权流转交易平台，激活农村沉睡已久的各类农业发展资源。全村农户以土地入股等方式加入合作社，将土地资源、闲置房屋等实现市场定价，通过股份分红、劳动报酬、村庄福利等方式进行经济联结与利益共享，促进了村庄和谐发展，实现了乡村富裕富强。

三　从单一传统到合作共生：湖南安化黑茶"订单式农业"

安化黑茶经过多年的努力经营，现在已经成为安化县重要的农业品牌。从过去单一传统的劳动力耕作到目前现代化机械作业，从粗放式发展到集约化经营，湖南安化黑茶通过"农业公司＋集体经济＋专业合作社＋农户"等模式发展"订单式农业"，统一的安排管理实现了农业生产科学技术、经营模式与管理方式的现代化，各参与主体根据各自的发展优势来界定分工、整合功能，通过协议建立利益共享关系，实现合作共生，推动茶叶全产业链发展、全利益链连接，全面发展安化县黑茶产业，形成了优势品牌和农业产业集群发展，农民增收和农村经济的全面发展实效显著。

（一）湖南安化黑茶的发展概况

湖南为茶叶之乡，茶树品种繁多，茶类也丰富多彩。安化黑茶因其独特的地理区位和适宜的气候环境，促成了安化黑茶的独特风味。安化黑茶原产地以湖南省安化县为核心，安化县位于湖南省湘中偏北，处于雪峰山脉西部北麓，是山区大县，资水横贯县境中部，属于典型的山区、林区和库区。安化县正处于生态功能区县，地质地貌适宜茶树类植物生

---

① 谢治菊、王曦：《农户是如何组织起来的——基于贵州省安顺市塘约村的分析》，《中央民族大学学报》（哲学社会科学版）2021 年第 4 期。

长，有机质、矿物质含量丰富，区域内峰峦起伏、森林茂密、原始生态环境优异。安化黑茶因其原生态的雪峰山脉地理区位和适宜的气候条件，让安化黑茶拥有了与生俱来的特殊优势和核心竞争力，也让安化县成为全国黑茶原产地。

安化县作为扶贫工作重点县，特色产业择"黑"而优，安化黑茶成为中国茶体系中最典型的黑茶代表，安化县从财政补贴、招商引资、对口扶贫、组织培训四大板块支撑黑茶产业发展。一是在财政补贴方面，安化县累计整合涉农资金 3.5 亿元支持茶园基地建设，总投资 100 亿元规划建设安化黑茶特色小镇，通过特色小镇建设引领黑茶产业发展。二是在招商引资方面，安化县委、县政府大力加强园区建设，建立了中国安化黑茶产业园，引导企业向园区聚集，构建安化黑茶军团大本营。安化黑茶产业园定位高端，园区内技术优势不断聚集，产能优势迅速扩大，生产、加工、仓储、物流、科研等配套服务完善，成为安化黑茶骨干企业集聚产业发展园。三是在对口扶贫方面，安化县委、县政府构建"农业公司 + 专业合作社 + 生产基地 + 贫困户"的发展成果共享架构，让黑茶产业的发展来带动贫困户的就业和增收，既实现了黑茶产业振兴，又让贫困户精准脱贫。四是在组织培训方面，安化县通过"送进来、走出去"等多种形式，送种苗下乡、送人才下乡、送科技下乡，实施"阳光计划"活动，组织茶农走出去参观学习等，为安化黑茶产业发展提供人才支持与科技支撑。

安化黑茶立足资源禀赋，通过不断优化产业布局、转型升级茶叶生产方式、提升茶叶产业经营模式，以"黑茶 +"的思路开展跨界融合，通过"农业公司 + 集体经济 + 专业合作社 + 农户"等模式发展"订单式农业"，坚持"绿色崛起、茶旅一体、产城融合"，调整产品结构，抢占发展先机，凸显资源优势，着力推进现代农业经营体系创新，演绎了"一片叶子成就一个产业"，激发了茶叶产业新的活力，为安化黑茶产业发展交出了亮眼答卷，让安化黑茶产业链条更长，乡亲们致富的门路更多，也为"十四五"开好局奠定了坚实基础。

（二）湖南安化黑茶"订单式农业"发展模式

订单式农业是一种新型的农业生产经营模式，这种模式主要为农户或者合作社根据其与公司、企业等农产品的购买方签订相关合同来安排农业生产。订单式农业主要的特征在于其订单式的方式让其具备较高的生产率，农业则可以成为可持续发展的产业，之后由组织进行营销推广，较好地适应了市场需求，可以成为商业化的产业。安化黑茶经过多年发展，形成了"农业公司＋集体经济＋专业合作社＋农户"的"订单式农业"模式，让原本单一传统的黑茶种植者更具有规模化、专业化、区域化和社会化，在政府、企业、社会、农户的联合下建立与现代农业经营体系相适应的宏观协调机制，对促进农业产业发展具有重要的作用。安化县紧紧依托龙头企业和安化黑茶主导产业，积极探索出了"公司＋合作社＋基地＋农户""公司＋乡镇村＋产业扶贫示范点＋贫困户""企业＋合作社＋致富能人＋农户"等安化特色产业扶贫"订单式农业"发展模式。

一是"公司＋合作社＋基地＋农户"发展模式。随着农业高科技发展以及农业产业链条的延伸，传统农业经营体系下自给自足的生计农业生产难以实现科技应用、市场拓展、资源整合和抵御风险等方面的活动，面向市场交换的"订单式农业"必然成为现代农业发展的主流方向。小农户天然是农业经营体系中的弱势群体，如何让其搭乘黑茶产业发展的快车，由贫穷落后走向共同富裕，安化县选定多家生产黑茶的公司作为产业龙头，公司统一规划布局、统一提供技术指导、统一提供茶树种苗，把农户与合作社、基地、企业统一联结起来，帮助农户发展茶园、进行茶叶生产，每户人均增收1800余元。同时，政府、企业联合让茶园融入当地景区中，走茶旅一体化道路，显著增加了农户收入，实现了精准脱贫。

二是"公司＋乡镇村＋产业扶贫示范点＋贫困户"发展模式。在传统农业经营体系下，农业生产的个体化削弱了农业分工协作与专业服务的倾向，制约了农业产业链一体化发展，阻碍了农业产业增值空间的拓展。如何实现由单一的个人单打独斗式生产到社会化合作式生产，以应对大市场的风险，实现农业发展农民增收？安化县利用黑茶产业发展契机，大力创建产业扶贫示范点，积极引导公司在乡镇村各个示范点带动贫困户连片发展项目。同时，安化县鼓励贫困村、工作队以村为单位，通过奖补办法实行产业扶贫整体推进。如滔溪镇梅兰坪村，对在本村种植茶园0.5亩以上（成片）的农户每亩奖励1000元；对达标的林地改造奖补 200 元/亩，对公开评选示范基地的增加奖补 100 元/亩。几年内，全村新发展茶园 100 亩，特别是贫困户领办茶叶种植专业合作社，共同推进茶叶种植生产，合作社发展势头非常好。

三是"企业＋合作社＋致富能人＋农户"发展模式。长期以来我国小家小户的农业生产活动比较分散，在农业生产经营中组织化程度较低。"弱和散"的小农小户在市场经济活动中难以协调，在市场利益博弈中处于弱势地位，不可避免地被推向农业产业链利益分配的低端，严重制约农民收入增长与农村经济发展。安化县以黑茶产业"订单式农业"发展为契机，深入推进"万企帮万村"活动，实施产业帮扶项目 100 多个，形成了政府、市场、社会协同推进农业产业发展的大格局。在龙头企业的帮扶下以及农民合作社等各种社会组织力量的参与下，涌现出了一大批致富带头人，他们艰苦创业、发奋图强，彻底摆脱了过去贫困的面貌，成为"脱贫攻坚带头人"，他们的榜样力量也促使贫困户们彻底甩掉"等靠要"的思想，奋起直追不断走向富裕的生活。

（三）安化黑茶"订单式农业"的经验启示

随着传统农业向现代农业转型发展，传统农业经营体系已经无法满足现代化农业生产的需要。传统小农家庭的生产经营属于"小而散"的发展模式，在社会化大生产背景下，虽然农业生产投入越来越多，其边际收益率却难以得到提高，农业生产综合效益低下。安化县在挖掘自身特色的基础上，大力发展黑茶产业，着力打造生产、加工、销售等全产业链的"订单式农业"规模化茶产业体系。成为实施精准扶贫的中坚力量，通过"订单式农业"实现富民强县，成为千亿湘茶产业的发展引擎，也为其他地区农业产业经营体系构建提供了经验与参考。

一是"订单式农业"促进了政府、企业、社会、农户之间多元主体合作共生。"订单式农业"统一的安排管理实现了农业生产物质条件、科学技术、管理方式、农民素质的现代化，各参与主体根据各自的发展优势来界定分工、整合功能，通过协议建立利益共享关系，实现了政府、企业、社会、农户之间多元主体合作共生。自从精准扶贫政策实施以来，如何从脱贫攻坚走向乡村振兴？这个宏伟目标不是单个组织能够完成的事情。近年来，精准扶贫、产业先行、生态立县、绿色崛起一直是安化县的发展战略，牢牢地用已有的资源大力扶持安化黑茶产业，政策的支持和资源的共享让安化黑茶已经成了安化县产业扶贫的支柱产业，"订单式农业"促进了政府、企业、社会、农户之间多元主体合作共生。首先，基层政府高度重视。以县政府为主导，联合县内各个行政机关，共同规划全县茶产业发展蓝图，引导县内茶产业标准化发展。其次，安化黑茶企业得到了政策的支持之后，在尽力发展自己的过程中给贫困户提供就业机会、发展机会，带动贫困户的发展。例如湖南华莱公司统一规划布局，为茶农统一提供一条龙茶叶种植服务。最后，贫困户主动参与发展，彻底甩掉"等靠要"思想，成立专业合作社，主动融入产业体系，选择与企业合作或是抓住企业提供的就业机会，成为脱贫攻坚带头人。这样通过多元主体之间的相互关联来完成各个主体之间的合作参与和资源的协调共享，真正实现了产业升级、企业发展与百姓脱贫的有机统一。

二是"公司 + 合作社 + 基地 + 农户"的"订单式农业"大力促进了农业规模化发展。促进小农户与合作社、公司的合作共赢，能够促进农业产业发展，实现农业规模化经营。在"订单式农业"中，小农户在合作社和龙头企业的带领下能够迅速解决农业市场信息、农业技术难题等问题，形成规模化生产效应，降低农业生产成本。安化黑茶利用区域资源优势，以"黑茶 +"的思路开展跨界融合，通过"公司 + 合作社 + 基地 + 农户"的"订单式农业"，把同类型小农户组织起来"抱团取暖、合作共赢"，解决了农业发展中长久以来的小生产与大市场之间的矛盾，逐渐走向联合发展的道路，形成可观的规模实力，把千家万户的分散式、细碎化农业生产经营变为共同发展、联合经营，实现了农业产业的发展与腾飞。

三是多种模式产业扶贫的"订单式农业"带动了贫困户脱贫。订单式农业提高了产业的带动能力，通过"公司 + 乡镇村 + 产业扶贫示范点 + 贫困户"等方式吸纳贫困人口，这样乡村贫困农民也能够参与乡村产业发展中，共享产业效益。安化县以安化黑茶为产业重点，推行多种模式产业扶贫，让贫困户真正分享到产业发展带来的政策红利。首先，是直接帮扶。通过以奖代补等政策倾斜方式，引导与鼓励龙头企业、茶叶种植大户等创建"致富农场"，确定相应的利益联结机制，有效解决贫困户的就业问题。其次，是委托帮扶。主要针对资源贫乏的贫困农户，安化县将扶持资金委托给相关公司，由公司提供技术指导与市场信息，贫困户与公司之间以契约形式，按比例分成项目收益。最后，是股份合作帮扶。一些有想法但自己干不好的贫困户可以将山林田土等农业资源折算入股，这样按照股份合作制原则将分散的农户、分散的作业以及分散的经营统一联合组织起来，最终按股分红。

第 六 章

农业供给侧结构性改革背景下的
基层政府职能转变

　　"治理"（governance）是 20 世纪 80 年代以来公共管理方式的变革与创新。"治理是使不同的利益相互协调并且采取联合行动，是各类组织经营管理公共事务多种方式的集合体。"① 随着农业供给侧结构性改革的持续推进，农业农村发生了翻天覆地的变化，基层行政环境日益复杂和社会需求逐渐变化多端，基层治道急需变革，基层政府需要根据外部环境、条件的变化，因地制宜、因时而治，进行政府职能转变，以有针对性地采取相应的最佳治理方式。复合治理是基层政府为应对社会经济环境变迁而主动选择的新型发展道路，从传统单一式基层治理向多层级、网络化与多中心复合治理转型，扬长避短、应对变化，根据具体条件的变迁与发展，来逐渐促推乡村基层治理迈向现代化，以及时回应乡村基层的多元化需求。

第一节　动力机制：行政环境变化推动
基层政府职能转变

　　根据组织和管理理论，一般情况下，一个组织系统会根据外部环境的变化和发展，主动或被动地调整自身的结构和功能，以更好地匹配环境的发展与变迁，顺利推动组织目标完成。国家行政组织跟其他组织一

---

① 俞可平：《治理与善治》，社会科学文献出版社 2000 年版，第 270 页。

样，在行政环境发生变化时，需要提高其适应生存和发展的应变能力，不断变革和调整其职能体系和运行机制等，以顺利完成行政目标，及时满足公共管理与社会政治经济发展的基本要求。基层政府职能转变就是基层行政组织随着行政环境的变化，及时调整并完善自身的结构和功能。因此，基层政府职能转变会在各种动力机制的相互作用下进行转变和发展。

一　农业供给侧结构性改革带来的新变化

农业供给侧结构性改革主要以提高农业供给质量为主攻方向，创新农业发展体制与机制，通过优化农业产业体系、农业生产体系、农业经营体系，由传统的农业发展主要满足量的提升向现在更加注重满足质的提升转型，以增加农民收入、促进农业农村发展转型升级。随着农业供给侧结构性改革的深入推进，目前中国农业农村现代化蓬勃发展，发生了许多新的重大变化。

一是优化农业产业体系，农业产业实现由一维到多维发展。产业兴旺乡村才能可持续发展。目前，现代农业产业是根植于乡村，以三产融合为基本路径，横向上拓展产业链、纵向上延伸价值链、空间上打通融合链，推动农业发展从传统量的提升到现代质的飞跃。农业供给侧结构性改革以来，随着农业产业体系不断优化，农业新型产业新型业态不断涌现，现代农业产业发展经历了从纵向一体化到现代农业产业园再到"圈"状发展格局的转变，实现了由纵向一维到纵横二维并进一步拓展到"圈"状多维的转型发展。

首先是纵向一体化的农业产业化1.0时代。这个时期的主要特征是一切以市场为中心来链接农产品的生产、储藏、加工、流通、消费以及其他相关服务的各类组织与单元，引导与协调农业产前、产中、产后各产业链主体多元价值与利益博弈，从各个角度对产业链的每一个环节进行延伸。通过纵向延伸农业上下游，形成产加销、农工商一体化紧密结合的状态，以降低农业生产经营成本，提升农业综合效益。

其次是现代农业产业园的农业产业化2.0时代。现代农业产业园是以具有地方资源优势的特色农业产业为核心的农业产业集群。现代农业产业园不仅是产业园，更是示范园，能够发挥聚集效应，聚集本地特色资源，聚焦本地重点产业，通过集合各类优势农业资源，提高农业产业的整体竞争力。现代农业产业园具有辐射带动以及示范引领作用，从强调农业产业链纵向延伸的 1.0 时代转变为纵横网络的 2.0 时代，园区内多元合作与网络化交换成为常态，聚焦重点产业，突出集群成链，实现了农业产业集群发展。

最后是农业产业"圈"状发展的农业产业化 3.0 时代。随着农业供给侧结构性改革的不断推进，农业产业发展从村庄到乡镇再到县域层层推进，渐渐呈现"圈"状发展格局。从微观到宏观，圈状农业产业发展层层向外辐射。先是"一村一品"微型经济圈，再到"一镇一业"小型经济圈，然后是县域集成各类发展要素与农业资源，打造优势特色农业产业集群圈。农业产业"圈"状发展路径从村庄到乡镇再到县域由小到大、各"圈"之间相辅相成，实现了农业产业化由一维到多维的发展飞跃。

二是优化农业生产体系，科技创新驱动现代农业发展。走中国特色新型农业现代化道路，积极利用先进科技、先进装备、现代管理、现代农民等重要因素和条件，实现"互联网 + 现代农业"等科技创新与现代农业的相须而行，实现农业由量的增加向质的提升转变。农业可持续性发展要求综合考虑资源和环境承载能力，尽可能少地过度开发资源能源，保护农村生态环境，兼顾当代人和后代人的发展权益。

首先，农业生产体系由传统向"互联网 + 现代农业"转型。"互联网 +"开拓了农业产业发展的新业态，它与农业产业的融会贯通，推动着农业经济形态向前演变，全力提升了农业的生产力和创新力。传统农业由于科技含量普遍较低，生产经营效率低下，综合效益明显不足。"互联网 + 现代农业"给农业带来了一场新的变革，为越来越多年轻人打开了农业新型业态的创业空间，使农业生产过程不再是"面朝黄土背朝天"与"靠天吃饭"。互联网与现代农业的结合打破了传统农业的困局，真正实现了科学技术是第一生产力，推动现代农业走出了新的业态和模式。

其次，农业生产方式由粗放式向智能化转型。长期以来，农业粗放式与碎片化的生产方式，以及脏乱差的农业生产环境，降低了农民务农的热情，越来越多的年轻劳动力正在逃离农村，逃避农业。农业生产能不能更省力与更体面，农业生产劳动者可以像车间工人一样，在干净整洁的环境中，通过在室内操作仪表就可以解决主要生产环节的问题。农业物联网的出现，使我国农业开始向信息化和智慧化方向转型，实现了物物联通、物人联通，打造了智能化农业。通过综合使用农业大数据的相关技术，农业采用智能化、工业化、自动化、高效化现代超前生产，智能化农业成为一种能够颠覆传统农业生产者观念、全面提升农业生产经营效率的新型农业业态。

最后，农业生产模式由资源消耗向绿色生态转型。我国传统农业生产方式比较粗放，长久以来属于资源消耗型发展模式。消费者对农产品品质的追求以及农业可持续发展的需要促使现代农业向绿色生态转型。新时代生态文明战略下农业生产力的要素扩展为产业生态化，山水田林湖草是生命共同体，植物与植物之间的田间套作以及植物与动物之间的共生互惠等等能够实现农业生产环境有机循环，实现资源节约、环境友好的农业生产过程，推进空间生态资源价值化与可持续性循环发展。

三是优化农业经营体系，新型农业经营主体不断壮大。目前，农业兼业化、妇女农业、老人农业现象严重，土地抛荒日趋增多，致使"谁来种地""怎么种地"的问题凸显，农业经营越来越粗放化和简约化；农村土地的细碎化、单家独户的小规模经营、封闭的农业生产方式使得农业资源配置效率低，农业经营的生产效率与经济效益越来越低下。因此，优化农业经营体系已成为当务之急。

2013 年中央一号文件提出，由一家一户的小农式分散经营向规模化、专业化的家庭农场转变，成为具有竞争力的现代农业经营主体。此后，各地政府开始了对新型农业经营主体的全面探索与积极培育。以长沙市望城区各乡镇为例，以前农田基本由农户家庭分散承包经营，在基层政府各项惠农政策引导下，各具特色的多元化农业经营主体不断涌现。如长沙龙虎生态科技有限公司流转土地几千亩，成立隆平高科新康种粮专业合作社，全程机械化生产，新型农业经营主体已经成为适度规模经营的新载体。湖南柯柯农艺梦工厂以数项"国内一流"的设施和技术引发强烈反响，掀开了以科技和生态引领现代蔬菜产业发展的新篇章。

新型农业经营主体以合股联营等多元经营模式为途径，使农业发展由分散化、碎片化耕种向集约化、规模化转型，由单纯追求农产品数量增长向全面提升农产品质量与农业经营效益转变，实现了农业商品化、规模化和专业化的生产与经营，通过各种利益联结机制，促使广大农民能够共享农业经营成果，最大限度地激发广大农业从业人员的创造精神和创新热情，培育了一批"田秀才""土专家""乡创客""农业企业家"等农业农村发展骨干人才，成为现代农业转型升级的生力军。

二　农业供给侧结构性改革对基层政府的新期待

基层治理是国家治理的基石。"小康不小康，关键看老乡"，农业农村一直以来是现代化发展的短板，基层政府作为农业农村现代化建设的直接实施者，如何为农业经济发展创造环境，为乡村全面振兴提供支持，为农民走向富裕生活创造条件，成为基层政府急需解答的难题。目前正值社会转型、职能转变的关键时期，农业供给侧结构性改革带来的农业产业体系、农业生产体系、农业经营体系新变化对基层政府职能转变有了新的期待。

一是如何引导农业发展方式转型。在农业供给侧结构性改革中，首要的标志就是农业发展方式进行了转型。在中央各种支农惠农政策的推动下，农业发展方式开始转型升级，横向上拓展产业链，产加销、农工商一体化；纵向上延伸价值链，从传统种植业向旅游、休闲、创意等多功能农业发展；空间上打通融合链，促进一二三产业融合发展。正如调研中一位在乡镇农办工作了20年的工作人员描述："随着国家政策的推动，现在农业发展方式产生了变化。以前都是传统农业，小农经济，我们主管粮食种植，但后来农村年轻人都不会种田了，随着资本下乡，规模化发展，现在都是观光、休闲、旅游于一体的新型农业，要求比以前复杂得多，我们基层的管理方式也需要发生变化。"

那么基层政府如何引导农业发展方式转型呢？以湖南省长沙县为例，长沙县过去的农业主要以水稻种植和生猪养殖等传统农业为主。但是由于农药化肥的过度投入和农民收入提高对生猪养殖的过度依赖，长沙县的生态环境曾一度恶化，土壤板结严重、河流严重污染、水质逐渐变差，农村居民的生存环境堪忧。随着长沙县不断向前发展，传统的农业发展已经不能适应现实的农村发展需求，传统的猪粮型农业结构不但面临生态瓶颈，而且对农村经济增长的促进作用有限。长沙县政府在农业现代化发展中开始了农业发展方式转型，而转型的定位和方向就是天然具备可持续发展性质的城郊型农业。转型之后，长沙县打造了百里花卉苗木走廊、百里茶叶走廊、十万亩现代粮食产业标准化示范基地，以及金井茶叶之乡、白沙小水果之乡、高桥食用菌之乡、黄兴跳马苗木之乡等特色农业基地，初步形成了三产融合发展的乡村旅游胜地。①

二是如何为农业转型发展提供服务。2017 年中央一号文件强调推进农业供给侧结构性改革，加大农村公共服务供给。从经营规模小、市场竞争力弱的传统农业向适度规模经营、市场化和产业化程度较高的现代农业发展的进程中，基层政府也迫切需要进行基层治理转型，为现代农业发展提供服务。

首先，农业转型期待基层政府管理理念由过去的"小农业"向"大农业"发展。随着现代农业生产力的全面提升，传统的单家独户的碎片化小农业生产与经营模式已不适应大市场的需求变化，基层政府管理理念应由过去的"小农业"向"大农业"发展，树立宏观管理思维，通过横向上拓展产业链、纵向上延伸价值链、空间上打通融合链，优化现代农业产业体系，促进农业适度规模经营，形成产供销一体化的农业服务系统。②

其次，农业转型期待基层政府的管理方式由过去的"管理型"向"服务型"转变。管理型政府的施政理念源于马克斯·韦伯（Max Weber）的"官僚制"理论，行政人员需要严格按照既定规则体系和行政程序开展工作，随着高度复杂和瞬息万变的信息化时代的来临，基层政府应把主要工作精力从过去的管理职能转变为强化公共服务职能，逐渐扬弃管理型政府科层制自上而下等级结构的思维路线，转而采用更为灵活的网络化组织形态，能够及时回应当地农村的公共服务需求。

最后，农业转型期待基层治理由过去的"单向化"运动向"多向互动"转型。传统的基层治理主要依赖于政府自上而下的"单向化"管理，面对社会多元化与日益复杂化的趋势，基层政府需要转换自身角色，放

---

① 黄建红：《乡村振兴战略下基层政府农业政策执行困境与破解之道——基于史密斯模型的分析视角》，《农村经济》2018 年第 11 期。

② 黄建红、何植民：《农业现代化进程中的乡镇政府职能三维定位》，《社会科学家》2016 年第 8 期。

下传统管理的"行政傲慢",学会放权给市场和社会,积极培育和引导所有社会治理力量参与到基层治理中来,并充分激发现代农民的创新创业精神,从过去的"单向化"运动向政府、市场、社会、农民等"多向互动"转型,以适应复杂多变的行政环境,取得良好的治理效果。

三是如何整合和扶持新型农业经营体系。长久以来,由于碎片化农业生产收益低,导致农村大量劳动力只有进城打工才能维持日常生计,无奈之下留守在家的妇女、老人承担起农业生产的重担。老人农业、女性化农业不可持续,也无法承担农业现代化的重任。随着农业经营越来越粗放化和简约化,农业经营的生产效率与经济效益越来越低下,从而陷入恶性循环之中。"谁来种地、怎样种地"的问题已经成为阻碍农业现代化发展的桎梏,需要积极培育多元化的新型农业经营主体,通过土地确权之后,加快土地流转,来实现农业适度规模,创新"龙头企业+家庭农场+农业合作社+农户"等多元农业经营模式,从而提高农业的生产效率。

随着传统农业向现代农业的转型,多元新型农业经营主体不断发展壮大。面对各种不同类型的多元化新型农业经营主体,基层政府如何进行整合与扶持,把千家万户的分散式、细碎化农业生产经营变为共同发展、联合经营,构建专业化、规模化、市场化的现代农业经营体系,是急需探讨的重要议题。多元化的农业经营主体在资金需求、政策扶持、农业科技等方面较传统农业要求更高,基层政府急需理顺政府与市场、社会、农民之间的职能关系,引导和培育多元力量共同参与乡村建设,以满足现代农业发展的多元化需求。

三　农业供给侧结构性改革中基层政府职能如何转变

管理学家罗宾斯认为,环境是任何形态系统存在和发展的必要条件。[①] 同样行政环境也是行政管理发展的必要条件,行政管理需要随着行政环境的变化而适时调整。基层政府职能转变就是基层行政组织随着内外条件的变化,及时调整并完善自身的结构和功能。通过纵观基层政府

---

① ［美］罗宾斯、库尔特:《管理学》,孙健敏等译,中国人民大学出版社 2008 年版,第69 页。

的职能演变历程，我们探知，紧跟历史变迁和农业生产力的发展，在国家政策的多次调整下，我国基层政府的职能一直经历着各种形式的转变过程。[①]

一是中华人民共和国成立初期的"全能管理"。这个时期的基层地方政府组织主要体现为工农商学兵一体的人民公社。这个时期的人民公社行使着基层政权职能，负责人民公社的农林牧副渔业生产、户籍管理、乡村教育、治安、医疗保健、纠纷调整等方方面面的各项公共事务，体现着一个集政治、经济、文化和社会管理事务为一体的全能型政府职能。这种"无所不包，无所不管"的"全能型管理"职能模式，服务于生产资料公有制，在当时的行政环境下，一定程度上促进了经济与社会的发展。

二是改革开放时期的"简政放权"。随着行政环境的变化，人民公社体制逐渐体现出压抑农民的生产积极性等一系列弊端。随着家庭联产承包责任制的改革，接着开展了撤销人民公社、建立基层政府的任务，实行"乡政村治"。后来由于"区实乡虚"的矛盾十分突出，而且党、政、企之间的关系也没有完全理顺。中央由此启动了全国范围内以"简政放权"为方向的县乡体制改革。"简政放权"改革精简了行政层次，使基层获得了前所未有的活力，提高了基层政府的工作效率。

三是市场经济时期的"机构精简"。撤区并乡建镇之后，基层政府的工作任务增多。基层政府作为一定地方区域的行政管理组织，需要管理当地的公共事务，即行使管理"块块"的职能；同时，基层政府的许多工作都是为了贯彻上级的精神，完成上级政府的任务，即行使管理"条条"的职能。"条条"与"块块"的双重工作压力，使基层政府具有强烈的"官僚化"倾向，行政机构开始不断扩展。基层的任务和机构无限扩张，但财政供给却是相对有限的，行政的扩张使基层政府的财政愈来愈紧张。1992 年，随着社会主义市场经济改革的需要，基层政府职能也开始通过"机构精简"来进行基层政府职能转变，以适应社会主义市场经济的发展要求。

---

① 黄建红、颜佳华：《乡镇行政区划调整与政府职能转变的互动逻辑》，《中南大学学报》（社会科学版）2017 年第 4 期。

四是后农业税时代的"职能整合"。农村税费改革的主要目标是为农民减轻负担，发展到 2006 年，开始全面取消农业税。由此，基层政府失去了一块稳定的收入来源，也走出了"以农养工"的现代化起飞时期的内向积累期。农业税取消之后，在新的时代背景下，基层政府职能如何转变，都在观望和讨论中。基层政府职能转变进入了新的"职能整合"时期。由此，基层行政机构开始综合设置，把之前分散的部门进行整合，通过整合基层行政职能，来降低基层行政成本，规范基层行政管理体制，增强社会管理和公共服务功能。

通过前面的基层政府职能演变历程分析，我们可以发现基层政府职能随着行政环境的变化，需要适时地、不间断地调整和转变，以适应时代的变化，满足当时经济社会发展的需求。相应地农业供给侧结构性改革，涉及产业融合、智能生产、多元主体广泛参与等各个方面，给农村行政环境带来了诸多变化。"三农"向好，全局主动，在农业供给侧结构性改革中，基层政府作为直接面向农业、身处农村、面对农民的基层政权组织，其政府职能也需要适度转变以更进一步促进农村经济与社会发展。那么在国家推动农业供给侧结构性改革中，更进一步在全面优化农业产业体系、农业生产体系、农业经营体系进程中，基层政府职能又该如何进行转变才能进一步促推农业现代化改革进程呢？

第二节　基层治道变革：单一治理到复合治理

在农业供给侧结构性改革中，"互联网＋现代农业"、精准农业、智能农业、农业大数据等新型产业新型业态不断涌现，农业农村现代化发展的结果使得事物之间的普遍联系加强，整个基层治理朝着复杂性不断增加的方向发展。在高度复杂且多变的乡村发展模式下，基层政府职能如何应对农业农村现代化发展所带来的多样性、复杂性和不确定性，避免出现"盲人摸象"的困局？治理主张采取联合行动来满足公众多样化的需求。然而传统单一式基层治理难以适应复杂多变的乡村发展现实，急需向多层级、网络化与多中心复合治理转型，以适应乡村瞬息万变的发展步伐。

一　基层政府职能转变的理念更新

地方治理是将治理思想贯穿于地方公共事务管理之中，依托于政府、市场、社会、公民等多元化机构，一起实现公共管理的过程。① 通过以上定义我们可以得知，基层治理主张基层政府积极引导与联合市场、社会、公民组织，共同合作与互动，一起解决公共治理难题。在此发展背景和新形势下，基层政府职能转变的理念也开始更新换代和吐故纳新。

（一）从传统的科层制向社会网络化发展

传统的科层制是权力依职能和职位分工和分层，自上而下通过层层下达指挥和命令，以严格的规制和程序进行管理的组织体系。首先，传统科层制内含严格的服从和精确的执行。地方官员在公共管理过程中，只需要严格地执行命令、例行公事，并且不犯错误就可以获得晋升。在这样的组织体系下，大多数公务人员只是依据上级的规定和命令行事，而没有动力去主动探索创新，面对日益复杂的公共环境和民众多样化需求，采取消极应付的态度。其次，科层制的官僚规则造成了行政效率低下。在自上而下的科层制中，上级机关掌握着决策权，下级要听从或服从上级的决策和命令，严格的行为标准和程序化的工作规则使得政府组织刻板僵化，政府制定政策和执行政策变得效率低下。

时代的变迁与行政环境的变化要求基层政府具有较强的应变能力，基层政府必须更加灵活与高效，能够及时回应公众的需求，这就需要更多组织共同参与公共事务的管理。而社会网络组织体系是指在一定的地域内，政府、市场、社会、公民等各种组织围绕解决某些公共事务而形成的纵横结合的网络组织。如在农业供给侧结构性改革进程中，基层政府既需要完成纵向的各级政府的各种政策文件的落实与执行，又面临回应横向的市场主体、社会团体以及农民等多种多样的利益诉求。面对多种角色冲突的问题，基层成为各种矛盾集中突发的"双面胶"。社会网络组织体系倡导在共同的目标下共享资源，通过对话与协商、沟通与合作等方式解决冲突，共同参与地方公共事务治理。

---

① 孙柏瑛：《当代地方治理：面向21世纪的挑战》，中国人民大学出版社2004年版，第33页。

(二) 从单一的权力主体转变为多中心治理

单中心治理意味着只有一个核心, 即地方政府承担着对地方公共事务的绝对管理权与社会资源的权威性分配。单中心治理在相对简单和稳定的社会环境中, 可以集中力量办大事, 办事效率比较高。但随着信息化、市场化、农业农村现代化发展所带来的日益加剧的多元复杂性与不确定性, 基层政府需要从单一的权力主体转变为多中心治理, 还权于市场、社会与公民, 通过共同分担公共管理的责任, 构建自主、灵活、富有弹性的组织体系, 有效地提供农村基层公共产品和公共服务, 对社会、公民多样化需求及时回应, 以更好地适应农业农村现代化的发展进程。

多中心治理内涵深远, 即通过多元主体相互合作、共同参与等互动关系, 形成多样化的公共事务管理制度或组织体系。① 多中心治理意味着政府主要负责制定宏观框架和行为规则, 合理引导其他多元主体和机构 (如企业公司、社会团体、民间机构、利益团体等) 共同参与公共产品的供给, 同时运用经济、法律、政策等多种手段进行管理。在多中心治理中, 政府通过改变角色、责任和管理方式让渡权力和责任给其他多元主体, 以适应新的社会环境变化, 改变传统政府在公共事务管理中的垄断地位。

(三) 从传统的统治与管理转变为治理与服务

在传统的政治观中, 统治主要是指一个群体对另一个群体的管理与控制, 主要是为了控制社会和维护稳定。随着时代的发展, 政府步入"管理行政时代", 政府主要运用一定的管理技术和管理行为对社会经济文化进行调节, 采用相应的管理方式对公共事务进行管理。但是, 不管是统治还是管理, 其运行机制一般为自上而下的发号施令, 在社会环境变化日益多样化的时代中, 难以对民众的多样化需求作出快速反应, 成为社会矛盾累积的根源, 阻碍了社会的进步和发展。

相比于传统的统治与管理, 治理强调多元主体的参与, 其管理过程从传统的自上而下转变为上下互动, 多方反馈、多方协商, 共同面对复杂治理难题。简而言之, 治理强调政府对公民的回应性, 希望通过多元主

---

① [美] 莱斯特·萨拉蒙:《全球公民社会: 非营利部门视界》, 贾西津译, 社会科学文献出版社 2002 年版, 第 4 页。

体的合作与协商谋求对公共事务的共同参与和管理，是还政于民的理论
表达和实际需求的反映，这样公民参政议政的热情和积极性得到提升。
同时治理理念更强调政府对社会的服务职能。更进一步，治理理念要求
把民众看作自己的顾客，然后政府应该根据顾客的需求变化不断改革和
完善行政机关的服务与产品。

二　从维持型基层治理到多维型复合治理

基层政府作为农业政策的主要执行者，其职能作用对农村经济发展
至关重要。然而随着农业税费取消，基层治理能力弱化，特别是乡镇政
府职能进入了"维持型"状态。[①] 随着农业供给侧结构性改革，各类资源
持续输入乡村，基层政府成了乡村振兴实施的积极推动者，乡村基层迎
来了新的发展契机。随着传统农业向新型多功能现代农业发展，传统农
民向农业企业主、农民专业合作社社员、家庭农场以及种养专业大户等
新型农业经营主体转换，对基层政府职能要求也越来越高，需要向多维
型复合治理转型，以满足农村多元化发展需求。

（一）全面取消农业税：维持型基层治理

基层政府职能转变是指基层政府根据行政生态环境的变化，对现有
职能进行调整和规划，以满足农村经济和社会发展的需求变化，实现行
政管理目标的过程。纵观历史，基层政府在不同时期，其职能也有相应
的变化。然而新世纪以来，自 2000 年开始农业税费改革之后，基层治理
能力逐渐弱化。部分学者认为没有"农业税"的乡镇政府，因为不再需
要向农民征收各种税费，将与乡村社会日益疏离，乡镇权力逐渐从村落
社会中退出，其政府职能也将日益"悬浮"起来。另外因为其财权和事
权逐步被县市级政府上收，在无权无钱的背景下，乡镇政府彻底成了
"维控型政权"[②]，主要是被动地协调各类基层事务，努力维持着现状，谈
不上什么发展蓝图。基层治理能力的逐渐弱化使乡镇政府职能进入到了
"维持型"职能状态，缺乏积极主动发展的热情和创新能力。在乡村基层

① 黄建红：《三维框架：乡村振兴战略中乡镇政府职能的转变》，《行政论坛》2018 年第 3
期。
② 欧阳静：《"维控型政权"：多重结构中的乡镇政权特性》，《社会》2011 年第 3 期。

治理中，部分乡村干部秉承"不出事"与"不得罪"[①]的信条，一些"维持会长型"乡村干部，为了不出事，干脆不干事。

（二）农业农村优先发展：多维型复合治理

供给侧结构性改革主要着眼于供给与需求的有效匹配，以利于资源要素的优化配置；主要表现为提升生产资源要素的供给效率和供给质量，满足我国经济健康发展的需要。坚持农业农村优先发展，加快补齐农业基础设施和农村公共服务短板，全面推进乡村振兴，给乡村基层发展带来了新的发展契机。随着农业供给侧结构性改革的持续推进，基层政府作为国家与农民的"中介"，其扎根基层、贴近乡村的优势使其成为全面实施乡村振兴战略的积极行动者，发挥着资源配置的主要作用，是推动农业农村现代化的主导力量，其工作繁忙程度比取消农业税之前有过之而无不及。从各种农业项目进村入户到土地确权流转；从农业基础设施建设到农业产业规划；从单个农民到多元新型农业经营主体；从传统种植养殖到智慧农业生产等等，"只要想干事，就有做不完的事"，一位基层干部如此描述。这样在高度复杂且多变的乡村发展模式下，传统单一式基层治理难以适应复杂多变的现实，急需向多层级、网络化与多中心复合治理转型，以满足基层多元化发展需求。

（三）复合治理：一个理论框架的建构

治理理论自从引入中国学术界以来，一度成为中国社会科学研究领域的热词。在众多研究文献当中，学者们基本达成一致，一般认为治理有几个独特之处。一是治理主体的多元化。治理同时涉及公、私部门等多元主体，是政府与企业、社会组织、公民团体等共同治理，而不仅仅是依靠政府的权威和制裁。二是公共权力间的相互依赖性。治理过程其实就是一个多元主体互动博弈和共同合作的过程，在持续的相互依赖、相互作用中，通过对话与协商，实现共同的目标。三是建立自主自治的网络体系。治理强调社会网络组织的自治作用，各种治理主体之间，地位平等，围绕解决某些公共事务，构建社会网络体系，共担风险，共同参与合作。四是政府作用方式手段的变化。治理主张用服务的理念及时

---

① 王会：《乡村治理中的"不得罪"逻辑》，《华南农业大学学报》（社会科学版）2011年第3期。

回应公众的需求，主张采用新技术、新方法，通过协调、合作的方式管理与处理公共事务。

长久以来，为了解决社会生活实践中的治理难题，许多专家学者以及实践工作者尝试了诸如整体性治理、网络化治理、合作治理或协同治理等实践探索。如果说政府单中心治理是治理的1.0版本，社会自主管理是治理的2.0版本，协同治理、网络化治理等是治理的3.0版本的话，那么实现了主体、价值、组织等多重复合性，并形成了完善的具体实现机制的复合治理模式，则是治理的4.0版本。复合治理是多主体、多维度、多层次、及时高效的治理机制模式，在追求高质量发展的乡村建设转型中，复合治理才能顺应基层目标多元、政策多元的新发展阶段，才能适应行政环境的瞬息万变，是应对错综复杂基层治理难题的升级版。①

三　复合治理的多维基层治理体系

国以农为本，民以食为天。农业支撑着整个人类社会的发展进程，农村传承着人类传统文化与文明，农民是农业与农村现代化发展的排头兵。农业、农村使人与自然密切联系，为人类提供了基本的生活条件。②因此，乡村基层的稳定与发展是整个国家现代化发展的主体与基础。基层治理直接面对农村农业并服务于广大农民，是沟通联络中央与农民的渠道和桥梁，基层治理对于解决"三农"问题具有十分重要的意义和作用。然而随着农业农村改革的深入推进，基层公共管理事务越来越多元与复杂，导致了单一治理方式效用的发挥已经难以使相关问题得到有效解决，必须向多层级、网络化与多中心的多维复合治理转型（见图6-1），这样通过依赖多种治理能力的共同作用，以共同协作致力于地方区域共同目标的完成。

（一）上下维度的多层级"统筹治理"

从国家结构形式的角度看，上下维度的政府间纵向层级主要为中央—省—市—县区—乡镇等五级政府管理体系，它是中央权力与地方权

---

① 姚伟、吴莎：《复合治理：一个理论框架及其初步应用》，《理论界》2017年第6期。
② 韩俊：《农业供给侧结构性改革是乡村振兴战略的重要内容》，《中国经济报告》2017年第12期。

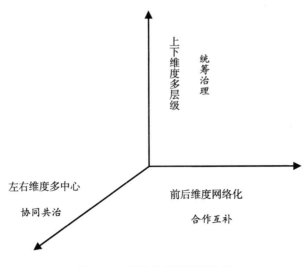

图 6 - 1　复合治理的框架体系

力在国家结构形式和原则上的体现。在职责结构方面，政府间纵向关系模式是"职责同构，层层复制"，如中央有教育部，省级有教育厅，县级有教育局等，各级政府中均有对应部门，这样"自上而下"形成垂直管理的关系，称为"条条"系统。而基层政府一般指处于层级结构较低层，能够直接对所辖地域民众进行公共事务管理与承担治理职责的地方政府。长期以来，我国的农业农村改革一般由中央做好"顶层设计"统一推动。但是各项公共政策的"顶层设计"也离不开"基层探索与创新"，中央的各项政策最终需要基层政府进行落地生根，公共政策的制度设计和改革举措许多也来自基层的探索与创新。上下维度多层级的"统筹治理"塑造了顶层（中央政府）、中层（省市级政府）、末端层（县乡政府）各层级政府之间既具弹性又紧密联系的关联方式，共同推进着农业供给侧改革。

（二）前后维度的网络化"合作互补"

在农业供给侧结构性改革中，前后维度的网络化"合作互补"是指基层政府整合资源，打破传统封闭的治理空间，一边加强"前端"的行政推动，一边保障"后方"的公共服务，前后合作互补，实行网络化跨系统的复合治理，促推农业供给侧结构性改革进程。基层政府既要在前方挥舞好指挥棒，进行农业供给侧结构性改革的规划引导与各项现代农业政策的全面贯彻与执行；又要在后方提供农村基本公共产品和公共服务的各项兜底保障工作。目前由于农业产业天然的弱质性，农业农村现代化难以自己成长与发展起来，需要政府通过多种多样的强农惠农富农政策来进行"行政推动"，尤其是基层政府的积极引导、扶植和培育。然而在农业供给侧结构性改革的高歌猛进中，基层政府不仅在前方要做好前瞻性的规划与引导，同时也要加强后方的服务与保障工作。不然各种农业项目虽然引进成功，但"进得来"，却"留不住"，因为配套的农业基础设施与公共服务理念无法跟上农业农村现代化发展步伐，导致许多农业项目半路流产，难以进行可持续性发展。因此，如何加强农业基础设施建设，如何提高基层公共服务水平和兜底保障，加强前后维度的网络化"合作互补"，以推进农业农村现代化可持续性发展，是基层政府更应关注的题中应有之义。

（三）左右维度的多中心"协同共治"

在基层治理环境越发复杂与不确定的今天，以基层政府为核心主体的左右维度的多中心"协同共治"，才能够适应行政环境的变化发展，进而才能及时解决盘根错节的治理难题。在地方治理的实践中，单一的政府治理工具在日益复杂的情况下已经难以完全解决某一公共问题，政府需要运用多元政策工具，这构成了现代意义上的基层多中心治理体系。多中心治理主体要求基层政府审时度势，通过一系列诱导性的政策，吸纳多元主体，引导企业型组织和民间社会组织力量参与地方公共事务的管理，充分发挥社会资源优势，提高地方公共管理的治理效率。这样政府、企业、非营利组织等多元主体之间，发挥各自优势，既缓解了基层政府的治理压力，又实现了基层治理的民主化进程。因此，在农业供给侧结构性改革中，基层政府、市场、社会和农民的多元互动复合治理体系成为应对巨量农村公共事务与推动地方经济发展的必然选择。"左右"维度多中心"协同共治"主要是从传统的政府一元主体向政府、市场、社会和农民多元主体共同治理转型，以应对日益复杂和不确定的基层治理环境，推动基层治理现代化发展。

第三节　复合治理：基层政府职能转变的实现路径

农业供给侧结构性改革中，急需优化乡村基层治理体系，夯实乡村振兴根基。复合治理可以根据基层公共管理实践的不断变化而调整自身结构，通过多样化治理手段的相辅相成，使其治理方式更具创造性和及时性，因而更加适应日益复杂且迅速变化的基层公共治理实践。[①] 目前，"三农"问题至关重要，落后的农业、衰败的农村、贫困的农民不可能实现国家现代化发展。如何充分发挥基层政府职能，全力助推农业供给侧结构性改革，需要在复合治理理论下构建基层政府职能转变路径（见图6-2），实现基层政府职能的现代转型，给乡村基层治理赋能，以全力发挥"三农"压舱石作用，凝神聚力推进农业供给侧结构性改革，实现乡村振兴发展。

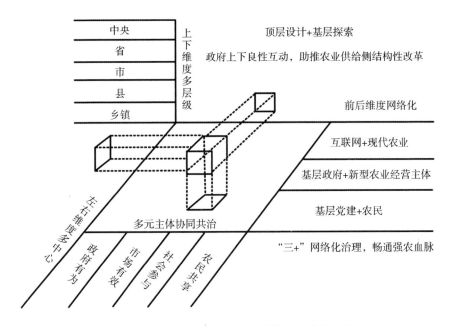

图6-2　复合治理：基层政府职能转变的实现路径

---

① 许珂、周伟：《治理理论的中国场景：复合治理的勃兴》，《深圳社会科学》2020年第3期。

一　复合治理上下维度的多层级

复合治理上下维度的多层级："顶层设计" ＋ "基层探索"，政府上下良性互动助推农业供给侧结构性改革。我国地方区域之间差异性较大，乡村基层各具特色，农业农村现代化的发展必须正确处理好"顶层设计"和"基层探索"的相互关系。目前，从 2004—2022 年，中共中央连续下发了 18 个关于"三农"问题的一号文件，构建了农业农村现代化道路的顶层设计。但是中央的各项政策最终需要基层政府进行落地生根，公共政策的制度设计和改革举措许多也来自基层的探索与创新。目前随着全面乡村振兴重点工作的持续推进，国家治理重心下沉到基层，急需政府上下良性互动，助推农业农村改革进程。

首先，理顺各级政府之间的职权关系。我国政府职能层次分为中央—省—市—县区—乡镇五级政府管理体系，政府间纵向关系模式是"职责同构"。这样在公共管理实践工作中，纵向各层级政府之间只有权限的区别而没有职能的差异。各级政府、各级行政单位都希望自己手中的权力越多越好，容易产生交错，即政府职能错位的现象。因此，理顺各级政府职权关系至关重要，特别是基层政府作为我国职能层次中较低层的政府，需要根据本区域的资源禀赋和发展特色自主创新和率先突破，上级政府要尊重基层政府的首创精神，让基层面对自己的河面来摸石头，通过理顺各级政府职权关系，上下共同发力促进乡村振兴发展。

其次，充分发挥基层政府的创新探索作用。基层政府既是行政层级的"神经末梢"，又是各项政策的落实者，也是地方经济与社会发展的创新者和探索者，在农业供给侧结构性改革中，各个基层政府可以根据区域内自然资源以及各项人文条件等情况，充分发挥自我主观能动性，自我探索走出自己的特色。中国丰富多彩的农业资源特征决定了需要基层政府根据自身资源禀赋进行"一村一品"的乡村发展创新探索，而不能搞跟风模仿式的"千篇一律"农业发展模式。如一些基层根据当地特色资源，探索农业产业集群发展，打造地方特色品牌；一些基层探索"乐和乡村"农业农村发展议事平台，共同商讨村庄发展规划。

最后，从压力型向和谐型行政生态环境转变。基层是一切工作的落脚点，"上面千根线，下面一根针"，最突出的矛盾和问题在基层，社会治理的重心都必须落到基层。我国政府的绩效考核主要通过自上而下的各项"量化"的指标体系进行。基层政府作为政府层级的较低层,是各项工作的贯彻者和落实者,处于压力型行政生态环境的最底端,责任无限大而权力无限小,处于为完成各项工作指标而全周期、满负荷运转状态,当时间全部被事务性工作填满时,就没有时间深入群众、接触群众与了解群众,无法及时回应基层群众的各项需求。从压力型向和谐型行政生态环境转变,减少各种形式主义和官僚主义,充分发挥基层的自我动员和资源配置能力,上下双向互动,各种利益关系得到有效整合和动态平衡,实现乡村可持续发展。①

二 复合治理前后维度的网络化

复合治理前后维度的网络化:"三+"网络化治理畅通强农血脉。随着农业农村改革的推进,乡村发展蒸蒸日上,传统封闭的直线型层级化管理难以适应基层复杂多变的社会环境,容易导致乡村经济和社会发展血脉循环运行不通。"工欲善其事,必先利其器",在基层治理环境越发复杂与不确定的今天,现代信息技术的进步及其应用为基层政府网络化治理提供了大量的技术支持,乡村要实现全面振兴发展,基层政府需要进行"三+"网络化治理,通过"互联网+现代农业""基层政府+新型农业经营主体""基层党建+农民"来畅通其血脉,以实现前后维度的网络化"合作互补",在网络治理中焕发出新的生机与活力。②

首先,"互联网+现代农业"。互联网信息化发展为乡村建设带来了技术支撑和创新驱动,互联网资源成为新的生产要素,给农业带来了新的生命力和生产力。过去乡村由于交通不便及闭塞性,乡村美丽的景色及天然农产品长久以来都是"长在深闺无人识",许多村庄"捧着金饭碗要饭吃",农民收入水平长期处于低迷状态。以计算机多媒体技术、5G通信技术、大数据智能分析系统等为特征的互联网体系把闭塞的农村与

---

① 毛劲歌、陆小成:《和谐社会视野中的和谐行政体制构建研究》,《求索》2007年第11期。

② 黄建红:《乡村振兴战略下乡镇治理现代化的三维视域》,《内蒙古社会科学》(汉文版)2018年第5期。

外面的世界联系起来，促进了三产融合发展，使农业真真切切成了"第六产业"。"互联网＋现代农业"也让传统政务管理方式走向了网络化治理，如许多基层建设了"阳光三农网"服务平台，加强信息共享与合作，全面提升基层服务能力，提高基层管理运行效率等，促进了当地的农业转型升级大发展。

其次，"基层政府＋新型农业经营主体"。新型农业经营主体是乡村振兴发展的主要实践主体。在由农业大国向农业强国转变的进程中，新型农业经营主体的快速崛起，解决了农业生产劳动力不足的问题，为商品化、集约化、市场化开展农业生产经营奠定了基础。多元化的新型农业经营主体在资金需求、政策扶持、农业科技等方面较传统农业要求更高，基层政府需要通过提供政策、平台、资金以及技术等方面来全面扶持和培育新型农业经营主体的发展，共同合力促进农业农村现代化。如笔者实地调研中访谈的沃园农业公司创始人原本是在沿海地区工作的高管，为了圆儿时的农业梦想，在家乡各项农业政策形势一片大好的情境下，回乡创业种起了迷你香薯。在政府的支持下，沃园公司克服了一道道资金、技术、人才难题，成为一家专注于有机农业发展的高科技农业产业化龙头企业，惠及了大片乡邻。

再次，"基层党建＋农民"。农业农村改革的最终目标是让改革的成果惠及更多的农民群众。但在实地调研中却发现，各项惠农资源虽然不断输入到农村社会中，但弱势的农民主体却常常被排挤在利益之外，因为分利秩序不均衡，造成了基层各种矛盾纠纷，导致基层治理内卷化。① 为什么为民办事反而受到老百姓的阻挠呢？主要原因是群众参与较少，与民沟通机制出了问题。网络化治理通过网络平台重建国家、基层党组织与农民之间的联系沟通渠道，把基层党建的落脚点放在农民最关注的问题上，使党员与群众双向互动，以绣花功夫落实基层群众的多元化需求，确保基层党建"无死角"；发挥"头雁"作用，开通党建线上服务平台，实现党务政务公开，及时宣传支农惠农政策，建立最广泛的群众基础，让更多农民可以随时随地参与到乡村基层治理之中。如湖南省长沙

① 陈峰：《分利秩序与基层治理内卷化——资源输入背景下的乡村治理逻辑》，《社会》2015 年第 3 期。

县果园镇将"互联网＋"与基层党建结合，为基层党建插上信息化的"翅膀"，搭建"群众线上点单，干部线下服务"的公共服务平台，将基层党建落实到解决农民实际问题与困难之中，实现了基层治理现代化发展。

三 复合治理左右维度的多中心

复合治理左右维度的多中心："政府有为"＋"市场有效"＋"社会参与"＋"农民共享"，多元主体协同共治。传统上，我国农村公共产品主要依靠政府集中供给，即"国家单方供给"的模式①，但单凭政府"输血式"补贴能有效满足农业农村现代化发展需要吗？在农业供给侧结构性改革中，农业企业、农民专业合作社、家庭农场和专业大户等多元新型农业经营主体的崛起带来了基层政府职能关系的变化。随着市场体系的成熟、公民社会的成长，政府与市场、社会、农民的多元互动，从过去的政府一元主体向多元主体共同治理转型，在基层政府的主导下，充分发挥市场、社会、农民等多元主体的力量，"政府＋"多元主体协同共治是应对日益复杂的农村公共事务治理的必然选择。

第一，政府有为：政府主导角色。在我国，政府一直是农业农村改革的主导者。首先，基层政府为农业供给侧结构性改革提供政策支持与制度保障。乡村规划和发展是一盘大棋，需要通过宏观政策安排来进行"顶层设计"，同时提供各类保障机制来为乡村改革遮风挡雨。其次，基层政府需要加强基础设施和农业社会化服务体系建设。随着小家小户的传统农业逐渐向集约化、专业化、市场化的规模农业转型，需要基层政府加强基础设施建设，对当地农业发展模式进行因地制宜的统筹规划，结合农业高新科技发展构建农业社会化服务体系。再次，基层政府需要筑牢政府和农民之间的纽带，为农民在农业农村发展中遇到的困境排忧解难，为农业农村各项改革保驾护航。

第二，市场有效：发展市场体系。有效的市场才能合理地配置农业资源，促进农业农村发展革旧图新。虽然近年来我国农业农村发展日新

---

① 方堃：《城乡统筹的县域农村公共服务模式与路径研究》，《天津行政学院学报》2009 年第 5 期。

月异，但农业的供给体系难以应对激烈的市场竞争，主要显现出市场调节机制尚未充分发挥作用，使得农产品供需没有达到平衡状态，优质产品难寻，大路货产品难卖，农产品的竞争力低下，这些累积下来就形成了较大的结构性矛盾。基层政府可以通过提供基础设施建设和相关优惠政策倾斜来大力培育和发展市场体系，一切让市场说了算，让市场竞争机制来提升农产品的生产和消费升级。

第三，社会参与：培养社会组织。社会组织广泛深度参与农业农村现代化发展是现代社会多元治理的基本方向和重要特征。随着农业供给侧结构性改革的推进，农民专业合作社、农业协会、农业社会化服务体系等各种社会组织表达着参与乡村振兴发展的共同意愿与行动。基层政府应进一步整合社会资源，支持并扶植各类多元化社会组织进行自主发展，充分挖掘社会组织潜力，积极引导与鼓励社会力量参与乡村建设，建设社会组织参与农业农村现代化发展的项目库，通过案例宣传等方式树立一批乡村发展优秀社会组织典型，培养其成长为向下扎根、向上成林的乡村发展基层组织保障。

第四，农民共享：坚持农民主体地位。乡村未来的发展方向和建设定位关键要靠长期生活在这片区域的农民来共同决定和参与建设。随着国家对"三农"问题的日益重视，各种惠农政策和社会资本开始向农村倾斜，但无论是产业发展或者是资本合作，都必须以维护农民的核心利益为重要目标。随着农业农村现代化的发展，许多农民跟随时代潮流，积极回乡创业，努力改变家乡落后的局面。传统意义上的"农民"将面临更新换代，现代农民正走上乡村振兴发展的舞台，"新型农民"将成为最有潜力的职业。基层政府要特别注重"尊重农民的首创精神"，使其成为农业农村现代化发展的能动力量，合力建设共同家园，合力共促乡村振兴发展。[①]

---

① 黄建红、何植民：《农业现代化进程中的乡镇政府职能三维定位》，《社会科学家》2016年第 8 期。

结　语

一　研究总结

从过去热衷于总量提升，到现在向往于高质量发展，农业发展模式的转型也意味着基层治理模式的转变。本课题研究涉猎政治学、公共管理、农学、农林经济管理等多学科知识。本研究尝试在多学科知识"理论丛林"的交叉综合研究中，来探索农业供给侧结构性改革与基层政府职能转变的互动关系问题。本研究在对农业供给侧结构性改革与基层政府职能转变进行理论阐释的基础上，围绕农业供给侧结构性改革与基层政府职能转变的互动关系，首先构建了"农业供给侧结构性改革三大体系"与"基层政府职能转变三维结构"的理论分析框架，其次分别从优化农业产业体系与基层政府职能重心位移、优化农业生产体系与基层政府职能方式转型、优化农业经营体系与基层政府职能关系重构三个方面的互动关系来分析农业改革与基层治理相辅相成，共同促推乡村振兴发展。最后提出，随着农业农村改革不断推进，基层政府职能需要从传统单一治理向多维复合治理转型，以满足复杂多变的基层需求和适应乡村瞬息万变的发展步伐，实现乡村基层治理现代化。概括而言，对本研究所进行的工作和主要观点总结如下。

（一）构建"农业供给侧结构性改革三大体系"与"基层政府职能转变三维结构"互动关系的理论分析框架

农业农村现代化发展，需要构建现代农业产业体系、生产体系、经营体系。优化农业"三大体系"，是农业供给侧结构性改革的重要举措。农业产业体系是支撑骨架，农业生产体系属于生产力范畴、农业经营体系属于生产关系范畴，三者彼此联结、互为依托，共同影响现代农业的供给结构、质量和效率。农业供给侧结构性改革的有效推进需要基层政府职能转变与之有效匹配。基层政府职能转变"三维结构"模型主要指从基层政府职能重心、职能方式、职能关系三个维度出发推进基层政府职能转变。农业供给侧结构性改革为基层政府职能转变提供动力,基层政府职能转变为农业供给侧结构性改革提供助力,从二者双向互动的角度来研究农业供给侧结构性改革与基层政府职能转变,构建理论分析框架。它们之间是相辅相成的辩证关系,互相创造有利于双方发展的条件,共同促推农村经济社会体制改革,合力推动农业农村现代化向前发展。

(二)优化农业产业体系与基层政府职能重心位移:基层政府职能重心从第一产业到"第六产业",优化农业产业体系

新形势下乡村何以振兴,主要依靠农业产业发展,现代农业产业是实现乡村振兴、解决"三农"问题的主要途径。现代农业产业体系发展,就是根据农业主要矛盾的发展变化,推动农业转型升级,横向上拓展产业链、纵向上延伸价值链与空间上打通融合链,为乡村振兴打下坚实基础。农业产业体系不断优化的同时,基层政府职能重心也需要位移,随着农业产业的发展而调整基层治理的重心,从传统的主要关注农业第一产业的发展到积极引导农村三产融合发展,让农业"接二连三",完成从第一产业到"第六产业"的飞跃。基层政府职能重心对标农业供给侧结构性改革的发展需求,围绕农村一二三产业融合发展,通过抓重点、补短板、强基础,聚焦农业产业融合发展,弥补农业农村发展短板,强化基层服务重心下沉等,实现农业产业发展从"量"到"质"的飞跃。

(三)优化农业生产体系与基层政府职能方式转型:基层政府从传统式管理向网络化治理转型,优化农业生产体系

传统农业生产力落后、农业生态环境失衡、农业科技发展欠缺等已成为制约农业经济发展与农村社会进步的瓶颈。解决"三农"问题的着力点必须始终把提高农业生产力作为农村工作的重中之重,促进农业生产由传统模式向现代模式转型,利用"互联网+"提高农业生产效率,通过物联网等高新技术降低农业生产成本,全面提升农业生产力。优化农业生产体系,是现阶段农业供给侧结构性改革的重要任务。随着传统农业生产方式向现代高科技农业生产方式的转型发展,数字农业、智慧农业、生态农业等各种现代农业生产体系的创新模式不断涌现,各种技

术进步也必然带来基层治理方式的变革，基层政府职能方式也需要从传统式管理向网络化治理转型，通过现代信息技术进行"数字乡村治理""生态型政府""服务型政府"建设，打通网络化治理脉络，畅通强农血脉，使乡村发展焕发出新的生机和活力。

（四）优化农业经营体系与基层政府职能关系重构："政府＋"多元主体协同共治，优化农业经营体系

随着农业农村生产力的飞跃，需要通过优化农业经营体系来完善农业生产关系。现代农业经营体系通过发展多种形式农业适度规模经营，大力培育多元新型农业经营主体，创新发展多元农业经营模式，为实现农业农村现代化发展提供机制保障。在优化农业经营体系的进程中，多元新型农业经营主体的出现带来了基层政府职能关系的变化。随着市场力量的壮大、社会组织的兴起以及农民意见的充分表达，基层政府需要处理好政府与市场、社会组织、农民等之间的关系，进行职能关系重构，以充分汇聚多元力量在基层公共治理中的作用。"政府＋"多元主体协同共治，通过加强政府作为公共治理核心和主导的"元治理"作用，充分发挥市场、社会、农民等多元主体的力量，以基层政府为平台，整合多元力量，深入推进农业供给侧结构性改革，共促乡村振兴发展。

（五）农业供给侧结构性改革背景下基层政府职能转变：从传统单一治理向多层级、网络化、多中心的复合治理转型

在行政环境发生变化时，基层政府需要根据外部环境、条件的变化，因时制宜地采取与行政环境相匹配的最佳治理方式。随着农业供给侧结构性改革的推进，在高度复杂且多变的乡村发展模式下，基层政府职能如何应对农业农村现代化发展所带来的多样性、复杂性和不确定性，避免"盲人摸象"出现的困局？传统单一式基层治理难以适应复杂多变的乡村发展现实，急需向多层级、网络化与多中心的多维复合治理转型，以适应乡村瞬息万变的发展步伐。一是复合治理上下维度的多层级："顶层设计"＋"基层探索"，政府上下良性互动助推农业供给侧结构性改革；二是复合治理前后维度的网络化：通过"互联网＋现代农业""基层政府＋新型农业经营主体""基层党建＋农民"的"三＋"网络化治理畅通强农血脉；三是复合治理左右维度的多中心："政府有为"＋"市场有效"＋"社会参与"＋"农民共享"，多元主体协同共治。多层级、

网络化与多中心复合治理，能够根据具体条件的变迁，因地制宜、因时治理、扬长避短、应对变化，实现基层治理现代化。

二　研究展望

科学研究的过程就是不断向未知的领域探索的过程。在全面推进乡村振兴发展的关键时期，农业供给侧结构性改革与基层政府职能转变的互动关系研究具有十分重要的理论意义和实践意义。农业供给侧结构性改革与基层政府职能转变的相互匹配，不仅能保障农业改革的顺利推进，也能进一步促推乡村基层治理现代化。

本研究主要通过构建"农业供给侧结构性改革三大体系"与"基层政府职能转变三维结构"的理论分析框架，采用规范分析与实证分析相结合、理论探讨与典型案例相结合的方法，分别从优化农业产业体系与基层政府职能重心位移、优化农业生产体系与基层政府职能方式转型、优化农业经营体系与基层政府职能关系重构三个方面的互动关系来分析农业改革与基层治理相辅相成，共同促推乡村振兴发展。最后提出在复合治理理论下构建基层政府职能转变的实现路径，通过多种有效治理手段的融合，以适应乡村复杂多变的基层治理实践，满足乡村多元化的发展需求。

在进行此项研究的过程中，课题组一直在思考理论如何为实践指明方向，实践如何为理论创新提供思路。任何学科的理论其实都是需要被实践检验的，都是要为社会服务的，都要能够解决当时社会发展的难题。科学研究过程其实就是在发现现象—探索规律—形成理论—服务社会中成长起来的。在理论探讨和实践调研中，课题组越来越发现农业供给侧结构性改革与基层政府职能转变的互动关系研究所涉及的理论领域与实践经验非常广博，还可以从更多角度和方法进行探究。

由于研究时间和研究能力的束缚，本课题研究仍有一些不足之处，有待进一步修正和完善。一是由于受时间、资金以及精力的限制，本课题研究的调研范围主要集中在一些特定省份，而没有对全国基层地区进行分层抽样实地调研，这导致在经验材料支撑方面略显不足，也是今后的研究过程中需要进一步完善的地方。二是课题研究更多停留在理论分析与典型案例层面，缺少对其背后因果机制的解释性探讨与定量分析，这也是未来研究需要改进的地方。三是农业供给侧结构性改革与基层政府职能转变的互动关系研究，既是一个深入的理论问题，更是一个现实的实践问题，需要进一步依据基层农村实际发展情况进行研究拓展。

路漫漫其修远兮，本课题研究涉及多学科综合知识，由于本课题研究的学科归属为政治学方向，因此本研究主要从政治学视角构建农业供给侧结构性改革与基层政府职能转变双向互动分析框架，更多地采用规范分析方法来阐释。希望本研究能够抛砖引玉，以后有更多学者从管理学、经济学、社会学、农学等学科方向来探索农业农村改革问题。课题组成员也将继续发扬把论文写在大地上、把学问做到田野里的科学家精神，持续关注农业农村改革与乡村基层治理，进一步深化和拓展此项研究，为乡村振兴发展添砖加瓦。

附　录

课题组主要阶段性成果

　　课题组围绕"农业供给侧结构性改革与基层政府职能转变的互动关系"展开相关研究，取得了一系列阶段性研究成果，发表阶段性研究论文 20 篇，其中 CSSCI 论文 15 篇、SCI 论文 1 篇、北大核心 3 篇、一般期刊 1 篇；另外为基层政府农业发展与治理转型撰写调研报告 3 篇、教学研究案例 3 个。

　　课题组查阅了大量文献资料，采用了最新的公开数据，利用寒暑假先后组织了 6 次农村基层调研，调研活动分别到了湖南省、湖北省、广东省、贵州省和江西省等地的农村基层，获得了大量农业供给侧结构性改革与基层政府职能转变的一手与二手资料。特别是课题组开展了"重走毛泽东同志湖南农村考察之路"乡村振兴调研活动，围绕农业供给侧结构性改革、乡村基层治理等十大方面内容，奔赴当年毛泽东同志开展湖南农民运动调查所到之乡村开展调研，深入 5 个县 20 多个乡镇 100 多个农户进行走访考察，为基层政府农业农村改革发展撰写系列调研报告，为乡村振兴战略全面实施献计献策，相关活动获得湖南卫视、湖南红网等多家媒体报道。课题负责人以国家社科基金项目为基础服务"三农"的相关事迹获《湖南日报》"传递三农情怀 助力乡村振兴"专题报道。

　　课题研究相关成果荣获省科技进步二等奖、三等奖；校哲学社会科学成果一等奖、三等奖；湖南省行政管理学会三等奖；湖南红网优秀论文奖；湖南省第四届高校 MPA 案例大赛研究生组三等奖、本科生组三等奖等多项奖励。

课题组主要相关成果

序号	成果名称	成果形式	刊物	作者
1	农业供给侧结构性改革与基层政府职能转变	论文	CSSCI	课题负责人独著
2	"红三角"内源式发展：革命老区乡村振兴的衡山案例研究	论文	CSSCI	课题负责人独著
3	从博弈走向共治：农业供给侧结构性改革中的多元协同治理	论文	CSSCI	课题负责人独著
4	三维框架：乡村振兴战略中乡镇政府职能的转变	论文	CSSCI	课题负责人独著
5	乡村振兴战略下基层政府农业政策执行困境与破解之道	论文	CSSCI	课题负责人独著
6	乡村振兴战略下乡镇治理现代化的三维视域	论文	CSSCI	课题负责人独著
7	基层政府农业政策执行悖论与应对之策	论文	CSSCI	课题负责人独著
8	后精准扶贫阶段农村精准扶贫综合绩效提升研究	论文	CSSCI	课题组成员
9	乡村振兴战略背景下多中心农村贫困治理模式研究	论文	CSSCI	课题组成员
10	话语赋权：打赢脱贫攻坚战的政策依据价值追求和推进路径	论文	CSSCI	课题组成员
11	话语赋权：农村公共文化服务高质量供给的基本保障	论文	CSSCI	课题组成员
12	构建脱贫攻坚战役中农民合理话语赋权制度机制研究	论文	CSSCI	课题组成员
13	目标群体参与精准扶贫政策执行的现实困境与治理策略	论文	CSSCI	课题组成员
14	基于生产要素视角的粮食供给侧结构性改革	论文	CSSCI	课题组成员
15	现代农业三大体系构建的逻辑与方略	论文	CSSCI	课题组成员
16	Research on Value Integration Mode of Agricultural E – Commerce Industry Chain Based on Internet of Things and Blockchain Technology	论文	SCI	课题组成员

序号	成果名称	成果形式	刊物	作者
17	目标群体参与：精准扶贫政策执行领域形式主义的治理之道	论文	中文核心	课题组成员
18	四维赋权：脱贫攻坚中"以人民为中心"思想实现路径	论文	中文核心	课题组成员
19	驻村帮扶干部何以异化？——基于石村的个案调查	论文	中文核心	课题组成员
20	参与式扶贫：精准脱贫治理效能提升的重要路径	论文		课题组成员
21	"红色三农"如何赋能乡村振兴？——基于"红三角"内源式发展模式视角	调研报告		课题负责人
22	政府、经济、生态：农业产业集群三元驱动模式促推乡村振兴发展	调研报告		课题负责人
23	乡村何以振兴：红色土地如何焕发绿色生机 ——重走毛泽东同志湖南农村考察之路（衡山县）调研报告	调研报告		课题负责人
24	研究案例——谈猪色变：病死猪监管路在何方？	研究案例		课题负责人第一作者
25	研究案例——从"组织涣散"到"协同振兴"：党员积分制管理何以能够实现乡村振兴	研究案例		课题负责人第一作者
26	研究案例——"党建引领·互助五兴"何以行稳乡村振兴赶考路	研究案例		课题负责人第一作者
27	湖南新闻联播报道：湖南农大学子重走毛泽东同志湖南农村考察之路调研活动	湖南卫视新闻联播报道		课题负责人
28	红网报道：湖南农业大学：重走毛泽东同志农村考察之路调研活动	红网报道		课题负责人
29	红网报道："重走毛泽东同志湖南农村考察之路"考察队走进衡山县	红网报道		课题负责人
30	湖南日报报道：传递"三农"情怀 助力乡村振兴	湖南日报报道		课题负责人

续表

序号	成果名称	成果形式	刊物	作者
31	中国农民健康：理论建构、水平测度与机制改革及应用	省科技进步二等奖		课题负责人
32	面向国家治理现代化的农村基层治理理论、机制与方法创新及应用	省科技进步三等奖		课题负责人
33	农业供给侧结构性改革中的基层治理现代化研究	校哲学社会科学成果一等奖		课题负责人
34	乡村振兴战略下乡镇政府职能转变研究	校哲学社会科学成果三等奖		课题负责人
35	如何从产业扶贫到产业兴旺：基层治理路径现代化	湖南省行政管理学会三等奖		课题负责人
36	乡镇治理三大革新 助力乡村振兴发展	湖南红网优秀论文奖		课题负责人
37	湖南省第四届高校 MPA 案例大赛	研究生组三等奖		课题负责人
38	湖南省第四届高校 MPA 案例大赛	本科生组三等奖		课题负责人

参考文献

一 中文文献

1. 中央文件

习近平：《高举中国特色社会主义伟大旗帜，为全面建设社会主义现代化国家而团结奋斗——在中国共产党第二十次全国代表大会上的报告》，人民出版社2022年版。

习近平：《决胜全面建成小康社会 夺取新时代中国特色社会主义伟大胜利——在中国共产党第十九次全国代表大会上的报告》，人民出版社2017年版。

中共中央国务院：《中共中央、国务院关于深入推进农业供给侧结构性改革 加快培育农业农村发展新动能的若干意见》，人民日报出版社2017年版。

中共中央国务院：《中共中央国务院关于全面推进乡村振兴 加快农业农村现代化的意见》，人民出版社2021年版。

中共中央国务院：《中共中央国务院关于实施乡村振兴战略的意见》，人民出版社2018年版。

中共中央宣传部：《习近平总书记系列重要讲话读本》，人民出版社2016年版。

中国社会科学院语言研究所词典编辑室：《现代汉语词典》，商务印书馆2005年版。

2. 中文专著

《马克思恩格斯文集》第4卷，人民出版社2009年版。

《马克思恩格斯选集》第1卷，人民出版社1995年版。

本书编写组：《党的十九届五中全会〈建议〉学习辅导百问》，党建读物
　　出版社、学习出版社 2020 年版。

本书编写组：《马克思主义基本原理概论》，高等教育出版社 2015 年版。

陈瑞莲、张紧跟：《地方政府管理》，中国人民大学出版社 2016 年版。

陈文胜：《大国村庄的进路》，湖南师范大学出版社 2020 年版。

狄金华：《被困的治理：河镇的复合治理与农户策略》，生活·读书·新
　　知三联书店 2015 年版。

风笑天：《社会学研究方法》第 2 版，中国人民大学出版社 2005 年版。

国家统计局：《中国第二次全国农业普查资料汇编》，中国统计出版社
　　2009 年版。

国务院法制办公室：《新编中华人民共和国常用法律法规全书》，中国法
　　制出版社 2005 年版。

贺雪峰：《乡村治理与农业发展》，华中科技大学出版社 2017 年版。

李道亮：《互联网＋农业：农业供给侧改革必由之路》，电子工业出版社
　　2017 年版。

李燕凌：《农村公共产品供给问题论》，中国社会科学出版社 2016 年版。

李燕凌：《农村公共产品供给效率论》，中国社会科学出版社 2007 年版。

刘远风：《农业现代化进程中的基层政府职能研究》，中国社会科学出版
　　社 2020 年版。

彭国甫：《地方政府公共事业管理的绩效评估与模式创新研究》，人民出
　　版社 2010 年版。

乔耀章：《政府理论》，苏州大学出版社 2003 年版。

曲延春：《农村公共产品供给中的乡镇政府责任研究》，人民出版社 2020
　　年版。

孙柏瑛：《当代地方治理：面向 21 世纪的挑战》，中国人民大学出版社
　　2004 年版。

王薇、吴松江：《农村科技服务与管理》，上海交通大学出版社 2015
　　年版。

王西琴、陈秋红：《红色火种——湖南省永州市"党建＋产业技术扶贫"
　　实践》，人民出版社 2020 年版。

吴锦良：《基层社会治理》，中国人民大学出版社 2013 年版。

吴松江、李燕凌：《行政体制新论》，北京理工大学出版社 2011 年版。

吴毅：《小镇喧嚣——一个乡镇政治运作的演绎与阐释》，生活·读书·新知三联书店 2018 年版。

夏书章：《行政管理学》，高等教育出版社 2008 年版。

胥付生、秦关召、程勇：《互联网 + 现代农业》，中国农业科学技术出版社 2016 年版。

徐双敏：《公共管理学》，武汉大学出版社 2007 年版。

徐勇：《乡村治理与中国政治》，中国社会科学出版社 2003 年版。

颜佳华：《当代中国社会转型期政府权力运行机制重塑研究》，湖南人民出版社 2009 年版。

颜佳华：《行政文化新探》，湘潭大学出版社 2017 年版。

颜佳华：《行政哲学问题探索》，湘潭大学出版社 2017 年版。

颜佳华：《行政哲学研究》，湘潭大学出版社 2009 年版。

杨畅：《当代中国政府公信力提升研究》，中国社会科学出版社 2015 年版。

杨丹：《智慧农业实践》，人民邮电出版社 2019 年版。

俞可平：《治理与善治》，社会科学文献出版社 2000 年版。

郁建兴：《从行政推动到内源发展：中国农业农村的再出发》，北京师范大学出版社 2013 年版。

郁建兴等：《"最多跑一次"改革：浙江经验 中国方案》，中国人民大学出版社 2019 年版。

张成福、党秀云：《公共管理学》，中国人民大学出版社 2020 年版。

张国庆：《公共行政学》（第四版），北京大学出版社 2020 年版。

张康之、李传军：《一般管理学原理》（第二版），中国人民大学出版社 2005 年版。

周芳检、熊先兰：《大数据背景下城市重大突发事件协同治理研究》，中国社会科学出版社 2020 年版。

3. 中文译著

［德］卡尔·马克思：《政治经济学批判》，郭沫若译，人民出版社 1971 年版。

［德］理查德·C. 博克斯：《公民治理——引领 21 世纪的美国社区》，孙

柏瑛等译，中国人民大学出版社 2013 年版。

［德］尤尔根·哈贝马斯：《公共领域的结构转型》，曹卫东等译，学林出版社 1999 年版。

［法］亨利·法约尔：《工业管理与一般管理》，迟力耕、张璇译，中国社会科学出版社 1982 年版。

［法］让·巴蒂斯特·萨伊：《政治经济学概论》，赵康英译，商务印书馆 1963 年版。

［美］B. 盖伊·彼得斯：《政府未来的治理模式》，吴爱明等译，中国人民大学出版社 2013 年版。

［美］布坎南：《自由、市场和国家》，吴良健等译，北京经济学院出版社 1988 年版。

［美］戴维·H. 罗森布鲁姆、罗伯特·S. 克拉夫丘克：《公共行政学：管理、政治和法律的途径》，张成福译，中国人民大学出版社 2002 年版。

［美］戴维·奥斯本、特德·盖布勒：《改革政府：企业家精神如何改革着公共部门》，周敦仁等译，上海译文出版社 1996 年版。

［美］莱斯特·萨拉蒙：《全球公民社会：非营利部门视界》，贾西津译，社会科学文献出版社 2002 年版。

［美］罗宾斯、库尔特：《管理学》，孙健敏等译，中国人民大学出版社 2008 年版。

［美］罗伯特·B. 登哈特：《公共组织理论》，扶松茂等译，中国人民大学出版社 2003 年版。

［美］托马斯·弗里德曼：《世界是平的：21 世纪简史》，何帆、肖莹莹、郝正非译，湖南科学技术出版社 2006 年版。

［美］威廉·爱·洛克腾堡：《罗斯福与新政——1932—1940》，朱鸿恩等译，商务印书馆 1993 年版。

［美］文森特·奥斯特洛姆：《美国地方政府》，井敏译，北京大学出版社 2004 年版。

［美］詹姆斯·A. 道、史迪夫·H. 汉科等：《发展经济学的革命》，黄祖辉等译，上海三联书店 2000 年版。

［美］珍妮特·V. 登哈特、罗伯特·B. 登哈特：《新公共服务：服务而

不是掌舵》，丁煌译，中国人民大学出版社 2004 年版。

［英］J. S. 密尔：《代议制政府》，汪瑄译，商务印书馆 1982 年版。

［英］理查德·J. 斯蒂尔曼二世：《公共行政学：概念与案例》（第七版），竺乾威等译，中国人民大学出版社 2004 年版。

［英］斯蒂芬·贝利：《地方政府经济学：理论与实践》，左昌盛、周雪莲、常志霄译，北京大学出版社 2006 年版。

［英］亚当·斯密：《国富论》，唐日松等译，华夏出版社 2005 年版。

［英］约翰·梅纳德·凯恩斯：《就业、利息和货币通论》，徐毓枬译，北京联合出版公司 2013 年版。

4. 中文期刊论文

鲍勃·杰索普等：《治理的兴起及其失败的风险：以经济发展为例的论述》，《国际社会科学杂志》1999 年第 1 期。

柴攀峰、李珍：《村社融合视角下田园综合体建设研究——基于浙江"田园鲁家"综合体的案例分析》，《安徽行政学院学报》2021 年第 3 期。

陈峰：《分利秩序与基层治理内卷化——资源输入背景下的乡村治理逻辑》，《社会》2015 年第 3 期。

陈天祥、魏国华：《实现政府、市场与农户的有机连接：产业扶贫和乡村振兴的新机制》，《学术研究》2021 年第 3 期。

陈锡文：《论农业供给侧结构性改革》，《中国农业大学学报》（社会科学版）2017 年第 2 期。

程杰贤、郑少锋：《农产品区域公用品牌使用农户"搭便车"生产行为研究：集体行动困境与自组织治理》，《农村经济》2018 年第 2 期。

仇叶：《基层服务型政府建设中的服务泛化问题及其解决》，《中国行政管理》2020 年第 11 期。

方堃：《城乡统筹的县域农村公共服务模式与路径研究》，《天津行政学院学报》2009 年第 5 期。

弗雷德·里格斯：《公共行政比较研究的趋势》，《国际行政科学评论》1962 年第 2 期。

高爽、董雅文、张磊、蒋晓威、叶懿安、陈佳佳：《基于资源环境承载力的国家级新区空间开发管控研究》，《生态学报》2019 年第 24 期。

龚刚：《论新常态下的供给侧改革》，《南开学报》（哲学社会科学版）

2016 年第 2 期。

海曙区农业农村局：《建设"数字乡村"打造高质量发展的"海曙样本"》，《宁波经济》（财经视点）2020 年第 2 期。

韩俊：《农业供给侧结构性改革是乡村振兴战略的重要内容》，《中国经济报告》2017 年第 12 期。

衡霞：《农业供给侧结构性改革背景下的政府职能转变研究》，《学术交流》2019 年第 7 期。

侯志阳：《强化中的弱势："放管服"改革背景下乡镇政府公共服务履职的个案考察》，《中国行政管理》2019 年第 5 期。

胡家勇、李繁荣：《政府职能转变与供给侧结构性改革》，《学习与探索》2017 年第 7 期。

黄季焜：《农业供给侧结构性改革的关键问题：政府职能和市场作用》，《中国农村经济》2018 年第 2 期。

黄季焜：《乡村振兴：农村转型、结构转型和政府职能》，《农业经济问题》2020 年第 1 期。

黄建红：《从博弈走向共治：农业供给侧结构性改革中的多元协同治理》，《吉首大学学报》（社会科学版）2019 年第 1 期。

黄建红：《对立与统一：新公共管理与新公共服务之比较》，《中共四川省委党校学报》2014 年第 1 期。

黄建红：《基层政府农业政策执行悖论与应对之策——基于"模糊—冲突"模型的分析》，《吉首大学学报》（社会科学版）2022 年第 2 期。

黄建红：《农业供给侧结构性改革与基层政府职能转变》，《农村经济》2020 年第 10 期。

黄建红：《三维框架：乡村振兴战略中乡镇政府职能的转变》，《行政论坛》2018 年第 3 期。

黄建红：《乡村振兴战略下基层政府农业政策执行困境与破解之道——基于史密斯模型的分析视角》，《农村经济》2018 年第 11 期。

黄建红：《乡村振兴战略下乡镇治理现代化的三维视域》，《内蒙古社会科学》（汉文版）2018 年第 5 期。

黄建红：《行政价值观转型与政府职能重塑》，《行政论坛》2014 年第 3 期。

黄建红、何植民：《农业现代化进程中的乡镇政府职能三维定位》，《社会科学家》2016 年第 8 期。

黄建红、颜佳华：《乡镇行政区划调整与政府职能转变的互动逻辑》，《中南大学学报》（社会科学版）2017 年第 4 期。

江维国：《我国农业供给侧结构性改革研究》，《现代经济探讨》2016 年第 4 期。

李二玲、魏莉霞：《衍生、集群形成与乡村空间重构——以河南省兰考县民族乐器产业集群为例》，《经济地理》2019 年第 6 期。

李金龙、董宴延：《目标群体参与精准扶贫政策执行的现实困境与治理策略》，《西北农林科技大学学报》（社会科学版）2019 年第 6 期。

李金龙、李明、杨洁：《四维赋权：脱贫攻坚"以人民为中心"思想实现路径》，《理论导刊》2020 年第 6 期。

李平：《新农村建设中乡镇政府职能转变与农民专业合作组织发展》，《中国行政管理》2008 年第 5 期。

李燕凌：《农村公共产品供给侧结构性改革：模式选择与绩效提升——基于 5 省 93 个样本村调查的实证分析》，《管理世界》2016 年第 11 期。

李燕凌、王健、彭媛媛：《双层多方博弈视角下农村公共产品多元合作机制研究——基于 5 省 93 个样本村调查的实证分析》，《农业经济问题》2017 年第 6 期。

刘瑾：《资源节约型、环境友好型农业生产体系构建研究》，《中国管理信息化》2020 年第 24 期。

刘奇：《农业供给侧结构性改革力发何处》，《中国发展观察》2016 年第 14 期。

刘兆鑫：《城乡统筹发展与乡镇政府职能转变》，《中州学刊》2013 年第 10 期。

刘自敏、杨丹：《农民专业合作社对农业分工的影响》，《经济问题》2013 年第 9 期。

陆佩、章锦河、王昶、赵琳：《中国特色小镇的类型划分与空间分布特征》，《经济地理》2020 年第 3 期。

马源、梁恒：《国外农村产业融合发展政策解读及启示——以韩国六次产业为例》，《江苏农业科学》2021 年第 1 期。

毛劲歌、陆小成：《和谐社会视野中的和谐行政体制构建研究》，《求索》
　　2007 年第 11 期。

欧阳静：《"维控型政权"：多重结构中的乡镇政权特性》，《社会》2011
　　年第 3 期。

祁春节：《农业供给侧结构性改革：理论逻辑和决策思路》，《华中农业大
　　学学报》（社会科学版）2018 年第 4 期。

曲延春：《这支队伍为何不能撤：第一书记制度的逻辑理路与优化对策》，
　　《行政论坛》2021 年第 4 期。

沈费伟、袁欢：《大数据时代的数字乡村治理：实践逻辑与优化策略》，
　　《农业经济问题》2020 年第 10 期。

唐兴霖、李文军：《嵌入性制度供给：第一书记帮扶农村基层党组织建设
　　的行动逻辑》，《行政论坛》2021 年第 4 期。

田发允、刘养卉、姜波：《国外生态型政府构建的经验及其对我国的启
　　示》，《北京邮电大学学报》（社会科学版）2015 年第 1 期。

王海娟、贺雪峰：《资源下乡与分利秩序的形成》，《学习与探索》2015
　　年第 2 期。

王会：《乡村治理中的"不得罪"逻辑》，《华南农业大学学报》（社会科
　　学版）2011 年第 3 期。

王敬尧、王承禹：《国家治理、农地制度与农业供给侧结构性改革》，《政
　　治学研究》2020 年第 3 期。

温铁军：《农民专业合作社发展的困境与出路》，《湖南农业大学学报》
　　2013 年第 4 期。

温铁军、杨帅：《中国农村社会结构变化背景下的乡村治理与农村发展》，
　　《理论探讨》2012 年第 6 期。

吴海峰：《推进农业供给侧结构性改革的思考》，《中州学刊》2016 年第
　　5 期。

伍德罗·威尔逊：《行政学之研究》，《政治科学季刊》1887 年第 2 期。

谢治菊、王曦：《农户是如何组织起来的——基于贵州省安顺市塘约村的
　　分析》，《中央民族大学学报》（哲学社会科学版）2021 年第 4 期。

徐朝卫、董江爱：《新时代农业供给侧结构性改革的延续与路径转换》，
　　《甘肃社会科学》2018 年第 6 期。

徐汝华：《生态型政府的模式选择与推进策略》，《行政论坛》2009 年第
　　2 期。

许珂、周伟：《治理理论的中国场景：复合治理的勃兴》，《深圳社会科
　　学》2020 年第 3 期。

姚伟、吴莎：《复合治理：一个理论框架及其初步应用》，《理论界》2017
　　年第 6 期。

叶敏：《政策执行的"亮点工程"及其生产逻辑》，《甘肃行政学院学报》
　　2016 年第 6 期。

余练：《农村基层微治理的实践探索及其运行机制——以湖北秭归县"幸
　　福村落建设"为例》，《华中科技大学学报》（社会科学版）2017 年第
　　6 期。

曾智洪：《乡镇分利秩序的乡土逻辑：基于西部 Y 县的调查》，《西南大学
　　学报》（社会科学版）2017 年第 11 期。

张凤阳：《政府职能转变的三重梗阻及其疏通》，《上海行政学院学报》
　　2015 年第 3 期。

赵树凯：《乡村治理的百年探索：理念与体系》，《山东大学学报》（哲学
　　社会科学版）2021 年第 4 期。

赵晓峰、任雨薇、杨轩宇：《资本下乡与农地流转秩序的再造》，《北京工
　　业大学学报》（社会科学版）2021 年第 5 期。

郑继承：《中国生态扶贫理论与实践研究》，《生态经济》2021 年第 8 期。

周海迪、孟庆军：《农业供给侧改革背景下构建现代农业经济社会化服务
　　体系研究》，《经济研究导刊》2017 年第 20 期。

　　5. 报纸文章

《中共中央国务院关于全面推进乡村振兴 加快农业农村现代化的意见》，
　　《人民日报》2021 年 2 月 22 日第 1 版。

陈锡文：《农业供给侧结构性改革的几个重大问题》，《中国经济报》2016
　　年 7 月 15 日。

韩长赋：《构建三大体系 推进农业现代化》，《人民日报》2016 年 5 月
　　18 日。

何红卫、乐明凯：《湖北秭归：探路乡村"微治理"》，《农民日报》2017
　　年 2 月 24 日第 1 版。

贺雪峰：《基层体制过度消耗透支未来治理资源》，《社会科学报》2021年4月15日第3版。

王瑶、张桂贵：《从包产到户到合股联营 农村改革的安顺实践》，《人民日报》2019年1月11日第7版。

习近平：《共谋绿色生活，共建美丽家园》，《人民日报》2019年4月29日第2版。

张红宇：《牢牢把握农业供给侧结构性改革的方向》，《学习时报》2016年12月29日。

张红宇：《农业"三大体系"该如何优化?》，《经济日报》2017年2月14日。

6. 电子文献

安顺市委宣传部：《安顺市塘约村：从"摆脱贫困"到"乡村振兴"》，央广网，http://www.gywb.cn/system/2021/03/08/031033120.shtml，2021年3月8日。

《"稻虾综合种养"走出生态致富路》，川南网，https://www.sohu.com/a/401975080_454124，2020年6月15日。

高镛舒、穗农宣：《看广州怎样以高科技赋能都市现代农业》，新快网，https://www.163.com/dy/article/FU0R673D0534AAOK.html，2020年12月17日。

农业农村部乡村产业发展司：《2019年乡村产业工作要点》，http://www.moa.gov.cn/ztzl/scw/scdtnc/201903/t20190304_6173156.htm，2019年3月4日。

《"水稻＋青蛙"稻蛙共养模式一亩产值达6万元》，371种养致富网，http://m.371zy.com/view.php?aid=21869，2019年6月27日。

宋洪远：《以农民为主体 通过一二三产业融合发展促进乡村振兴》，新华网，http://m.xinhuanet.com/sn/2018-11/12/c_1123701098.htm，2018年11月12日。

沈侬婷：《新时代闯出"村社一体、合股联营"的塘约道路》，民族新闻网，http://www.wyzxwk.com/Article/sannong/2019/09/408110.html，2019年9月16日。

新华社：《习近平谈基层公共服务：关键看实效》，人民网，http://cpc.

people. com. cn/nl/2020/0917/c64094 – 31865375. html，2020 年 9 月 17 日。

中华儿女：《湖北秭归 微治理，大幸福》，网易首页，https：//baijiahao. baidu. com/s？id = 1640483241704497960，2019 年 7 月 30 日。

二 英文文献

Aristovnik A，Murko E，Ravelj D，"From Neo – Weberian to Hybrid Governance Models in Public Administration：Differences between State and Local Self – Government"，*Administrative Sciences*，2022.

Barnard，Chester I，*The Functions of the Executive*，Cambridge：Harvard University Press，1974.

Charles E，Lindblom，*The Policy – making Process. Englewood Cliff*，NJ：Prentice – Hall，1968.

Charles J. Fox，Hugh T. Miller，*Postmodern Public Administration：Toward Discourse*，London：Sage Publications，Inc，1994.

David Marsland，*Welfare or Welfare State?* London：Macmillan，1996.

Donald P. Moynihan，*The Dynamics Performance Management：Constructing Information and Reform*，Washington：Georgetown University Press，2008.

Elena D，"Measuring Outcomes of Digital Transformation in Public Administration：Literature Review and Possible Steps Forward"，*NISPAcee Journal of Public Administration and Policy*，2021.

Elinor Ostrom，*Governing the Commons*，Cambridge：Cambridge University Press，1990.

Elizabeth Perry，*Merle Goldman eds. Grassroots Political Reform in Contemporary China*，Cambridge：Harvard University Press，2007.

Elizabethann O' Sullivan，Gary R. Rassel，Maureen Berner，*Research Methods for Public Administration*，New York：Pearson Education Inc，2003.

Elizabethann O' Sullivan，Gary R. Rassel，Maureen Berner，*Research Methods for Public Administrators*，New York：Pearson Education，2008.

H. Goorge Frederickson，*The Spirit of Public Administration*，San Francisco：Jossey – Bass，1997.

Hua Zhang, "Cloud Computing Model in the Optimization of Government Function Management", *Journal of Physics Conference Series*, 2020.

Hugg V G, "Public Service – Function Types and Interlocal Agreement Network Structure: A Longitudinal Study of Iowa", *Urban Affairs Review*, 2020.

Jane Lewis, "The State and the Third Sector in Modern Welfare States: Independence, Instrumentality, Partnership", *Chapters*, 2004.

Kirk Emerson et al. "An Integrative Framework for Collaborative Governance", *Journal of Public Administration Research and Theory*, 2011.

Labarca C, Arceneaux P C, Golan G J, "The Relationship Management Function of Public Affairs Officers in Chile: Identifying Opportunities and Challenges in an Emergent Market", *Journal of Public Affairs*, 2020.

Leon Moreta Agustin, "Functional Responsibilities of Municipal Governments", *The American Review of Public Administration*, 2018.

Li D, Lan G Z., "The Dynamics between Urban Planning and Public Policy: Lessons and Experiences from the City of Beijing, China", *International Review of Administrative Sciences*, 2020.

Likhtin, "Transformation of Public Administration in the Digital Era", *Administrative Consulting*, 2021.

Mancur Olson, *The Logic of Collective Action: Public Goods and the Theory of Groups*, Massachusetts: Harvard University Press, 2015.

Nicholas Henry, *Public Administration and Public Affairs*, New York: Pearson Education, 2004.

Owen E. Hughes, *Public Management and Administration: An Introduction*, London: Palgrave Macmillan, 2003.

Pia G, Avellaneda C, "Central Government Strategies to Promote Local Governments' Transparency: Guidance or Enforcement?" *Public Performance & Management Review*, 2018.

Porter E M, *The Competitive Advantage of Nations*, New York: Free Press, 1990.

Porter M E, "Location, Competition, and Economic Development: Local Clusters in A Global Economy", *Economic Development Quarterly*, 2000.

Robert B. Denhardt, *Theories of Public Organization*, California: Cole Publishing, 1984.

Raniak P, G Csomós, Dorocki S, et al. "Exploring the Shifting Geographical Pattern of the Global Command – and – Control Function of Cities", *Sustainability*, 2021.

Richard C. Box, *Citizen Governance: Leading American Communities into the 21st Century*, London: Sage Publications, Inc, 1998.

Rosen G, *International Encyclopedia of the Social Science*, London: Macmillan Reference, 1968.

Saccone Donatella, Posta Pompeo Della, Marelli Enrico, Signorelli Marcello, "Public Investment Multipliers by Functions of Government: An Empirical Analysis for European Countries", *Structural Change and Economic Dynamics*, 2022.

Sari Intan Merdeka, Karjoko Lego, "The Rationality on Regulation of Village Government Function on First – Time Land Registration to Form the Land Ownership Certainty in Indonesia", *International Journal of Multicultural and Multireligious Understanding*, 2018.

Saurabh Chandra, "Infrastructure for e – Government Development Issues and Challenges in India", *Dynamics of Public Administration*, 2018.

Song S, Wang J, "The Progress and Orientation of the Institutional Reform of the Government in China", *Reform*, 2018.

Vraciu C, "Governmental Functions and the Specification of Rights", *European Journal of Political Theory*, 2019.

Waldo D, *The Study of Public Administration*, New York: Random House, 1955.

Weatherford, M. Stephen, "How Does Government Performance Influence Political Support", *Political Behavior*, 1987.

后　记

　　本书是我主持的国家社科基金项目"农业供给侧结构性改革与基层政府职能转变的互动关系研究"（17BZZ050）的结项成果，结项等级为优秀。该课题历时五年，从立项时的喜悦、调研时的艰难、论文发表的曲折、到结题著作的多次修改完善，每一项工作成果都凝结着我和研究团队的汗水和心血，让我深深感受到完成一项国家课题既是一个特别耗费脑力与体力的过程，但同时又是一个不断学习、探索、进步与提升的过程。

　　党的二十大报告指出："问题是时代的声音，回答并指导解决问题是理论的根本任务。"长久以来，政府职能问题一直是学术界和实践中关注的热点问题。从湖南大学的硕士阶段到湘潭大学的博士阶段，我一直关注基层政府职能问题，博士论文就是研究农业现代化进程中的乡镇政府职能转变问题，博士毕业后继续坚持基本研究方向不变，可以说十多年来从未停止过探索。目前全面推进农业供给侧结构性改革，既是及时破解农业农村发展面临难题的需要，更是实现乡村高质量发展的需要。农业供给侧结构性改革的有效推进需要基层政府职能转变与之有效匹配，两者之间互相作用、相辅相成，才能共同推动改革的顺利进行。

　　习近平总书记强调，调查研究是谋事之基、成事之道。自课题立项以来，我和课题组成员，根据课题研究预期计划，做了较为系统的理论分析和深入的实践调研。在理论框架上，主要从"农业供给侧结构性改革三大体系"与"基层政府职能转变三维结构"的双向互动来进行研究，提出了多层级、网络化与多中心的基层复合治理体系，破解农业供给侧结构性改革中的阻碍与桎梏，为正处于发展变化的乡村基层治理转型提供对策建议。在实践调研中，选择了多个农业供给侧结构性改革较为成功的基层政府进行典型案例研究，了解这些地区的基层治理创新模式，进行典型案例分析，为农业农村改革与基层治理创新提供实践借鉴。

在奔赴各地基层进行实地调研时，我一直在思考理论如何有效地为实践服务，实践如何为理论创新提供思路的问题。学术研究并非象牙塔中的自娱自乐，而是根植于现实生活之中。没有理论指导的实践是盲目的，同样没有经过实践检验的理论是虚妄的。任何学科的理论其实都是需要经过实践检验，最终目的是为实践服务，解决社会实践的难题。感谢实地调研中给我灵感的工作人员，是你们让我看到了基层治理实践的生动画面，让我从理论探索走向了实践服务。在著作写成过程中，我深深感受到强烈的责任感和神圣的使命感，期待能够为乡村振兴发展贡献绵薄之力。

在本项研究进行的过程中，我要对给予指导与帮助的老师们表示深深的感谢。我的博士导师，湘潭大学公共管理学院颜佳华教授是我科研路上的引领者，每当科研遇到瓶颈，恩师的点拨总让我醍醐灌顶，恩师的鼓励是我在学术道路上坚定前行的动力。同时，也非常感谢我的硕士导师，湖南大学公共管理学院李金龙教授，他的谆谆教诲让学生一鼓作气迈上了科研之路，找到了人生为之奋斗的目标。感谢彭国甫教授、盛明科教授、梁丽芝教授、成志刚教授、陈建斌教授、谭九生教授等诸位老师对我在学术和科研上的指导。

衷心感谢湖南农业大学公共管理与法学学院各位领导与同事的支持与帮助，感谢大家对课题研究的精心指导与无私帮助。在学术研究的道路上，因为和大家一起并肩同行，一切都变得那么美好。本项研究引用了众多学者的研究成果，感谢给予我指导与鼓励的各位学界好友，感谢中国社会科学出版社的孔继萍老师，为本书的出版提供不少指导和帮助。

农业供给侧结构性改革与基层政府职能转变的互动关系研究，既是一个需要不断探索的理论问题，也是一个不断发展的实践问题，尽管本人全力以赴，但在研究中还存在许多不完善与不成熟的地方，书中谬误与疏漏之处在所难免，恳请各位专家学者批评与指正！

黄建红

2023 年 3 月 20 日于长沙